Knoll · Kurs- und Seminarmethoden

Konzept und Beratung des Programms Beltz Weiterbildung:

Prof. Dr. Karlheinz A. Geißler, Schlechinger Weg 13, 81669 München.
Prof. Dr. Bernd Weidenmann, Weidmoosweg 5, 83626 Mitterdarching.

Jörg Knoll

Kurs- und Seminarmethoden

Ein Trainingsbuch zur Gestaltung von
Kursen und Seminaren, Arbeits- und Gesprächskreisen

6. Auflage

Beltz Verlag · Weinheim und Basel

Über den Autor:

Prof. Dr. Jörg Knoll lehrt Erwachsenenbildung an der Universität Leipzig.

Anschrift: Karl-Heine-Straße 226, D-04229 Leipzig

Die Deutsche Bibliothek – CIP-Einheitsaufnahme

Knoll, Jörg:
Kurs- und Seminarmethoden : ein Trainingsbuch zur Gestaltung
von Kursen und Seminaren, Arbeits- und Gesprächskreisen /
Jörg Knoll. – 6., überarb. Aufl. – Weinheim ; Basel : Beltz, 1995
  (Beltz-Weiterbildung : Training)
  ISBN 3-407 36301-X

6., überarbeitete Auflage 1995

Lektorat: Ingeborg Strobel

© 1992 Beltz Verlag · Weinheim und Basel
Herstellung (DTP): Klaus Kaltenberg
Druck: Druckhaus Beltz, Hemsbach
Umschlaggestaltung: Illustration & Grafik-Design Bernhard Zerwann, Bad Dürkheim
Printed in Germany

ISBN 3-407-36301-X

Inhaltsverzeichnis

Einleitung

»Wie fange ich an?«
»Wie bringe ich ein Gespräch in Gang?«
»Wie leite ich eine Diskussion?«
»Wie ...«

Es gibt in der Praxis viele solcher »Wie-mache-ich«-Fragen. Etwas ausführlicher formuliert können sie etwa so lauten:

»Welche verschiedenen Methoden gibt es, um Gesprächsthemen zu sammeln?«
»Ich suche Methoden, die es den Teilnehmern leichter machen, über ihre Lebensprobleme mit anderen zu sprechen bzw. ihre Lebenseinstellung und -erfahrung in irgendeiner Form mitzuteilen.«
»Ich suche ›Aufwecker‹, denn bei Abendkursen werden die Teilnehmer nach einer gewissen Zeit müde, und ihre Aufnahmefähigkeit läßt nach.«

Das sind Beispiele aus einer Umfrage unter Mitarbeitenden verschiedener Einrichtungen der Erwachsenenbildung – von der Volkshochschule über kirchliche Bildungswerke, Verbände und staatliche Dienststellen bis hin zu Kammern der Industrie, des Handels und des Handwerks. Über alle Unterschiede der einzelnen Praxisfelder hinweg läßt sich immer wieder ein gemeinsames Interesse feststellen: Methoden der Erwachsenenbildung zu *kennen* und zu *können*.
Dieses Buch versucht, auf solche Wünsche einzugehen. Es soll die Möglichkeit geben, Methoden und ihre Leistungsmöglichkeiten kennenzulernen. Zugleich soll es die Zusammenhänge deutlich machen, in die jede Methode bei ihrer Anwendung eingebettet ist. Es lädt dazu ein, anhand der angebotenen Überlegungen und anhand von Praxisbeispielen Entdeckungen zu machen. Damit dieses lebendige Hin und Her zwischen Leser und Text entstehen kann, braucht es allerdings etwas Zeit und auch Geduld zur vertiefenden Einzelarbeit. Durch die Eigenarbeit am Text können Einsichten wachsen, die der jeweiligen Praxis zugute kommen. Beim Verstehen und bei der Anwendung von Methoden kommt es jedoch auch auf

Erfahrung und Übung an. Hier ist das Buch auf Ergänzungen angewiesen: auf das Ausprobieren in einer Gruppe von Kolleginnen und Kollegen oder auf gemeinsame Aktivität mit Teilnehmenden (»Ich habe da etwas kennengelernt und möchte es zusammen mit Ihnen versuchen«).

In seinem Aufbau führt das Buch zunächst einmal anhand eines Praxisbeispiels in die einzelnen Aspekte ein, die im Zusammenhang mit Methodenauswahl und -einsatz in der Erwachsenenbildung zu bedenken sind (Kapitel 1).
Anschließend werden Schritt für Schritt die Wechselbeziehungen entwickelt, in denen Methoden stehen, wobei schon hier anhand verschiedener Beispiele einzelne Methoden skizziert werden (Kapitel 2).
Darauf folgt die Darstellung einzelner Methoden (Kapitel 3). Ausgewählt habe ich übersichtliche, leicht zu übertragende und variierbare Methoden. Es geht nicht um das Spektakuläre, sondern um die einfache Struktur (deshalb auch die Darstellung der Methoden nach einem durchgängigen Schema) und um Nähe zur Alltagspraxis (deshalb auch ein deutlicher Schwerpunkt bei den inhaltorientierten Methoden – allerdings stets verknüpft mit Impulsen zur Einbeziehung der Teilnehmenden und zum Aufbau von Beziehungen innerhalb der Gruppe). Die Einteilung der Methoden in diesem 3. Kapitel stellt einen Versuch dar, die Fülle zu ordnen. Wie bei allen Ordnungsversuchen dieser Art handelt es sich um eine vorläufige Orientierung. Literaturhinweise und ein alphabetisches Methodenverzeichnis bilden den Abschluß.

Zur Vorgeschichte

Das Buch entstand aus einem Studienbrief »Methoden in der Erwachsenenbildung«, der im Rahmen des »Fernstudiums für Mitarbeiter in der Erwachsenenbildung« erschienen ist (herausgegeben von der Evang. Arbeitsstelle Fernstudium für kirchliche Dienste, Herrenhäuser Str. 12, 3000 Hannover 21). Aus diesem Studienbrief, der gemeinsam mit Gerhard Hofmeister (Heilbronn) und Ruth Oertel (Hannover) entwickelt worden ist, sind die Teile entnommen, die ich verfaßt habe. Sie wurden überarbeitet, erweitert und ergänzt. Trotz dieser erheblichen Änderungen erinnere ich mich dankend an die gemeinsame Arbeit mit G. Hofmeister und R. Oertel und an die vielen Anregungen, die ich hier bekam.
Auch die Vorarbeiten anderer wurden aufgenommen. Hier sei besonders verwiesen auf den »Kompaktkurs ›Planen, leiten, mitarbeiten – Grundlagen für die Arbeit mit Erwachsenen‹«, den ich gemeinsam mit Brigitte Graef (Schwabach),

Wolfram Jokisch (Nürnberg), Dorothea Kroll und Wolf-Dieter Koltermann (beide Erlangen) sowie Wolfgang Stenglin (Würzburg) und Margot Buttig (Nürnberg) entwickelt bzw. revidiert habe und der bereits mehrfach – auch in Variationen – durchgeführt worden ist. Für methodisch-didaktische Fortbildungsseminare sind immer neue Methodenbeschreibungen, Arbeitsblätter, Zeichnungen, Materialien usw. anzufertigen und einzubringen; dies hat meine Mitarbeiterin Ingrid Großbuchberger (Tutzing) stets einfallsreich und gründlich im Detail mitgetragen; einige Zeichnungen im Methodenteil stammen von ihr, ebenso die Piktogramme zu den Methoden.

In die 4. Auflage sind die Ergebnisse weiterer Veranstaltungen aus der Mitarbeiter/-innenfortbildung eingegangen. Ebenso wurden die Empfehlungen und kritischen Hinweise von Kolleginnen und Kollegen aus der Praxis aufgenommen. Schließlich habe ich versucht, in der Sprache zu berücksichtigen, daß die Mitarbeiterschaft in der Erwachsenenbildung – gerade bei den Nicht-Hauptberuflichen – großenteils aus Frauen besteht und daß die »Teilnehmer« in der Wirklichkeit oft Teilnehmerinnen sind …

Die 6. Auflage nimmt einige Korrekturen, Verbesserungen und Aktualisierungen vor.

Die Vorgeschichten und Veränderungen dieses Buches verweisen auf einen Teil der Sache, um die es hier geht: Methoden sind nie »fertig«, als wären sie »einmal erlernt, immer gekonnt« oder »einmal festgelegt, immer anwendbar«. Sie sind vielmehr unabgeschlossen, mit jeder neuen Veranstaltung, jeder neuen Teilnehmergruppe aufs neue zu überprüfen, ja neu zu erfinden – und sei es nur ein Detail, das variiert werden muß, damit sich die Methode einer neuen Situation wirklich eingestalten kann.

In diesem Sinne ist das Buch als Einladung gemeint, »methodische Phantasie« zu entwickeln, d.h. die Fähigkeit, Methoden stimmig auszuwählen und einzusetzen, sie zu verändern und selber welche zu erfinden.

1. Methoden in der Anwendung: Ein Praxisbeispiel

1.1 Methoden als »helfende Verfahrensweisen«

Erwachsenenbildung – das heißt: Menschen haben ein bestimmtes Interesse und fühlen sich von einem Angebot angesprochen. Sie richten ihre Aufmerksamkeit auf eine gemeinsame Sache, nehmen Informationen auf, entwickeln eigene Gedanken, kommen miteinander ins Gespräch. Sie setzen sich mit Themen ihres Alltags auseinander, befassen sich mit sozialen, politischen und religiösen Fragen, finden sich zum gemeinsamen Tun.

Von selbst geht das alles nicht. Es sind Hilfen nötig, das heißt Verfahrensweisen, die geeignet sind, in einer einzelnen Veranstaltung oder einer sich regelmäßig treffenden Gruppe
– vorhandenes Interesse zu verstärken,
– Informationen wirklich »ankommen« zu lassen,
– eigene Einfälle und Ideen zu fördern,
– das wechselseitige Gespräch zu fördern,
– die Auseinandersetzung mit verschiedenen Themen anregen,
– gemeinsames Tun in Gang zu bringen.

> *Hilfe durch Methoden:*
>
> Interesse stärken
> Ideen wecken
> Gespräche fördern
> Auseinandersetzung anregen
> Tun in Gang bringen

Solche »helfenden Verfahrensweisen« werden im Sprachgebrauch dieses Buches als **»Methoden«** bezeichnet.

Ob und woraufhin sie »helfen«, hängt ab und wird beeinflußt
– von denen, die sie erleben (Gruppe),
– von denen, die eine Veranstaltung planen und durchführen (Leitung),
– von dem, was mit der Veranstaltung erreicht werden soll (Ziele),
– von dem, was Gegenstand der gemeinsamen Arbeit ist (Thema bzw. Inhalt),
– von den äußeren Gegebenheiten, die auf die Veranstaltung einwirken (Rahmenbedingungen),
– von den Einrichtungen und ihren Vertretern, die eine Veranstaltung anbieten oder dafür im weitesten Sinn verantwortlich sind (Institution).

Diese Einflußfaktoren werden hier zunächst nur benannt und später ausführlich behandelt.

In der konkreten Veranstaltung bilden die Methoden als »helfende Verfahrensweisen« samt den Abhängigkeiten und Einflüssen ein Ganzes. In der Wirklichkeit hängt alles zusammen; deshalb ist es manchmal so schwierig zu erkennen, warum in einer Veranstaltung etwas schiefgeht oder warum etwas gelingt. Und andererseits ist es überaus befriedigend, wenn bestimmte Zusammenhänge deutlich werden: Ein solches »Aha-Erlebnis« trägt zu größerer Bewußtheit bei der Auswahl und beim Einsatz von Methoden bei.

Das folgende Praxisbeispiel soll den Wechselbezug zwischen Methoden und Einflußfaktoren erschließen. Dabei wird der Gesamtzusammenhang einer Veranstaltung beibehalten, aber innerhalb dieses Rahmens bereits auf die wesentlichen Gestaltungs- und Planungsgesichtspunkte eingegangen.

1.2 »Fernsehen – Hilfe oder Heimsuchung?«

Eine Veranstaltung der Erwachsenenbildung

Das Praxisbeispiel stammt von Lisa Babisch aus Markt Schwaben. Sie hat das Projekt 1982 durchgeführt. Wie ging es ihr, als sie drei Jahre später wieder darauf angesprochen und um Zustimmung zur Veröffentlichung gebeten wurde? Ihre Antwort (in Auszügen):

> 3 Jahre - in denen ich viel Neues erlebt und erfahren habe - sind vergangen, seit ich den Elternabend "Fernsehen, Hilfe oder Heimsuchung" geplant und durchgeführt habe. Wenn ich jetzt zurückdenke, bin ich überrascht, mit welch einfachen Methoden und "alltäglichen" Inhalten bei den Teilnehmern viele Überlegungen und ein bewußteres Verhalten angeregt werden konnten. Ich werde noch jetzt - nach so langer Zeit - von damaligen Teilnehmern und sogar von damals verhinderten Teilnehmern zum Thema befragt (obwohl ich mich sehr darum bemühe, nicht als Sachverständige gesehen zu werden) und angesprochen. Über solche Begegnungen freue ich mich immer sehr und sie geben mir Schwung für neue Taten!

Es handelt sich um eine Abendveranstaltung für Eltern unter dem Titel »Fernsehen – Hilfe oder Heimsuchung?« Sie erwuchs aus der Elternbeiratssitzung eines

Kindergartens, bei welcher mehrere Beiräte den Wunsch geäußert hatten, daß zum Thema »Fernsehen« ein Elternabend durchgeführt werden solle. Er sollte nicht nur die Fernsehgewohnheiten der Kinder beleuchten, sondern vor allem die Erwachsenen dazu anregen, ihr Verhalten zu überprüfen. Daraufhin hat L. Babisch, die selber dem Elternbeirat angehörte – nach Rücksprache mit der Kindergärtnerin, der Elternbeiratsvorsitzenden und dem Träger – den Themenwunsch in einen Elternabend umgesetzt. In dem folgenden Bericht wird sie jeweils als »Leiterin« (nämlich der von ihr geplanten und durchgeführten Veranstaltung) bezeichnet.

In ihren Vorüberlegungen ging sie davon aus, daß das Fernsehen als Tatsache alle betrifft. Vor diesem Hintergrund sollte der Elternabend Impulse geben, die Auswirkungen des Fernsehens bewußt zu machen und den Gebrauch dieses Mediums eigenverantwortlich zu gestalten.

1.2.1 Methoden und Gruppe

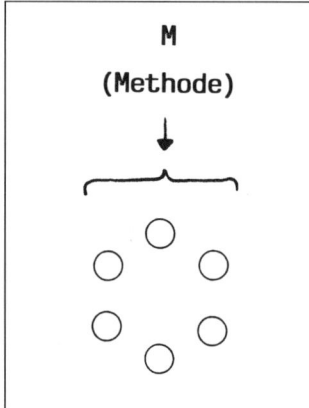

Im einzelnen sollten die Mütter und Väter
– erkennen, daß es wichtig ist, dem Fernsehen kritisch gegenüberzustehen,
– Anregungen gewinnen, um diese Einstellung auch den Kindern zu vermitteln,
– Motivation entwickeln, die eigenen Fernsehgewohnheiten zu überprüfen,
– gemeinsam Lösungen für bestehende Probleme finden können.

An dem Abend begrüßt die Leiterin die Gruppe der Teilnehmenden und fordert diese auf, sich einzeln vorzustellen und dazu jeweils den Namen ihres Kindergartenkindes zu sagen. Anschließend leitet sie kurz in das Thema ein, und zwar mit Gesichtspunkten, die in den beiden vorherigen Abschnitten erwähnt worden sind. Begrüßung, Vorstellung und Einführung dauern insgesamt knapp 15 Minuten.
Danach bittet die Leiterin die Gruppe, sich nun über die Frage auszutauschen: »Ist Fernsehen für mich wichtig? Warum sehe ich fern?« Nachdem sie die Frage ausgesprochen hat, hängt sie ein Plakat mit dieser Formulierung an die Wand und bittet darum, das Gespräch hierüber jeweils zu zweit zu führen.
Die Zweiergruppen werden nach einem Zufallsprinzip gebildet. Dazu hält die Leiterin ein Bündel Wollfäden (vorher abgezählt) in die Mitte. Jeder Teilnehmer soll ein Fadenende nehmen und versuchen, durch Ziehen herauszubekommen, wer das andere Ende »seines« Fadens in der Hand hat.
Die Partner, die sich durch das Zufallsprinzip gefunden haben, setzen sich nun zu dem Gespräch über das genannte Thema zusammen. Nach rund 10 Minuten un-

terbricht die Leiterin die Zweiergespräche und bittet, sich einer neuen Frage
zuzuwenden: »Warum und in welcher Situation will mein Kind fernsehen?« *Parallel zur Ansage wird wiederum ein Plakat mit der Formulierung aufgehängt.*
Zum Gespräch hierüber sollen jeweils zwei Zweiergruppen zusammenrücken und
eine Vierergruppe bilden.
Um die Situation in der Familie noch stärker bewußt zu machen, wird nach rund
20 Minuten Gespräch in der Vierergruppe der Film »Fernsehen – Hilfe oder*
Heimsuchung?« aus der Serie »Elternschule« *von Wolfgang Glück gezeigt (Dauer: ca. 10 Minuten).*

Der Inhalt des Films: Wieder einmal können sich die Kinder nicht über das Fernsehprogramm einigen. Das bringt die Mutter auf die Idee, einen wichtigen Teil des Geräts heimlich auszubauen – und plötzlich wird der Familie bewußt, wie sehr sie bereits vom Fernsehen abhängig ist. Die Kinder langweilen sich und wissen nichts mit sich anzufangen. Sie leiden offensichtlich an »Entziehungssymptomen«. Der Film will eine Hilfe zu vernünftigem Fernsehen geben. Er verweist auf dessen familienschädigende Eigenschaften, auf das medizinisch bedenkliche Sehen während des Essens und warnt davor, bereits Kleinkinder vor das Gerät zu setzen. Vor allem will er Eltern anregen, mit Kindern über das jeweilige Programm zu sprechen und zu diskutieren. Denn nur so wird das Fernsehen eine Hilfe zur Meinungsfindung und Bildung – nicht nur Heimsuchung, der man hilflos ausgeliefert ist.

Im Anschluß an die Filmvorführung werden die Teilnehmenden von der Leiterin
gebeten, sich im großen Kreis (Plenum) mit den Aussagen des Films auseinanderzusetzen. Hierzu dient als Fragestellung: »Wie hat mir der Film gefallen? Ist er*
realistisch? – Was ist bei uns anders?« Danach sollen sie durch folgende Frage
angeregt werden, im Gespräch einen Schritt weiterzugehen: »Gibt es – außer den*
im Film gezeigten – noch andere Möglichkeiten im Umgang mit dem Fernsehen?
Gibt es akzeptable Alternativen?« (Beide Fragen werden wiederum bei der Ansage durch ein Plakat sichtbar gemacht).
Ergebnisse zur zweiten Fragestellung:
Die im Film gezeigte Möglichkeit des Gesprächs und der Diskussion über eine
Sendung wird allgemein gutgeheißen, aber als oft zu zeitraubend bezeichnet. Es
wird an diesem Punkt eine gewisse Unsicherheit festgestellt. Daraus wird der
Schluß gezogen, daß eigene Sicherheit im Umgang mit dem Fernsehen mit der
Zeit auch die Kinder in ihren Entscheidungen sicherer werden läßt. Als akzeptable
Alternativen für die ganze Familie werden aus der Erfahrung folgende genannt:

– *Sendungen des Rundfunks stärker einbeziehen,*
– *selber musizieren,*
– *basteln (z.B. Weihnachten, Ostern, Familienfeste),*
– *Spiele (Gesellschaftsspiele und Spiele im Freien),*
– *Ausflüge (Besuch im Museum, baden gehen usw.),*
– *lesen, vorlesen.*

Für das Gespräch im Anschluß an den Film sind insgesamt 50 Minuten vorgese-hen. Es dauert jedoch 10 Minuten länger, da der Austausch über Lösungsmöglich-keiten mehr Zeit in Anspruch nimmt.

Im Laufe des Gesprächs über »Möglichkeiten im Umgang mit dem Fernsehen« hat die Leiterin sich die einzelnen Punkte, die genannt werden, notiert. Zum Ab-schluß der Veranstaltung liest sie sie nochmals vor.

Versuchen Sie nun, als Leser/in Ihren bisherigen Gesamteindruck festzuhalten: Was hat mich als »Teilnehmer/in« insgesamt angesprochen? Was hat mir Schwierigkeiten gemacht? Notieren Sie Ihre Eindrücke auf den beiden Seiten der Waage:	
Mich hat angesprochen …	Mir hat Schwierigkeiten gemacht …

Die Leiterin kommt in ihrem Bericht zu folgender Gesamteinschätzung:

Die vorgesehenen Methoden konnten angewendet werden und wurden von den Teilnehmern akzeptiert. Ein Teilnehmer (der sich öfters an Seitengesprächen be-teiligte) hatte einen Vortrag erwartet und in den Kleingruppen, aber nicht im Plenum mitdiskutiert. Insgesamt war die Mitarbeit gut und das Interesse die gan-ze Zeit über deutlich. Die meisten waren bei der Zusammenfassung über die Viel-zahl der erarbeiteten Punkte überrascht.

Nach dem offiziellen Schluß wollte niemand gehen. Es bildeten sich Gruppen, die sich zusammensetzten und heftig über das Thema weiterdiskutierten. Erst die Mahnung der Kindergartenleiterin, daß sie nach Hause müsse (sie wohnt weiter weg und muß alle Räume abschließen), beendete diese Aktivitäten um 23 Uhr. Einige Teilnehmer gingen nachher noch in eine Pizzeria und redeten dort weiter. Die Kindergartenleiterin war positiv überrascht, daß diese Art von Elternarbeit ›abgekommen‹ ist. Sie selbst hatte es noch nicht gewagt, die Vorstellungen der Eltern (»ein Vortrag und sonst nichts«) zu übergehen und etwas anderes auszuprobieren. Mich hat am meisten die Reaktion von Eltern erstaunt, die an diesem Abend nicht anwesend waren: Sie erzählten mir – wo immer sie mich trafen – ihre Fernsehgewohnheiten mit dem mehr oder weniger deutlich ausgesprochenen Wunsch, von mir zu hören, daß ihr Verhalten richtig sei …

Gefreut hatte ich mich, daß die Teilnehmer bereit waren, sich auf den »neuen Weg« einzulassen und selbst aktiv mitzuarbeiten. Es ist also durchaus möglich, neue Methoden zu riskieren. Bewährt hat sich insbesondere die Bildung der Zweiergruppen durch Wollfäden (Zufallsprinzip), der Einstieg ins Thema durch kleine Gruppen, das Aufschreiben der Fragen auf Plakate und die Erarbeitung weiterführender Gesichtspunkte durch die Teilnehmer.

1.2.2 Methoden und Kursleiterin

In dem Wechselspiel von Methoden und Einflußfaktoren standen bisher die möglichen oder tatsächlichen Reaktionen der **Teilnehmenden** im Mittelpunkt. Nun soll es um den Zusammenhang von Verhalten, Auftreten, innerem Befinden, kurz um die Person der **Leiterin** gehen. Zu diesem Zweck wird das Veranstaltungsbeispiel nochmals ausgewertet.

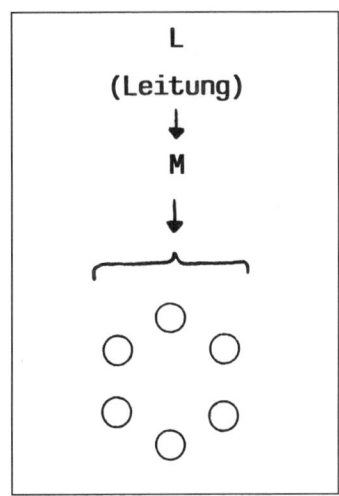

Die Leiterin eröffnet den Abend. Sie ergreift das Wort, indem sie die Teilnehmer begrüßt. Sie fordert anschließend dazu auf, daß sich jeder vorstellt. Schließlich nennt sie zur Einführung ins Thema Gesichtspunkte, die für die Fragestellung »Fernsehen – Hilfe oder Heimsuchung?« wichtig sind.

All dies bedeutet, vor andere hinzutreten, Initiative zu ergreifen, sich zu exponieren. Dabei wirkt auch die Art und Weise, wie dies geschieht – ganz unabhängig vom Inhalt der gesprochenen Worte und Sätze. In unserem Fall weiß die Leiterin, daß das Thema aus einem Gespräch des Elternbeirates erwachsen ist. Das kann ihr eine gewisse innere Sicherheit geben, die sich wiederum darin ausdrückt, wie selbstverständlich sie begrüßt und zur Vorstellung auffordert. Andererseits will sie Methoden einsetzen, die bisher in den Angeboten der Kindergartenleiterin nicht üblich waren. So etwas macht angespannt und läßt – zumal in den letzten Minuten, bevor es endgültig losgeht – das Herz klopfen. Aus diesem Hintergrund heraus kann es schon geschehen, daß bei den ersten Worten der Mund trocken ist und die Stimme vibriert.

Nach der Einführung nennt die Leiterin ein Thema für den gegenseitigen Austausch (»Ist Fernsehen für mich wichtig? Warum sehe ich fern?«). Sie bittet darum, das Gespräch hierüber zu zweit zu führen. Die Zweiergruppe läßt sich nach dem Zufallsprinzip bilden, indem sie Wollfäden in die Mitte hält und die Teilnehmer auffordert, jeweils ein Fadenende zu ergreifen, daran zu ziehen und so den Partner zu finden.

Im weiteren Verlauf der Veranstaltung unterbricht die Leiterin die Zweiergespräche durch ein neues Thema (»Warum und in welcher Situation will mein Kind fernsehen?«) und durch die Aufforderung, aus je zwei Partnergruppen eine Vierergruppe zu bilden.

Nach rund 20 Minuten folgt eine neue Unterbrechung. Für alle wird nun der Film »Fernsehen – Hilfe oder Heimsuchung?« vorgeführt. Im anschließenden Plenumsgespräch wird mit der ersten Frage an den Film angeknüpft (»Wie hat mir der Film gefallen? Ist er realistisch? Was ist bei uns anders?«). Die später folgende zweite Frage soll weiterführen (»Gibt es – außer den im Film gezeigten – noch andere Möglichkeiten im Umgang mit dem Fernsehen? Gibt es akzeptable Alternativen?«). Während des Plenumsgesprächs notiert sich die Leiterin einzelne Punkte und liest diese zum Abschluß des Abends vor.

Bitte versetzen Sie sich in die Situation der Leiterin:

a) Hätten Sie sich dieses Vorgehen zugetraut? ☐ ja ☐ nein

b) Was hätte Sie davon abgehalten?

_____

_____

c) Was hätte Sie dazu angeregt?

_____

_____

1.2.3 Methoden und Ziele

Die Personen der Teilnehmer(innen) und Leiter(innen), ihre Reaktionen, ihr Verhalten, Auftreten und Befinden, ihre Neigungen und Interessen spielen bei der Auswahl und beim Einsatz von Methoden eine wichtige Rolle. Davon nicht abhängig, aber doch als eigener Einflußfaktor zu sehen, sind die Absichten, um die es bei einer Veranstaltung geht: Was soll am Ende herauskommen? Genauer ausgedrückt: Was soll mit der Veranstaltung insgesamt, mit den einzelnen Arbeitseinheiten und mit den verschiedenen Methoden bei dem Teilnehmer erreicht werden? Die Frage gilt somit dem angestrebten **Ziel**.

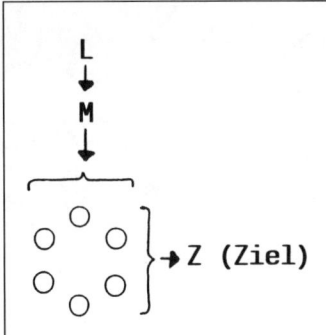

Auch dieser Gesichtspunkt soll mit Hilfe des Veranstaltungsbeispieles überprüft werden. Dabei werden die einzelnen Verfahrensweisen bzw. Methoden durch die vermutlich dahinterstehenden Ziele ergänzt.

Die Leiterin selber begrüßt die Teilnehmenden.	Die Anwesenden sollten wissen, wer bei dieser Veranstaltung Gesprächspartner/in und »Fachmann« bzw. »-frau« ist. Jede Anfangssituation ist schwierig; ein vertrautes Stilmittel wie die »Begrüßung« kann beim Teilnehmer mehr Sicherheit schaffen (etwa in dem Sinne: »Sehr schön, hier ist alles so, wie ich es gewohnt bin).
Jede Person stellt sich selber vor und sagt dazu jeweils den Namen ihres Kindergartenkindes.	Jede Person soll zu Beginn schon etwas gesagt haben (»die Schwelle überwinden«). Die Nennung des Kindernamens bedeutet dabei eine gewisse Erleichterung (»nicht über sich sprechen müssen«) und bietet zugleich Anknüpfungspunkte für die – zunächst nur innere – Kontaktaufnahme (»Aha, das ist der Vater von Peter, der immer mit meiner Susi spielt«).
Die Leiterin nennt Gesichtspunkte, die für das Thema des Abends von Bedeutung sind (ein »Mini«-Kurzreferat).	Die Teilnehmer/innen sollen wenigstens ansatzweise einen Anschluß an die Vorüberlegungen im Elternbeirat gewinnen. Sie sollen den inhaltlichen Horizont wahrnehmen, innerhalb dessen sich die Veranstaltung bewegt.
Die Leiterin nennt eine Fragestellung für einen Austausch zwischen den Vätern und Müttern.	Die Teilnehmenden sollen zuerst einmal selber Zugang zur Sache finden. Sie sollen sich ihre persönlichen Gewohnheiten, Einstellungen und Erfahrungen bewußt machen. Das bereits vor-

Es wird ein Plakat mit der zuvor ausgesprochenen Frage an die Wand gehängt.

Die Leiterin bittet darum, das Gespräch jeweils zu zweit zu führen.

Sie fordert dazu auf, daß jede(r) aus einem Bündel von Wollfäden jeweils ein Fadenende ergreift, daran zieht und so jemand anderes findet.

handene Vorwissen zum Thema soll also aktiviert werden. Außerdem sollen sie miteinander ins Gespräch kommen.

Arbeitsaufträge geraten bei einer bloßen mündlichen Erwähnung leicht in Vergessenheit. Das Plakat mit der Formulierung soll später beim Gespräch die Erinnerung an den Arbeitsauftrag erleichtern.

Die Teilnehmenden sollen miteinander ins Gespräch kommen können. Die überschaubare Zweiergruppe erleichtert den Austausch. (Ein Plenumsgespräch wäre am Anfang der Veranstaltung zu schwierig: Die Teilnehmenden kennen sich noch nicht oder zu wenig: sie haben sich noch nicht »warmgeredet«.)

Die Teilnehmenden sollen jemand fürs Zweiergespräch ohne große Schwierigkeit finden können. Bei der Bildung von Gruppen durch Wahl taucht das Problem auf: »Auf wen gehe ich zu?« Gerade in der Anfangssituation neigt jede(r) dazu, abzuwarten (»mal schau'n, wer auf mich zugeht«) oder ganz einfach den Nachbarn zu »wählen« (»wir sitzen ja sowieso beisammen«). Auf diese Weise sind womöglich gerade die beisammen, die sich zuvor schon kannten und deshalb auch zusammensetzten. Beim Zufallsprinzip wird die Wahl abgenommen: »Nicht ich muß wählen, sondern der Faden gibt mir den Partner.« Außerdem kommt Bewegung in die Gruppe, denn jede(r) muß aufstehen und sich später zusammen mit dem Partner/der Partnerin in der Zweiergruppe einen neuen Platz suchen.

Auf diese Weise läßt sich jede Methode auf die dahinterstehenden Ziele überprüfen.

Bitte versuchen Sie, solche auf die Teilnehmenden gerichteten Ziele in den nächsten Abschnitten selber zu ergänzen. Geben Sie dabei ruhig Ihren Vermutungen Raum. Dabei kann Ihnen helfen, wenn Sie Ihre Eintragungen in der rechten Spalte jeweils beginnen mit »Die Teilnehmenden sollen …«

Verfahrensweise (Methode)	*Vermutete Ziele*
Die Leiterin gibt eine neue Fragestellung (»Warum und in welcher Situation will mein Kind fernsehen?«) und fordert dazu auf, daß sich zum Austausch hierüber jeweils zwei Zweiergruppen zu einer Vierergruppe zusammenfinden.	
Nach ca. 20 Minuten Vierergruppengespräch führt die Leiterin einen Kurzfilm zum Thema vor.	
Es wird ein Plenumsgespräch (Filmgespräch) angeschlossen; einleitende Fragestellung: »Wie hat mir der Film gefallen? Ist er realistisch? Was ist bei uns anders?« Spätere angefügte weitere Fragestellungen: »Gibt es … noch andere Möglichkeiten im Umgang mit dem Fernsehen? Gibt es akzeptable Alternativen?«	
Die Leiterin notiert während des Plenumsgesprächs einzelne Äußerungen. Die Gesichtspunkte werden zum Abschluß der Veranstaltung wiederholt.	

1.2.4 Methoden und Inhalt

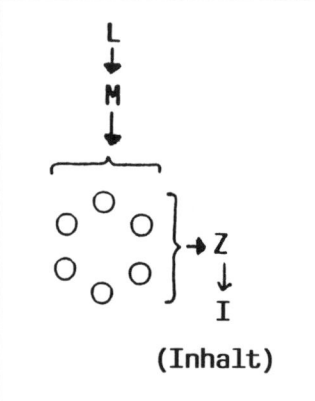

Im lebendigen Ganzen einer Veranstaltung spielt neben den Teilnehmenden, der Person des Leiters/der Leiterin und den angestrebten Zielen der **Inhalt** eine besondere Rolle.

In unserem Veranstaltungsbeispiel läßt sich der Gesamtinhalt »Fernsehen« in drei Inhaltsbereiche aufteilen, denen jeweils bestimmte Methoden zugeordnet werden können:

1. Inhaltsbereich:
   »Information über das Massenmedium ›Fernsehen‹«
   Zugeordnete Methoden:
   – Einsatz eines Kurzfilmes
     (mit der Einschränkung, daß in dem Kurzfilm bereits deutlich der 3. inhaltliche Bereich thematisiert wird).

2. Inhaltsbereich:
   »Das Verhältnis der Erwachsenen (Eltern) zum Fernsehen und ihr eigenes Verhalten«
   Zugeordnete Methoden:
   – Zweiergruppen zur Frage: »Ist Fernsehen für mich wichtig? Warum sehe ich fern?«
     Plenumsgespräch zum Film (Filmgespräch) mit dem ersten Fragenkomplex: »Wie hat mir der Film gefallen? Ist er realistisch? Was ist bei uns anders?«

3. Inhaltsbereich:
   »Umgang mit dem Fernsehen in der Familie und Möglichkeiten der Bewältigung«
   Zugeordnete Methoden:
   – Vierergruppen zur Frage: »Warum und in welcher Situation will mein Kind fernsehen?«
   – Plenumsgespräch zum Film (Filmgespräch) mit dem zweiten Fragenkomplex: »Gibt es – außer den im Film gezeigten – noch andere Möglichkeiten im Umgang mit dem Fernsehen? Gibt es akzeptable Alternativen?«
   – Mitschrift von Äußerungen während des Plenumsgesprächs und Wiederholung dieser Gesichtspunkte zum Abschluß der Veranstaltung.

Einige Methoden, deren vermutliche Absichten vorhin genannt (oder ergänzt) worden sind, tauchen bei den Inhalten nicht mehr auf. Sie haben zwar mit dem Inhalt zu tun, gelten jedoch in erster Linie dem Klima der Veranstaltung, der

Entwicklung von Kontakt und Gespräch (z.B. Vorstellung mit Hilfe der Kindernamen oder Bildung der Zweiergruppen durch ein Zufallsprinzip).

1.2.5 Methoden und Rahmenbedingungen

Um auf das Wechselspiel der Methoden mit verschiedenen Einflußfaktoren aufmerksam zu machen, wurde bisher der Zusammenhang mit den Teilnehmenden, der Person der Leitung, den verfolgten Zielen und den thematisierten Inhalten aufgegriffen. Daneben gibt es scheinbar »äußerliche«, »technische« Gegebenheiten, sog. **Rahmenbedingungen,** die von Bedeutung sind – und zwar so sehr, daß sie, wenn sie übersehen oder vergessen werden, den Erfolg einer Methode nachhaltig beeinträchtigen können. Das heißt umgekehrt: Wenn bei der Planung eine bestimmte Methode ausgewählt wird, müssen die Rahmenbedingungen bedacht und bereitgestellt werden, die für die Verwirklichung der helfenden Verfahrensweise nötig sind. Auch dieser wechselseitige Zusammenhang läßt sich in unserem Veranstaltungsbeispiel entdecken.

In der folgenden Auswertung werden in der linken Spalte nochmals einige Aktivitäten und Methoden genannt. Dem stehen in der rechten Spalte die organisatorischen Maßnahmen gegenüber, die zu treffen waren und die von der Leiterin in ihrem Veranstaltungsbericht auch aufgeführt werden.

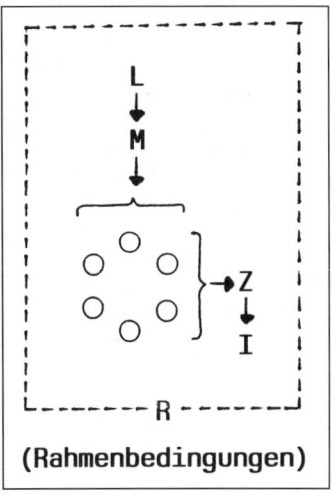

(Rahmenbedingungen)

Aktivitäten bzw. Methoden	Technisch-organisatorische Maßnahmen bzw. Rahmenbedingungen
Das Angebot dieser Veranstaltung insgesamt.	Festlegung des Termins unter Berücksichtigung anderer Veranstaltungen am Ort; Vorsorge, daß der Veranstaltungsraum beheizt wird (in diesem Fall stellt die Schaltuhr normalerweise abends die Heizung ab).
Gespräch in Zweier- und Vierergruppen sowie im Plenum; Bildung der Zweiergruppen durch ein Zufallsprinzip.	Aufstellen eines Stuhlkreises. Dadurch können die Anwesenden – beim Einsatz des Zufallsprinzips zur Gruppenbildung ungehindert aufstehen, in die Mitte des Raumes kommen und anschließend wieder auseinandergehen (was durch Tische erheblich erschwert würde),

– bei der Bildung der Gesprächsgruppen sich so setzen, daß sie einander gut sehen und hören,
– beim Zusammenschluß von je zwei Partnergruppen ungehindert zueinanderrücken,
– beim Plenumsgespräch einander gut sehen und zueinander sprechen (»Rundgespräch«);
Vorbereitung von Wollfäden für die Bildung der Zufallszweiergruppen.

Fragestellungen für Gruppengespräch und Plenum.

Bereitstellung von Papierbögen (Plakaten) mit den Fragen und von Klebeband (Tesakrepp); dadurch bleibt die inhaltliche Aufgabe in Erinnerung, auch wenn nach der Fragestellung die Gruppenbildung angesagt wird. Ohne diese Erinnerungshilfe könnte die Fragestellung über die Bewegung durch die Gruppenbildung in Vergessenheit geraten; zugleich ist die optische Erinnerung günstiger als eine erneute Ansage, weil dann »für Ruhe gesorgt«, das heißt die lebendige Bewegung des Gruppenbildungs- und Gesprächsvorganges unterbrochen werden müßte.
Daß die Plakate mit den Fragen bereitliegen, spart während der Veranstaltung Zeit.

Einsatz eines Kurzfilmes.

Film bestellen (Kreisbildstelle); Filmprojektor ausleihen (in diesem Fall bei der örtlichen Grundschule);
vor Beginn des Abends Leinwand und Projektor aufstellen; Film einlegen, Probedurchlauf des Films.

Interessanterweise können die Rahmenbedingungen auch bestimmte methodische Ideen freisetzen. Die Veranstaltung, die hier ausgewertet wird, findet in einem Raum des Kindergartens für Kindergarteneltern statt. Diese äußeren Bedingungen legen es nahe, die Teilnehmenden aufzufordern, bei ihrer Vorstellung auch den Namen des Kindergartenkindes zu nennen – was sich wiederum mit der Absicht verbindet, die gegenseitige Kontaktaufnahme zu fördern.

1.2.6 Methoden und Institution

Nun soll ein letztes Mal die Perspektive gewechselt werden.

Wie in dem Praxisbeispiel einleitend erwähnt wird, handelt es sich um einen Elternabend. Veranstalter ist ein Kindergarten. Er wird von einem Verein getragen. Bei dieser anbietenden **Institution** handelt es sich zwar nicht um eine »klassische« Einrichtung der Erwachsenenbildung wie etwa eine Volkshochschule oder ein kirchliches Bildungswerk. Da sie sich aber mit der dargestellten Veranstaltung und mit ähnlichen Aktivitäten immer wieder einmal an Erwachsene wendet, um ihnen gezielt Informationen und Anregungen zur Lebensgestaltung anzubieten, kann sie mit diesem Teil ihrer Arbeit durchaus dem weiten Feld der Erwachsenenbildung zugerechnet werden – allerdings bezogen auf den Lebens- und damit auch den Themenbereich »Eltern und Kinder« bzw. »Familie«. Der Inhalt der Veranstaltung ordnet sich in diesen Zusammenhang ein. Die Leiterin, die den Inhalt aufbereitet, ist der Institution als Mitglied des Elternbeirates eng verbunden.

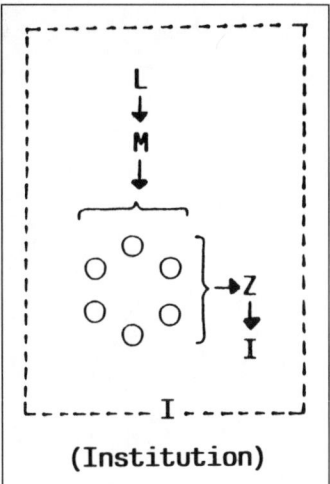

(Institution)

Für die Methodenwahl ist dieser institutionelle Hintergrund insofern von Bedeutung, als bei den Teilnehmenden eine gewisse Zusammengehörigkeit vorausgesetzt werden kann (»unser Kindergarten und wir«, »wir und unsere Kinder«), selbst wenn sich dies nicht in einer näheren persönlichen Bekanntschaft zwischen den Eltern bzw. den Familien ausdrückt. Diese »Bindung im Vorfeld« erleichtert es wiederum, Methoden einzusetzen, die auf Kontakt, Gespräch und Aktualisierung persönlicher Erfahrungen gerichtet sind.

Angenommen, Sie wollten in Ihrer gegenwärtigen persönlichen Situation als Mitarbeiter(in) einer Volkshochschule, eines kirchlichen Bildungswerkes usw. die beschriebene Veranstaltung durchführen:

a) Mit wem müßten sie Kontakt aufnehmen bzw. wen müßten Sie für das Vorhaben gewinnen?

b) Was käme bei der jeweiligen Institution Ihrem Vorhaben entgegen – und welche Hindernisse könnten Sie sich vorstellen?

1.3 Balance und Bewegung

Die bisherigen Überlegungen und Arbeitsgänge lassen sich folgendermaßen zusammenfassen:

1) Es gibt Elemente, die für die Auswahl und den Einsatz von Methoden große Bedeutung haben. Um diese Wechselwirkung auszudrücken, sprechen wir zusammenfassend von Einflußfaktoren.
2) Methoden unterliegen diesen Einflußfaktoren, werden also von ihnen bestimmt.
3) Zugleich wirken die Methoden auf äußere Faktoren ein. Diese Wirkung hängt häufig vom methodischen Detail ab – und davon, wie gründlich dieses Detail bedacht worden ist.
4) Inwieweit Methoden den Einflußfaktoren unterliegen oder auf sie einwirken, ist auch eine Sache von Entscheidungen. Es kommt darauf an, diese Entscheidungen möglichst bewußt zu treffen. In diesem Sinne eines bewußten Entscheidungs- und Gestaltungshandelns lassen sich Methoden und Einflußfaktoren als pädagogische Elemente verstehen.

Um solche Wirkungszusammenhänge wahrzunehmen, zu verstehen und zu gestalten, bietet sich das Bild eines Mobile an.
In diesem Mobile sind die einzelnen Elemente einander zugeordnet – aber nicht fixiert wie in einem Kristall, sondern beweglich. Dabei sind Gewicht und Stellung gleichermaßen von Bedeutung: Schon feinste Veränderungen in der Schwerpunktverteilung können das Gleichgewicht stören oder herbeiführen.
Würde ein Element bzw. Einflußfaktor entfernt oder zu stark gewichtet, ohne daß Ausgleich an anderer Stelle geschieht, kämen auch die Methoden aus der Balance. Damit wäre die gesamte Gestalt in sich aus dem Lot geraten, schief, gewissermaßen zusammengebrochen. Bezogen auf eine Veranstaltung: Sie wäre in sich unstimmig, »lastig«, in die eine oder andere Richtung unbefriedigend.

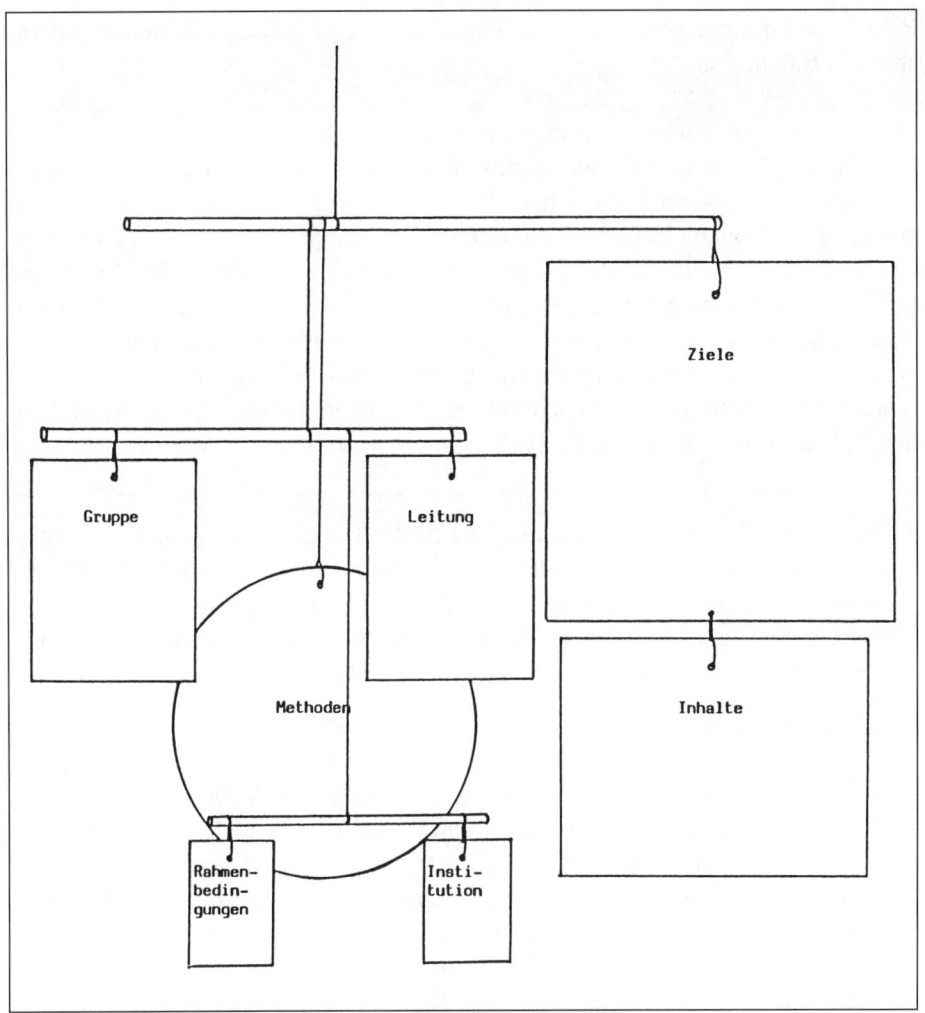

Und was am meisten fasziniert: Selbst wenn in dem Mobile Querstreben und Elemente in der Balance sind, so ist das Ganze dennoch in Bewegung. Balance heißt hier gerade nicht Stillstand oder Fixierung: Die Dynamik bleibt erhalten, ja sie kommt erst durch die Balance in ihrer Leichtigkeit und Schönheit zur Geltung. Bezogen wieder auf eine Veranstaltung: Veränderung des einzelnen im Sinne von »Lernen«, Beziehung untereinander, Austausch, gemeinsame Aktivität – alles Vorgänge voller Bewegung – sind dann um so leichter und unbeschwerter möglich, je mehr die Teilnehmenden, der Leiter/die Leiterin, die Ziele, die Inhalte, die

27

Rahmenbedingungen, der institutionelle Hintergrund und die Methoden miteinander in Balance sind.

Noch eine persönliche Anmerkung:
Die vorigen Zeilen habe ich angesichts eines Mobile geschrieben, das ich mir als Anschauungsobjekt angefertigt habe. Die Zeichnung gibt es verkleinert, aber in den entsprechenden Größenverhältnissen wieder. Sich an einem solchen Mobile um Gleichgewicht zu bemühen, einen Eindruck zu gewinnen von der Bedeutung gerade kleiner Schwerpunktverlagerungen, sich faszinieren zu lassen vom Zusammenhang zwischen Balance und Bewegung – all dies sagt mehr als viele Worte, worum es bei der Auswahl und beim Einsatz von Methoden in der Erwachsenenbildung geht. Wer dies nachvollziehen möchte, nehme sich etwas Zeit für die nächste Anregung zur Eigenarbeit.

Untersuchen Sie eine Veranstaltung der Erwachsenenbildung, die Sie entweder als Teilnehmer(in) erlebt oder als Leiter(in) vorbereitet und durchgeführt haben. Benutzen Sie als Hilfsmittel für die Analyse die Zeichnung des Mobile. Notieren Sie zu den einzelnen Elementen, was Sie im Blick auf die untersuchte Veranstaltung wissen oder vermuten. Überprüfen Sie anhand Ihrer Notizen:

1) Welche Einflußfaktoren erweisen sich im nachhinein als besonders bedeutsam?
2) Bei welchen Einflußfaktoren läßt sich im Sinne »pädagogischer Elemente« ein bewußtes Entscheidungs- und Gestaltungshandeln erkennen oder wenigstens vermuten?
3) Welche Einflußfaktoren wirken sich eher ungeplant aus oder waren möglicherweise gar nicht vorbedacht worden?
4) Was hätte bei einzelnen Einflußfaktoren anders gemacht werden können, um eine bessere Gesamtbalance der Veranstaltung zu erreichen?

Und wenn Sie noch ein übriges tun möchten, dann fertigen Sie ein Mobile an (vielleicht mit anderen im Rahmen einer Mitarbeiterfortbildung oder mit der Familie zu Hause) und verwenden Sie es als »Prüfinstrument« für die Analyse und für Experimente zur Gewichts- und Schwerpunktveränderung. Lassen Sie schließlich das Bewegungsspiel der ausbalancierten Elemente auf sich wirken.

---

2. Methoden im Wechselbezug: Einflußfaktoren

»In der Wirklichkeit hängt alles zusammen«, hieß es im Einleitungsabschnitt 1.1. Das Bild vom Mobile sollte dies verdeutlichen. Vor diesem Hintergrund empfiehlt es sich, in diesem Text die verschiedenen Wechselbeziehungen der Methoden nicht alle auf einmal anzugehen, sondern sie Stück für Stück zu erarbeiten. Deshalb wird nun jeweils ein Einflußfaktor herausgegriffen und in seiner speziellen Bedeutung für die Auswahl und den Einsatz von Methoden betrachtet.

Da diese Art des Vorgehens vor allem in der Arbeit mit Gruppen eingesetzt wird, um in der Vielfalt von Erscheinungsformen und Anläufen zugleich Ordnung und Verstehen möglich zu machen, sei hier der entsprechende und in der Fachliteratur häufig verwendete Begriff eingeführt: Wenn zur besseren Erkenntnis des Ganzen der Brennpunkt (»Fokus«) der Aufmerksamkeit sich wie durch eine Lupe auf ein Teil des Ganzen richtet, wird diese Arbeitsweise als »Fokussieren« bezeichnet.

Wir fokussieren also in den folgenden Abschnitten den Gesamtzusammenhang von Methoden und Einflußfaktoren jeweils auf einen einzelnen Faktor bzw. – um wieder zum Bild des Mobile zurückzukehren – jeweils auf ein einzelnes Element.

2.1 Methoden und Gruppe

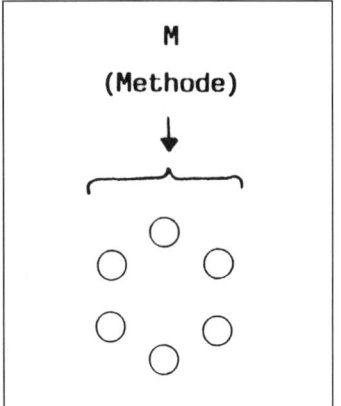

In der Erwachsenenbildung ist es sinnvoll, den Blick zunächst auf diejenigen zu richten, für die eine Veranstaltung stattfindet und die aus der gemeinsamen Arbeit etwas für sich gewinnen sollen. Die Methoden sind auf sie hingeordnet und kommen überhaupt erst dadurch zur Wirkung, daß Menschen sie aufnehmen und in lebendiges Tun umsetzen.

Dabei ist zu unterscheiden:
Im Rahmen der **Planung** geht es darum, wem die jeweilige Veranstaltung gilt bzw. wer von ihr angesprochen werden soll. Das ist die sog. **Zielgruppe.**
Im Rahmen der **Durchführung** geht es um die tatsächlich Anwesenden, das heißt um die **Teilnehmer/innen.**
Das Element **Gruppe** ist also differenziert zu betrachten.

2.1.1 Zielgruppe

Für Veranstaltungen der Erwachsenenbildung lautet die allgemeinste Form der Zielgruppenbestimmung »alle Erwachsenen«. Aber schon hier zeigt sich bei näherem Hinsehen, daß Eingrenzungen geschehen, auch wenn dies bei der Planung nicht bewußt ist oder nicht ausgesprochen wird, z.B. auf die Erwachsenen,
– die in einer Gemeinde oder Region leben,
– die den Veranstaltungshinweis bekommen,
– die Zugang zum Thema haben
usw.

Damit sind Merkmale angesprochen, die aus der zunächst gestaltlosen Masse »Erwachsene« ganz bestimmte herausheben.
Je bewußter und genauer die Merkmale bestimmt und in die Planung einbezogen werden, desto deutlicher werden die Konturen der Zielgruppe, und zwar im vollen

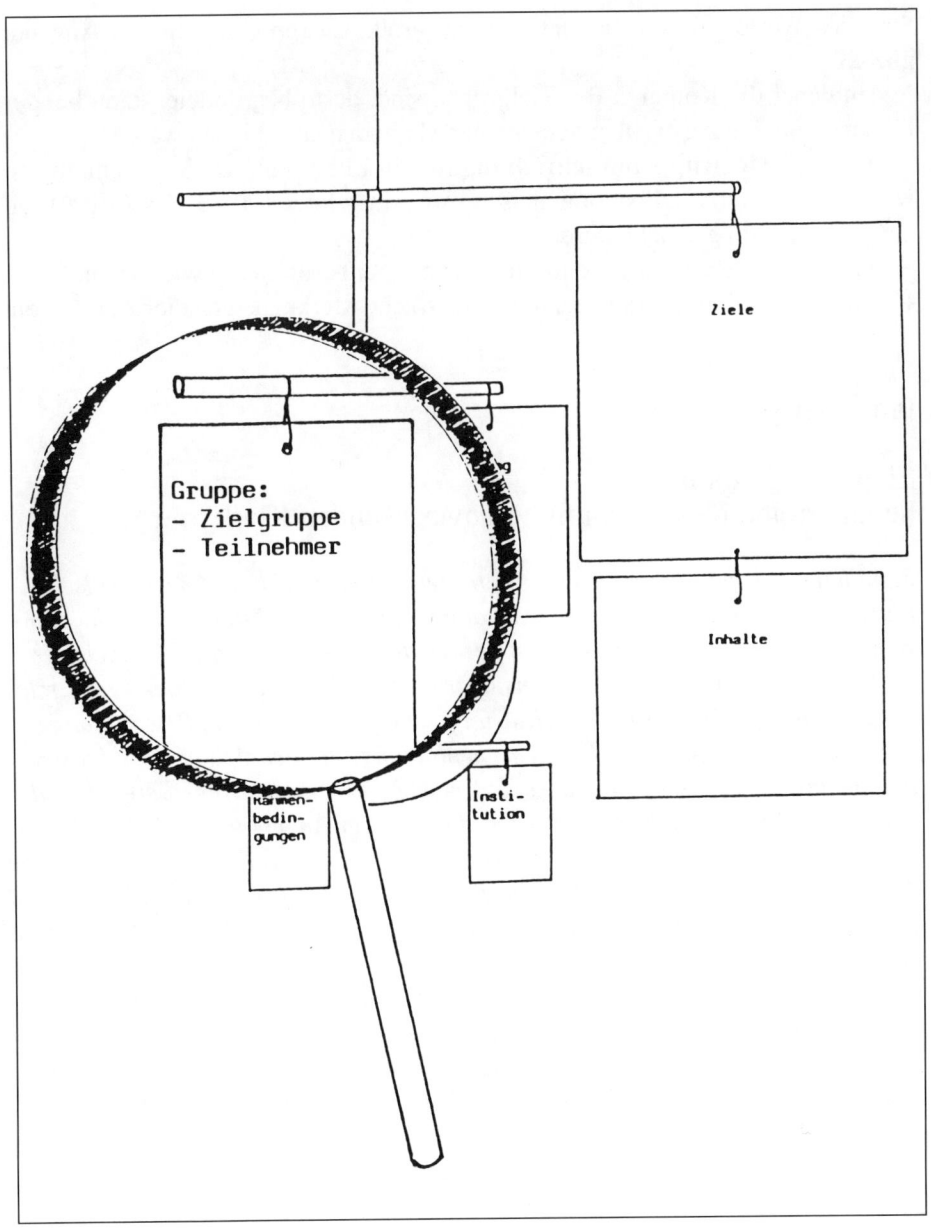

Ziele

Inhalte

Gruppe:
- Zielgruppe
- Teilnehmer

Rahmen-
bedin-
gungen

Insti-
tution

Sinn des Wortes: die mehr oder weniger große **Gruppe,** auf die ein Angebot **abzielt.**

Je deutlicher die Konturen der Zielgruppe sind, desto begründeter kann bei der Planung über die Auswahl angemessener Methoden entschieden werden.

Anhand der **Zielgruppenbeschreibung** für ein Elternseminar (in Anlehnung an Knoll/Hofmeister/von Poeppinghausen: Am Alltag lernen, 1983, S.100–106) soll nun aufmerksam gemacht werden

– auf Merkmalsbereiche, die für die Zielgruppenbestimmung wichtig sind;
– auf Fragestellungen, die geeignet sind, solche Merkmale genauer zu erfassen.

Praxisbeispiel:

Eltern im Gespräch
Seminarreihe für Eltern mit heranwachsenden Kindern

Familien mit Kindern ab 12 oder 13 Jahren befinden sich in einer »kritischen« Phase: Die Aufbauzeit der Familie ist abgeschlossen; die Pubertät und die damit sich verstärkenden Ablösetendenzen der Kinder bedeuten für die Eltern eine (bewußt oder unbewußt erlebte) Verunsicherung vor allem hinsichtlich ihres Erziehungsverhaltens. Hier Hilfen zur Klärung, Bewußtmachung und Bewältigung anzubieten, ist Aufgabe einer Erwachsenenbildung, die den Alltag der Menschen aufnimmt und lebensbegleitend darauf eingeht. Doch eben dies bereitet in der Praxis auch Schwierigkeiten: Gerade dann, wenn Angebote deutlich problemorientiert sind, kann das Echo ausbleiben, weil die erwartete und notwendige Auseinandersetzung mit der »Sache« zugleich eine Konfrontation mit sich selbst und mit der Notwendigkeit eigener Verhaltensänderung bedeutet. Das aber ist stets mit Unlust verbunden und löst Widerstand aus.

Für die kirchliche (und hier speziell die evangelische) Erwachsenenbildung besteht die Möglichkeit, die Zielgruppe »Eltern mit heranwachsenden Kindern« zunächst einmal in einem anderen Zusammenhang anzusprechen: als Väter und Mütter von Kindern, die den Konfirmandenunterricht besuchen oder demnächst konfirmiert werden. In Anknüpfung an diesen vorgegebenen äußeren Rahmen können sog. »Erziehungsthemen« mit einer gewissen Aussicht auf Interesse angeboten werden.

Vor dem Hintergrund solcher Überlegungen bieten zwei freie Mitarbeiterinnen der Erwachsenenbildung in einer niedersächsischen Kleinstadt die Seminarreihe »Eltern im Gespräch« an.

1) *Im Rahmen der örtlichen evangelischen Erwachsenenbildung geht der Orts-pastor auf den Veranstaltungsvorschlag ein, weil er dadurch Kontakt zu den Konfirmandeneltern herstellen will. Zur Zeit der Seminarreihe besuchen 65 Kinder bzw. Jugendliche den Konfirmanden- und Vorkonfirmandenunterricht.*

2) *Die Männer in dem Ort sind größtenteils Schichtarbeiter (meist als Pendler). Ein Teil der Frauen betreibt – gelegentlich unter Mithilfe der Kinder – Heim-arbeit. Handwerker und Bauern gibt es nur noch vereinzelt. Das durchschnitt-liche Jahreseinkommen der Ortseinwohner liegt um die Hälfte niedriger als im übrigen Niedersachsen. Das Bewußtsein der Bevölkerung ist überwiegend ländlich geprägt; es existiert noch Nachbarschaftshilfe. Die Toleranz gegen-über Fremden ist verhältnismäßig groß. – Für die Bevölkerung des Ortes bringt die Region verkehrstechnische und wirtschaftliche Schwierigkeiten, die sich nicht zuletzt in einer Abwanderung der Jugend ausdrücken.*

3) *Als mögliche Fragen und Probleme der Zielgruppe können die beiden Mitar-beiterinnen durch das Gespräch mit dem Ortspastor ermitteln: Generations-probleme, Erziehungsschwierigkeiten (Alkohol, Drogen, Diskothek, Aggres-sion u.a.).*

4) *Erfahrungen mit Gruppenarbeit oder Rundgespräch können bei der Zielgrup-pe nicht vorausgesetzt werden.*

In der Zielgruppenbeschreibung sind bereits verschiedene Merkmale und Merk-malsbereiche erfaßt. Sie werden im folgenden nochmals in verallgemeinerter Form bezeichnet. Außerdem werden Fragestellungen ergänzt, die sich eignen, Einzelmerkmale genauer zu erfassen.

Merkmalsbereiche und Fragestellungen zur Zielgruppenbestimmung

1) Generelle Zielgruppenbestimmung

Fragen zur Zielgruppe

Fragestellungen
Wer soll mit einem bestimmten Themenbereich überhaupt angesprochen wer-den? An wen richtet sich das Angebot?

2) Lebens- und Alltagssituation der Zielgruppe

Fragestellungen
Was ist für das Angebot bedeutsam im Blick auf

- Alter,
- Familienstand,
- Berufstätigkeit,
- Freizeit?

3) Situation der Zielgruppe in bezug auf das Thema

Fragestellungen
1. Was ist an allgemeinen Einstellungen, Erwartungen und Interessen vorhanden?
2. Welche speziellen Schwierigkeiten oder Defizite machen den Leuten zu schaffen?
3. Welche speziellen Fragen beschäftigen sie?
4. Welche Lernbedürfnisse haben sie in diesem Zusammenhang?
5. Welche Erfahrungen und Kenntnisse können vorausgesetzt werden?

4) Situation der Zielgruppe in bezug auf »Lernen« und »Methoden der Erwachsenenbildung«

Fragestellungen
1. Welche Erfahrungen mit »Bildung« und »Lernen« sind vorauszusetzen?
2. Welche Erfahrungen mit »Methoden der Erwachsenenbildung« sind vorhanden?

Antworten auf diese Fragen finden die Mitarbeiter/innen der Erwachsenenbildung
- durch Vermutung (wobei die Möglichkeit, sich durch Einfühlen und Phantasie in die Situation von anderen versetzen zu können, nicht gering geachtet werden sollte;
- durch Kenntnis der jeweiligen Zielgruppe aufgrund regelmäßiger Zusammenarbeit oder eigener Zugehörigkeit (eine Möglichkeit, die gerade für die Honorarkräfte von Volkshochschulen oder Ehrenamtliche z.B. der kirchlichen oder gewerkschaftlichen Erwachsenenbildung häufig zutrifft);
- durch Beteiligung von Angehörigen der Zielgruppe am Planungsprozeß (etwa, wenn ein Seminar über Vertragsrecht für Inhaber von Handwerksbetrieben von der zuständigen Dozentin der Handwerkskammer gemeinsam mit einem selbständigen Handwerksmeister vorbereitet wird, der sich bei einer vorläufigen Seminarausschreibung nach den Teilnahmebedingungen erkundigt und sein besonderes Interesse an dieser Versammlung bekundet hatte).

Denken Sie an Ihre gegenwärtige Situation als Mitarbeiter(in) der Erwachsenenbildung. Welcher Kurs (Arbeits-, Gesprächskreis) fällt Ihnen als erstes ein?

Bitte gehen Sie anhand dieses konkreten Kurses (Arbeits- oder Gesprächskreises) nochmals die oben genannten »Merkmalsbereiche und Fragestellungen zur Zielgruppenbestimmung« durch; verwenden Sie dabei auch die detaillierteren Fragen.

1) Generelle Zielgruppenbestimmung
   (Wer soll mit dem Kurs usw. überhaupt angesprochen werden?)
2) Lebens- und Alltagssituationen der Zielgruppe
3) Situation der Zielgruppe in bezug auf das Thema des Kurses
   (Arbeits- oder Gesprächskreises)
4) Situation der Zielgruppe in bezug auf »Lernen« und »Methoden der Erwachsenenbildung«

Konsequenzen für die Auswahl von Methoden

Die Merkmale, die durch Antworten auf die Fragestellungen genauer erfaßt werden können, sind eine Art »Wegweiser«, wenn es bei der Planung um die Auswahl angemessener Methoden geht.

So läßt sich in dem Praxisbeispiel aus dem Ergebnis der generellen Zielgruppenbestimmung »Eltern von Vor- und Hauptkonfirmanden« = »Eltern von Mädchen und Jungen im Übergang zwischen Kindheit und Jugendalter« und aus dem damit gegebenen gemeinsamen Erfahrungshintergrund und Problemdruck ableiten, daß

– einerseits Methoden mit Gesprächscharakter eingesetzt werden sollten (zur Förderung des gegenseitigen Austausches);

– andererseits aber solche Methoden nicht zu fordernd sein dürfen, weil sich über innerfamiliäre Probleme nicht so einfach reden läßt, selbst wenn das Bedürfnis nach Austausch vorhanden ist.

Im Falle unseres Praxisbeispieles wurde die Seminarreihe mit dem Thema »*Ist es noch unser Kind? Einflüsse von allen Seiten*« eröffnet. Die Methoden, die das Team bei seiner Planung für den ersten Abend auswählte, sind in dem folgenden Auszug aus dem Praxisbericht skizziert:

1) Begrüßung, Einführung, Vorstellung
Nach der Begrüßung und der Vorstellung des Teams werden die Teilnehmer gebeten, daß jeder seinen Namen auf einen Zettel schreibt. Die Zettel werden in einen Korb geworfen. Anschließend zieht jeder aus dem Korb einen Zettel und liest den Namen vor. Der Genannte sagt etwas zu seiner Person und evtl. auch etwas darüber, wie er in dieses Seminar hineingeht (»Wer bin ich – Was reizt mich am Thema dieses Seminars?«). Das Team gibt Hinweise zur inhaltlichen Planung
(Material: Zettel, Bleistifte, Korb)

2) Gruppenarbeit am Bildmaterial
Die Teilnehmer sollen Einflüsse feststellen, die im Leben ihrer Kinder während des Konfirmandenalters (= in der Pubertät) bedeutsam sind. Die Gruppen, die im Raum bleiben, werden gebeten, aus Illustrierten Bilder und Motive auszuschneiden, in denen solche Einflüsse symbolisiert werden
(Material: Illustrierte, Scheren).

3) Rundgespräch und gemeinsame Collage
Die am häufigsten auftretenden Einflüsse sollen herausgearbeitet und die eigenen Reaktionen darauf bewußt gemacht werden. Die entsprechende Fragestellung lautet: »Welchen Einflüssen begegnen die Kinder? Wie ist mir selber dabei zumute? Wie gehe ich mit diesen Einflüssen um?« Im Rundgespräch werden die am häufigsten aus den Illustrierten ausgesuchten Motive festgestellt und auf eine große Wandzeitung aufgeklebt, in deren Mitte das Wort »Jugendlicher« steht.

4) Kurzreferat
Unter dem Titel »Familie – gestern und heute« soll über wesentliche Veränderungen der Familienstrukturen informiert werden. Zur Veranschaulichung werden drei Fotos mit Familien aus verschiedenen Zeiten gezeigt.

Einige dieser Methoden stehen in einem deutlichen Zusammenhang mit Merkmalen der beschriebenen Zielgruppe.

So ist die Gruppenarbeit an Illustriertenbildern für diese Zielgruppe geeignet, um
– sowohl Gespräche in Gang zu bringen und Erfahrungsaustausch anzuregen
– als auch die Beiträge zunächst noch auf Figuren bzw. Probleme außerhalb der eigenen Familie zu beziehen (»das ist ja der Rocker in der Illustrierten und nicht mein Sohn«) und so den Schutz, der bei der Behandlung schwieriger Fragen gerade in der Anfangssituation einer Gruppe nötig ist, zu erhalten.

2.1.2 Teilnehmende

Während der Planung geht es darum, durch Orientierung an der Zielgruppe geeignete Methoden auszuwählen oder auch zu erfinden. Dies alles vollzieht sich noch im Bereich der Vorstellung.

In der tatsächlichen Veranstaltung sind die Menschen da. Nun müssen die ausgewählten, neu entwickelten, bereitgestellten Methoden in die Wirklichkeit umgesetzt werden.

Damit dieser Übergang von der Planung zur Durchführung besser gelingt, ist wiederum bewußtes Entscheiden und Gestalten nötig. Die Gesichtspunkte, die hierbei zu beachten sind, werden der Einfachheit halber gleich in Frageform genannt.

a) Stimmen Teilnehmer- und Zielgruppen überein?

Fragen zur
Teilnehmer/innengruppe

Dies bezieht sich auf die Merkmalsbereiche (1) bis (4), die im Zusammenhang mit der Zielgruppenbestimmung dargestellt worden sind.

Im günstigsten Fall ist die ganze Zielgruppe bei der Veranstaltung anwesend. Beispiel: »Alle 27 jungen Mütter mit erstem Kind bis zu 3 Jahren in der Landgemeinde X«. Oder: Ein Ehepaar-Gesprächskreis, bei dem sich die Zielgruppe des Angebotes und die tatsächliche Teilnehmergruppe von vornherein decken.

Allerdings trifft dieser Fall gerade in den offen ausgeschriebenen Angeboten der Erwachsenenbildung selten zu. Hier wird meist eine zahlenmäßig umfangreiche Zielgruppe angesprochen, die sich aller Wahrscheinlichkeit nach nie komplett zur Teilnahme entschließt.

Im ungünstigsten Fall kommen ausschließlich andere Leute (z.B. statt der »jungen Mütter mit erstem Kind bis zu 3 Jahren« Großmütter, die an Kindererziehung interessiert sind). Eine solche Situation muß schon konstruiert werden, weil sie in der Wirklichkeit kaum denkbar ist.

Im Normalfall ist hingegen damit zu rechnen, daß die Teilnehmergruppe in etwa der Zielgruppe entspricht. Abweichungen in Richtung »Nicht-Übereinstimmung«

- können so gering sein oder von den Betroffenen selber als so unwichtig eingeschätzt werden, daß sie im Laufe der Veranstaltung gar nicht auffallen;
- können zwar vorhanden und vielleicht sogar deutlich sein, aber vom Leiter bzw. Leitungsteam nicht berücksichtigt werden, weil die Ausrichtung am Interesse der Mehrzahl oder an inhaltlichen Notwendigkeiten Vorrang hat;
- können so deutlich und auch so umfangreich sein, daß eine Änderung des geplanten Verlaufes im Vollzug der Veranstaltung nötig wird.

In unserem Praxisbeispiel kamen am ersten Abend von den Eltern der Vor- und Hauptkonfirmanden (65 Elternpaare = die ganze Zielgruppe) 14 Mütter, dazu zwei interessierte Lehrer und der Gemeindepfarrer. Die Mehrzahl der Teilnehmer/innen entsprach also der Zielgruppe in wichtigen Merkmalen (z.B. Merkmalsbereich Nr. 3: mögliche Fragen und Probleme). Andererseits: Wären von vornherein nur »Mütter der Vor- und Hauptkonfirmanden« als Zielgruppe angesprochen worden (das Planungsteam hatte sicherlich gute Gründe, dies nicht zu tun), so wären Merkmale in den Blick gekommen, die angesichts der aktuell gegenwärtigen Teilnehmerschaft wichtig sind, nun aber in der Methodenauswahl zunächst nicht berücksichtigt worden sind (z.B.: die Stellung der Frau zwischen Kindern und Ehemann, die Abwälzung der Erziehungsaufgabe auf die Frau, eigene Norm- und Wertkonflikte als Frau und Mutter usw.).

b) Wie sieht die Situation der Teilnehmergruppe aus?

Dies bezieht sich auf
– Größe der Gruppe bzw. Zahl,
– gegenseitige Bekanntschaft oder Fremdheit,
– »Geschichte« der Gruppe in dem Fall, daß die Teilnehmer sich schon mehrmals trafen (z.B.: gemeinsame inhaltliche und methodische Erfahrungen, gemeinsame Erlebnisse, Verteilung von Aufgaben usw.).

Im Falle unseres Praxisbeispieles bietet die Zahl von insgesamt 17 Teilnehmern eine günstige Voraussetzung vor allem für das Rundgespräch und die Erstellung einer gemeinsamen Collage im Plenum. Über gegenseitige Bekanntschaft oder Fremdheit wird nichts berichtet. Mit dem Pfarrer und den beiden Lehrern dürften Kontakte bestehen (vielleicht nur indirekt vermittelt über die Kinder). Die Anwesenheit dieser »Respekts-« und Autoritätspersonen dürfte nicht leicht zu verkraften sein, zumal wenn durch gesprächsorientierte Methoden ein persönlicher Austausch gefördert werden soll und wenn in diesem Rahmen manches an innerfamiliären Schwierigkeiten zur Sprache kommen kann. Es erscheint daher konsequent, daß nach Absprache mit dem Leitungsteam Pfarrer und Lehrer bei den beiden folgenden Abenden wegblieben. Hier zeigt sich, wie die aktuellen und zum Teil nicht vorhersehbaren Gegebenheiten in einer Teilnehmergruppe die Umsetzung geplanter Methoden beeinflussen können.

c) Wie groß ist die aktuelle Belastbarkeit der Teilnehmer/innen?

Dies bezieht sich auf
- Leistungs- und Aufnahmefähigkeit des einzelnen und der Gruppe insgesamt (abhängig insbesondere auch vom Tagesrhythmus und den Tätigkeiten vor der Veranstaltung);
- Möglichkeiten zur Verarbeitung gestellter Anforderungen (das heißt: Was ist noch verkraftbar? Wie groß darf die Spannung sein zwischen dem, was zugemutet wird, und dem, was noch leistbar ist?).

In dem Praxisbeispiel sieht die Planung für den ersten Abend des Elternseminars eine spielerisch aufgelockerte Vorstellungsrunde als Einleitung vor. Die Informationseinheit (»Kurzreferat«) folgt am Schluß, nachdem die Teilnehmenden selber Einfälle geäußert (Gruppenarbeit am Bildmaterial) und das Thema vorgeklärt haben (Rundgespräch und gemeinsame Erstellung einer Collage). Die tatsächliche Beteiligung der Anwesenden zeigte, daß die Aufnahmefähigkeit und -bereitschaft für die Information durch die vorangegangene Selbsttätigkeit stark gefördert worden war. Ohne eigene Arbeit an der Sache hätte das Kurzreferat rasch ermüden können – dies um so mehr bei Menschen, die zum Zeitpunkt der Veranstaltung bereits einen anstrengenden Arbeitstag hinter sich haben.

2.1.3 Schlußfolgerungen: Mit Vorsicht fordern …

In unserem Praxisbeispiel besteht eine Spannung zwischen der Zielgruppenbestimmung einerseits und der Methodenauswahl und -umsetzung andererseits: Nach der Zielgruppenbeschreibung konnten Erfahrungen mit Gruppenarbeit oder Rundgespräch *nicht* vorausgesetzt werden. Dennoch werden diese Methoden eingeplant und auch verwirklicht. Dazu (und zur Umsetzung weiterer Methoden dieser Art) heißt es in dem Praxisbericht:

Schwierigkeiten machte uns am ersten Abend das Rundgespräch. Die Teilnehmer waren nicht gewöhnt, aufeinander zu hören. Es war einige Male nötig, den einzelnen Beiträgen Gehör zu verschaffen. Das änderte sich schon mit dem nächsten Abend. Für uns war es insgesamt erstaunlich, wie sich die Teilnehmer auf die Gruppenarbeit einließen, obwohl ihnen diese unbekannt war. Sie waren nach anfänglichem Zögern bereit, ihre Stammplätze und auch den Raum zu wechseln. Das Schreiben auf Tapeten war anfangs schwierig; der Mut dazu wuchs jedoch nach

und nach. Die Teilnehmer wagten sogar erste Anfänge im Rollenspiel. Das Enga-
gement in der Gruppe ließ öfter die Müdigkeit des Tages vergessen.

Solche Beobachtungen und Erfahrungen können mit sogenannten »methodenun-
gewohnten« Erwachsenen immer wieder gemacht werden. Demnach werden
auch neue Methoden angenommen, wenn ihre Anforderungen noch verkraftbar
sind. Die Bereitschaft zum methodischen Experiment wächst mit der Freude an
der Sache und mit der Sicherheit der Gruppe. So hat in unserem Praxisbeispiel das
Planungsteam mit Recht nicht schon für den Anfang, sondern erst für den dritten
Abend ein Rollenspiel vorgesehen und dieses wiederum durch eine Fallarbeit
vorbereitet.

Aus alledem lassen sich folgende **Grundsätze** ableiten:
1. Methoden sollen der jeweiligen Zielgruppe angemessen sein, das heißt an deren Merkmale anknüpfen.
2. Das bedeutet jedoch nicht, daß die Zielgruppe durch die ausgewählten Methoden auf ein gegebenes Merkmal fixiert werden soll (z.B.: »Die Leute sind
   Gruppenarbeit nicht gewöhnt, deshalb nehmen wir lieber ein Referat«).
3. Andererseits dürfen Zumutung und Leistbarkeit nicht auseinanderfallen. Die
   dadurch entstehende Spannung kann zu Widerstand oder Resignation führen.
   Sie wird bei Teilnehmenden und Leitung manchmal auch so »bewältigt«, daß
   der Methode die Schuld gegeben wird (»So etwas geht eben bei uns nicht«).
4. Die Methoden sollen vielmehr in dem, was sie fordern, einen Schritt weiter
   sein als die augenblickliche Situation der Zielgruppe. In diesem situations-
   überschreitenden Anspruch liegt das spezifische Anforderungsniveau einer
   Methode. Es läßt sich nur im Zusammenhang mit der jeweiligen Ziel- und
   Teilnehmer/innengruppe bestimmen.
5. Das Anforderungsniveau soll gerade so groß sein, daß die Teilnehmenden bei
   der konkreten Veranstaltung den gewünschten Schritt noch (wenn auch möglicherweise mit Anstrengung) gehen können.
6. Die Methodenauswahl soll also mit Vorsicht geschehen. Vorsichtig heißt: weder forsch noch ängstlich, sondern aus einer Verbindung von Verstand und
   Einfühlung.

Spätestens hier richtet sich der Blick auf diejenigen, die eine Methode auswählen
und anwenden. Deshalb geht es im nächsten Abschnitt um den Zusammenhang
von Methoden und Leiter/in.

2.2 Methoden und Leiter/in

Im vorigen Abschnitt ging es um »Zielgruppe« und »Teilnehmer«. Diese Blickrichtung stand deshalb an erster Stelle, weil Veranstaltungen der Erwachsenenbildung für andere stattfinden und von diesem Bezugspunkt aus wichtige Anregungen für Auswahl und Einsatz der Methoden zu gewinnen sind.

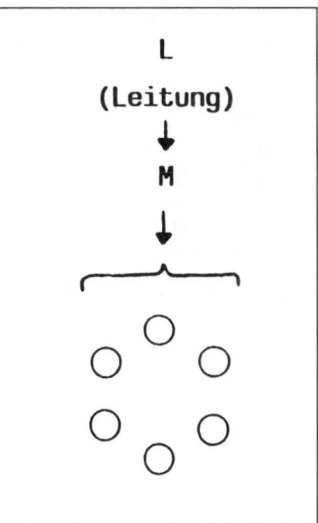

Aber Veranstaltungen der Erwachsenenbildung werden auch von jemandem geplant und durchgeführt:
– von einer einzelnen Person (wie in dem Eingangsbeispiel in Abschnitt 1.2) oder
– von einer Gruppe bzw. einem Team (wie bei dem Praxisbeispiel in 2.1).

Der einzelne oder die Gruppe, die sich dieser Aufgabe unterziehen, müssen bestimmte Leistungen erbringen, z.B.:
– sich Gedanken machen, an wen sie sich wenden wollen (Zielgruppe);
– klären, was mit einer Veranstaltung erreicht werden soll (Ziel);
– erfassen, worum es geht, und dies als Angebot formulieren (Inhalt bzw. Thema);
– Möglichkeiten schaffen und bereitstellen, damit eine Veranstaltung überhaupt stattfinden kann (Rahmenbedingungen);
– bei der Veranstaltung selber Informationen geben, Gespräche anregen, Ergebnisse zusammenfassen usw.

Insgesamt geht es bei diesen Aufgaben darum,
– daß Menschen sich von einem Angebot angesprochen fühlen;
– daß sie zusammenkommen können;
– daß diese Zusammenkunft einigermaßen ertragreich und befriedigend verläuft.

Wer für dieses Geschehen sorgt und seinen Ablauf gewissermaßen »behütet«, hat die Funktion der **Leitung**.

41

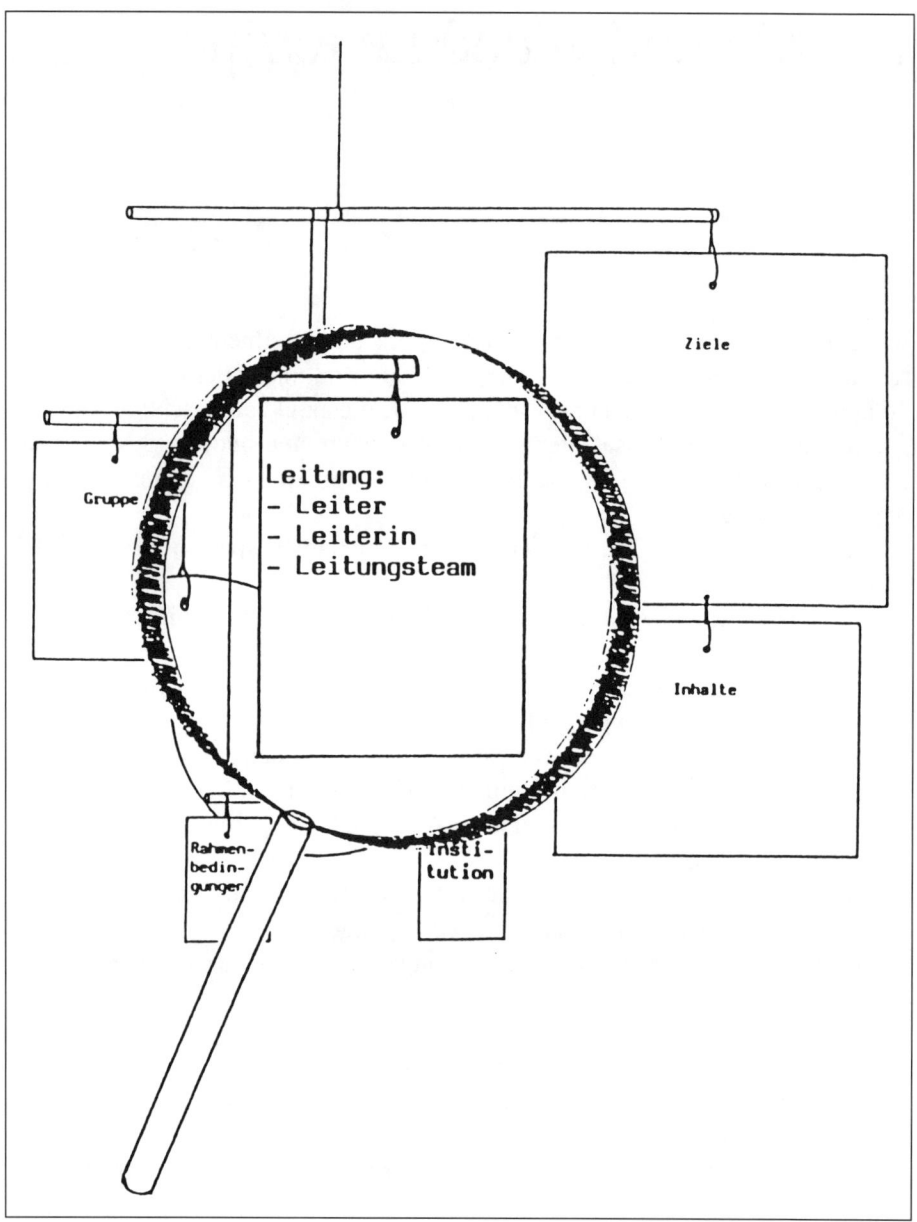

Der Begriff erfaßt den Unterschied zwischen jenen, die als Zielgruppe angesprochen werden bzw. als Teilnehmende kommen, und einem einzelnen bzw. mehreren, die hierfür in irgendeiner Weise Sorge tragen. Ein Mann oder eine Frau »leiten« also, ob sie die genannten Aufgaben allein tun oder mit anderen, d.h. im Team; ob sie viele der skizzierten Leistungen übernehmen oder sich auf einzelne beschränken. Sie sind dann auch entsprechend den tatsächlichen Gegebenheiten »leitend«, wenn ihnen diese Bezeichnung nicht so recht gefallen will und sie erschrocken abwehren: »Aber nein, ich entwerfe doch nur das Programm und begrüße die Leute!« Eben … An der Leitungsfunktion beteiligt sein heißt, Einfluß auf die Auswahl und Verwirklichung von Methoden zu haben. Hierauf fokussiert der ganze Teil 2.2.

2.2.1 Einflüsse bei der Auswahl der Methoden

In diesem Abschnitt geht es um die Planung einer Veranstaltung, das heißt die Phase, bei der im vorigen Teil 2.1 die Orientierung an der Zielgruppe im Vordergrund stand. Daß bei der hier erfolgten Auswahl von Methoden auch die eigene Person eine Rolle spielt, ist zunächst einmal eine Feststellung. Die folgende Anregung soll helfen, dieses Wechselspiel besser zu erschließen.

Bitte denken Sie an Ihre eigene Praxis. Sie bereiten Kurse oder Seminare oder Gesprächskreise vor und wählen Methoden aus. Was von Ihrer eigenen Person spielt bei dieser Auswahl von Methoden eine Rolle? Bitte benennen Sie, was Ihnen einfällt, möglichst genau, z.B. »Einstellungen im Blick auf …«, »Erfahrungen mit …«, »Kenntnisse von …« usw.

Wenn es um den Einfluß der Leitung auf die Auswahl von Methoden geht, steht zunächst die Methodenkenntnis im Vordergrund: Bestimmte Methoden sind vertraut, weil sie in der eigenen Praxis bereits angewendet oder zumindest bei jemand anderem schon einmal miterlebt wurden. Vielleicht liegt auch eine einleuchtende Beschreibung vor. Verstehen wir unter Methodenkenntnis ein Doppeltes: nämlich die Struktur, den Verlauf von Methoden zu *wissen* und Methoden *anwenden* zu können, so ist diese Kenntnis um so größer, je stärker sie auf Erfahrung beruht, d.h. je mehr die Methoden im praktischen Vollzug erlernt und in eigener, selbständiger Praxis erprobt oder gar entwickelt wurden. Dies erklärt auch, daß trotz genauer Beschreibung und umfänglicher Sammlungen viele Methoden fremd bleiben.

Daneben spielt auch die Einstellung eine Rolle, ob z.B. Methoden als gut oder weniger gut, als wichtig oder unwichtig, als nützliches Werkzeug oder »Zaubermittel« empfunden werden.

Kenntnis und Einstellung sind maßgeblich für das Ausmaß an Sicherheit oder Unsicherheit bei der Auswahl von Methoden. So war sich in dem einleitenden Praxisbeispiel (1.2) die Leiterin sicher genug, für den ersten Teil der Veranstaltung nach Vorstellungsrunde und Kurzeinführung die Methode »Zweiergespräch« einzuplanen, um auf diese Weise sofort ins Thema hineinzuführen. Vermutlich hat hierbei das eigene Interesse an der Sache und an einer möglichst angemessenen Aufarbeitung eine wichtige Rolle gespielt. Die aktivierende Methode wurde gewählt, obwohl dies für die Zielgruppe, die eher an »Darbietung« gewöhnt war, eine gewisse Herausforderung bedeuten mußte.

Hier kommt wieder der Einflußfaktor »Zielgruppe« in den Blick – nun aber gespiegelt in der Person des Leiters: Wie nah oder fern fühlt er sich denjenigen, für die er plant und Methoden auswählt? Was verbindet oder trennt ihn von diesen Menschen? Wie schätzt er sie ein? Wieviel Angst bringt er ihnen entgegen – und wieviel Vertrauen? Welche Erfahrungen hat er in der Zusammenarbeit mit ihnen bereits gemacht? Oder »sie«, wenn's eine Leiterin ist.

Die eben genannten Fragen verweisen auf die Notwendigkeit, im Rahmen des Planungsprozesses bei der Methodenauswahl auch die konkrete Aufgabe der Leitung beim jeweiligen Vorhaben zu bedenken – etwa, ob es tatsächlich ihre Sache ist, Methoden anzubieten (dann muß sie auch entsprechende Vorüberlegungen treffen), oder ob sie sich – aus welchen Gründen auch immer – darum nicht zu kümmern braucht.

Im folgenden werden die einzelnen Gesichtspunkte und Fragestellungen, die im Zusammenhang mit dem Einflußfaktor »Leitung« von Bedeutung sind, nochmals aufgelistet. Die inhaltliche Reihenfolge und die äußere Form sind an die Aufzählung in 2.1 (»Merkmalsbereiche und Fragestellungen zur Zielgruppenbestimmung«) angeglichen. Damit soll die praktische Verwendung dieser »Check-Liste« bei Planungsüberlegungen oder in Planungsgesprächen erleichtert werden.

Gesichtspunkte und Fragestellungen zur Erfassung der Situation des Leiters/der Leiterin

1) Bestimmung der Aufgaben der Leitung
   Fragestellungen
   Welche Aufgabe besteht
   - im Zusammenhang mit der geplanten Veranstaltung;
   - speziell im Blick auf die Auswahl und Anwendung von Methoden?

   Welche Empfindungen und Stimmungen löst diese Aufgabe in der eigenen Person bzw. in der Leitungsgruppe aus?

2) Situation in bezug auf die Zielgruppe
   Fragestellungen
   Wie sieht die eigene Beziehung zur Zielgruppe aus?
   Welche eigenen Bedürfnisse und Wünsche sind im Blick auf die Zielgruppe vorhanden?

3) Situation in bezug auf das Thema
   Fragestellungen
   Was ist das eigene Interesse? Was möchte ich selber im Zusammenhang mit dem Thema lernen?
   Welche eigenen Erfahrungen und Kenntnisse sind vorhanden?

4) Situation in bezug auf »Lernen und »Methoden der Erwachsenenbildung«
   Fragestellungen
   Welche eigenen Erfahrungen mit »Bildung« und »Lernen« sind vorhanden?
   Welche Methoden sind bereits bekannt? (Durch eigenes Erleben, eigene Praxis, Literatur)
   Welche Einstellungen bestehen gegenüber Methoden? Was spricht mich an einer Methode an bzw. was mißfällt mir daran?
   Gegenüber welchen Methoden besteht eine Vorliebe, gegenüber welchen eine Distanz?
   Welche Methode gibt Sicherheit, welche macht unsicher?

Ein Team hat die Möglichkeit, durch den Austausch über diese Fragen zu einer stimmigen Methodenauswahl zu kommen. Die Liste hilft auch der allein arbeitenden Leitung, wenn sie sich zu den einzelnen Gesichtspunkten Rechenschaft gibt. Die Zeit, die hierfür aufgewendet wird, zahlt sich durch eine bessere Methoden-Leiter-Balance aus.

2.2.2 Einflüsse bei der Durchführung von Methoden

Wenn die geplante Veranstaltung in die Praxis umgesetzt wird, übt die Leitung ebenfalls Einfluß auf die Methoden aus: Die Person, ihr Befinden und Verhalten bestimmen die Verwirklichung von Methoden mit.
Das folgende Beispiel aus der Praxis des Verfassers soll dies belegen.

Es handelt sich um ein insgesamt neuntägiges Seminar zur Fortbildung ehrenamtlicher Mitarbeiter aus der Erwachsenenbildung mit den Zielgruppen Frauen, Familien, Ehepaare und alte Menschen. Es hat an einem Freitagabend begonnen. Für den Montagvormittag ist unter dem Ziel »Eigene Reaktionen und eigenes Verhalten als Leiter in schwierigen Gruppensituationen wahrnehmen sowie Strategien zur Problembewältigung entwickeln können« die folgende Methode geplant:
An der Wand steht auf einem Plakat als Thema »Gruppenleitung in schwierigen Situationen«. Die sich anschließende Übung »Leiter-Stafette« wird nicht genannt und nicht als solche erläutert. Statt dessen folgt als Einführung:
»Das Thema ›Gruppenleitung‹ läßt sich am besten durch praktisches Üben erfassen. Es soll jeder einmal drankommen, und damit der Anfang leichter ist, soll der erste ausgelost werden.«
(Auslosung des ›Leiters‹, der ein Staffelholz bekommt.)
»Nun sind wir eine ganz schön schwierige Gruppe. Wir kennen das Thema, über das gesprochen werden soll (Plakat). Es interessiert uns ausgesprochen. Trotzdem macht jeder, was er will. Der Leiter aber leitet. Er will die Gruppe geordnet beim Thema halten. Das Staffelholz hat er, damit er sich an etwas festhalten kann. Und wenn er gar nicht mehr mag, gibt er es an jemand anderen weiter. Der muß dann sofort aufhören, schwierig zu sein und muß ein ordentlicher Leiter werden. Dafür kann es sein Vorgänger um so toller treiben. Und so geht es weiter, bis alle einmal dran waren.«
(Beginn der Übung; falls das Staffelholz sehr rasch weitergegeben wird, kann noch ein zweiter Durchgang gemacht werden.)
Geplante Auswertung (Einstieg mit der ersten Frage, die beiden anderen Fragen können je nach Verlauf folgen):
1. Was nahm ich an mir wahr, als ich die schwierige Gruppe leiten wollte?
2. Welche Verhaltensweisen von schwierigen Teilnehmern machten mir besonders Mühe?
3. Wie versuchte ich, die Situation zu bewältigen?
Am vorausgehenden Sonntagabend wächst mein Unbehagen beim Gedanken an

diese Methode. Ich habe sie zwar selber »erfunden«, und sie ist bei einem anderen Kurs von Kollegen schon mit Erfolg erprobt worden – aber ich merke zunehmend: Ich traue mich nicht. Mir steht immer wieder eine mögliche Situation vor Augen, in der einzelne Teilnehmerinnen – wenn sie das »Leiter-Staffelholz« haben – mit den auftretenden Schwierigkeiten nicht fertigwerden und dann in irgendeiner Form »zusammenklappen«, innerlich und vielleicht auch äußerlich. Diese Phantasie macht mir zu schaffen. Ich fühle mich selber in der Gruppe und mit ihr noch nicht sicher genug, um mitzuhelfen, daß eine erhebliche Belastung gelassen und geduldig durchgestanden werden kann. Mir ist die geplante Methode in dieser Situation zu offen, zu diffus und zu anspannend. Ich brauche mehr Struktur.

Im Laufe des Abends fällt mir ein neues methodisches Vorgehen ein. Das Ziel heißt nun: »Schwierige Gruppensituationen genau beschreiben können, Lösungsmöglichkeiten entwickeln können und kennenlernen.«

Hierzu werden insgesamt sechs etwa gleich große Kleingruppen gebildet (jeweils drei bis vier Teilnehmer). Die Gruppen erhalten folgende schriftliche Anweisung:

1. Schritt (9.30–11.00 Uhr):
Berichten Sie sich gegenseitig von schwierigen Situationen, die Sie in Ihrer Arbeit mit Gruppen in letzter Zeit erlebt haben oder immer wieder erleben (Situationen, in denen einzelne Teilnehmer oder ganze Gruppen für Sie »schwierig« sind, so daß das Ganze Sie belastet).
Wählen Sie gemeinsam eine dieser berichteten Situationen aus. Schildern Sie diese Situation möglichst anschaulich in einem kurzen schriftlichen Bericht.
Geben Sie dabei keine Lösung an!

2. Schritt (11.00–12.00 Uhr):
Jeweils zwei Gruppen tauschen ihre Berichte aus.
Jede Gruppe erarbeitet nun eine Stellungsnahme zu dem ihr vorgelegten Bericht. Versuchen Sie, mögliche Lösungen zu entwickeln und zu begründen. Schreiben Sie Ihre Lösungen zu dem vorgelegten Bericht hinzu.

3. Schritt (12.00–12.30 Uhr):
Geben Sie Situationsbericht und Lösungsideen an die »Absender«-Gruppe zurück.
Überprüfen Sie als »Empfänger«, ob Sie die Lösungsideen annehmen können und evtl. auch verändern möchten.
Die Teilnehmer erlebten den Vormittag als befriedigend und bereichernd. Besonders beeindruckt waren sie von der konkreten Erfahrung, aus eigenen Kräften »Praxisberatung« leisten zu können.

Entscheidend für die vollzogene Änderung war, daß der Leiter die ursprünglich ausgewählte Methode nicht mehr »durchtragen« konnte. Sicherlich stand dabei sein eigenes Befinden in Wechselwirkung mit dem Selbsterleben einiger Teilnehmer. Das soll hier aber zurückgestellt werden zugunsten einer Fokussierung auf die Empfindungen und Selbstwahrnehmungen des Leiters, die ja die Durchführung der Methode ganz erheblich beeinflußt haben:

Der Leiter hat den Einklang zwischen sich und der von ihm geplanten, ja sogar selber erfundenen Methode verloren. Dieser Bruch schlägt sich in seinem Befinden und in seiner Selbstwahrnehmung nieder. Charakteristische Selbstwahrnehmungen und sprachliche Äußerungen dieser Art sind in dem Bericht (und entsprechend in der Wirklichkeit): »Mein Unbehagen wächst«, »Ich traue mich nicht«. Die Vorstellungen des Leiters beschäftigen sich mehr mit dem Scheitern der geplanten Methode als mit ihrem positiven Ertrag. Die auftauchenden Bilder sind nicht von der Art: »Das wird interessant und ertragreich« oder »Für Frau X und Herrn Y wird das bestimmt eine sehr wichtige und gute Erfahrung sein«. Die Phantasien sind vielmehr düster getönt, haben Schwierigkeiten und Folgeprobleme als Inhalt (sogenannte »Katastrophen-Phantasien«). Die innere Situation des Leiters wird also von Unsicherheit bestimmt.

Dem Leiter ist die Methode zu offen, zu »diffus«, wie es in dem Bericht heißt. Und das gilt wohl für die gesamte Situation. Die Gruppe und der Leiter befinden sich noch in der Anfangsphase mit all ihren Unklarheiten, mit dem Suchen der Beteiligten nach einem »festen Ort«, mit dem gegenseitigen »Abtasten«, mit der ersten vorsichtigen Kontaktaufnahme usw. Die geplante, in sich sehr offene Methode hätte die sowieso schon vorhandene Offenheit des Anfangs noch verstärkt. Diese doppelte Ungewißheit war für den Leiter eine zu große Belastung. Oder umgekehrt: Seine Belastbarkeit war (noch) zu gering, um diese Ungewißheit provozieren und ertragen zu können. Dieses Befinden führt zu dem Bedürfnis: »Ich brauche mehr Struktur.« Aus dem Hintergrund seiner Selbstwahrnehmung entwickelt er eine neue Methode, die dem ursprünglichen Ziel und der aktuellen Situation Rechnung trägt.

Die Auswertung soll nochmals in Form einzelner Gesichtspunkte zusammengefaßt werden. Sie sind an die Fragen angeglichen, die in 2.1 zur Bestimmung der Situation von Teilnehmern genannt worden sind. Nun geht es darum, die Situation des Leiters bzw. der Leitungsgruppe bei der Verwirklichung von Methoden zu erfassen. Das kann sich sowohl auf die innere Situation der einzelnen Person als auch auf die Situation in einem Team beziehen.

1. Stimmt die innere Befindlichkeit bei der Planung einer Methode und bei ihrer (kurz bevorstehenden oder beginnenden) Verwirklichung überein?
2. Wodurch wird die innere Situation bestimmt? Was sind die vorherrschenden Vorstellungen, Phantasien und Stimmungslagen?
3. Wie groß ist die Belastbarkeit des Leiters/der Leiterin oder des Leitungsteams?

2.2.3 Schlußfolgerungen: Selbstwahrnehmung üben

Das Praxisbeispiel und seine Auswertung zeigen, daß die eigene Person mit ihrem Befinden auf die Verwirklichung von Methoden nachhaltig Einfluß nehmen kann. Ein wichtiger Gesichtspunkt für das eigene Verhalten ist in diesem Zusammenhang das Ausmaß des »Einklanges« zwischen sich selber und der Methode. Die Sicherheit, daß eine geplante Methode in eine konkrete Situation hineingehört, oder die Gewißheit, daß eine Methode durchgeführt werden muß (selbst wenn es schwierig erscheinen mag), bedeutet eine Stütze: Der Leiter hat einen Ort, von dem aus er handelt, Ansagen macht, auf Rückfragen antwortet, das Geschehen »in Obhut nimmt«.

Geht die innere Sicherheit verloren und wird trotzdem an einer geplanten Methode äußerlich festgehalten, kann dies zu einem Zwiespalt führen, den die Teilnehmer/innen spüren und der sie ihrerseits in ihrem eigenen Zwiespalt gegenüber Methoden verstärkt, sie zusätzlich unsicher, vielleicht auch ärgerlich und ablehnend macht. Wie das Problem gelöst wird, hängt in starkem Maße von der Situation ab: Die Leitung kann

- die Methoden ändern (wenn sie genug Zeit dafür hat, wenn sie andere Methoden kennt und ihr eine Variation einfällt);
- die Methode trotz eines anfänglichen Zwiespaltes verwirklichen, wenn die äußeren Bedingungen eine Variation nicht gestatten oder wenn sie durch inneres »Ausatmen« und Entspannen wieder zu etwas mehr Gelassenheit und Selbstgewißheit gelangt;
- einen Zwiespalt offen ansprechen und einladen, die fragliche Methode »versuchsweise« mitzumachen, um dann aufgrund des gemeinsamen Erlebens ihre Angemessenheit oder Unangemessenheit zu beurteilen.

Um solche Entscheidungen überhaupt treffen und zu einer besseren Methoden-Leiter-Balance kommen zu können, ist es wichtig, Stimmungen, Einfälle, Vorstellungen, Phantasien und Bedürfnisse bei sich selber möglichst offen zuzulassen und wahrzunehmen. Diese Selbstwahrnehmung läßt sich üben. Hierzu seien die folgenden Formen empfohlen:

Hinweise zur Vorarbeit im Gespräch

Vorarbeit im Gespräch

Neben der individuellen, gezielten Vorarbeit ist das vorbereitende Gespräch mit anderen hilfreich – vor allem dann, wenn die Erwartungsängste, die ängstigenden Phantasien, die befürchteten Krisen und Katastrophen in bezug auf Methodeneinsatz möglichst konkret benannt und beschrieben werden. Das kann gerade dann sehr fruchtbar sein, wenn Selbstkritik, Scham, aber auch Abwertung (»ist ja nicht so wichtig«) oder rationalisierendes Erklären den Ausdruck zunächst verhindern: Dieser Widerstand ist ein wichtiger Hinweis darauf, daß hier etwas Bedeutungsvolles vorliegt. Die Wirksamkeit einer Vorarbeit im Gespräch, also in einer sozialen Situation, liegt darin, daß sie bereits jenen sozialen Zusammenhang (die Gruppensituation, das Beziehungsgeschehen) vorweg abbildet, für den die belastenden Gefühle erwartet werden.

Fragen zur Nacharbeit und Selbstwahrnehmung

Übung »Nacharbeit mit Fragestellung«

Gezielte und regelmäßige Nacharbeit trägt dazu bei, die Erinnerungs- und damit die Wahrnehmungsfähigkeit zu trainieren. In der Fortbildungstätigkeit des Verfassers hat sich der folgende, auch in der Praxisberatung eingesetzte *Fragenkatalog* bewährt:

1. Was fällt mir zuerst ein? (Eine Szene, ein Vorgang, ein Verhalten von mir oder anderen …)
2. Was hat mich gestört? (Möglichst konkret …)
3. Was hat mich gefreut? (Möglichst konkret …)
4. Wie war die Reihenfolge des Geschehens? (Die wichtigsten Situationen …)
5. Wo setzt meine Erinnerung aus? (Was fehlt, was fällt mir nicht mehr ein …)
6. An welchen Stellen war ich besonders beteiligt und engagiert? An welchen Stellen war ich eher zurückhaltend und evtl. unsicher?
7. An welchen Stellen waren die Teilnehmer/innen nach meiner Wahrnehmung besonders beteiligt und engagiert? An welchen Stellen waren die anderen eher zurückhaltend?
8. Wenn ich auf die Veranstaltung zurückblicke, was würde ich im nachhinein anders machen?

Nacharbeit im Gespräch

Die Leistungsmöglichkeiten der gesprächsweisen Nacharbeit sind denen der Vorarbeit im Gespräch vergleichbar. Auch hier ist besonders sorgsam auf Artikulationshemmnisse, auf Tendenzen des Verschweigens, Zurückhaltens, Hintenanstellens (»das kann ich ja ein anderes Mal erzählen«) usw. zu achten. Auch hier kann der Wert des offenen, kollegialen Gesprächs nicht hoch genug veranschlagt werden.

Bei solcher Nacharbeit kann zum Bewußtsein und zur Sprache kommen, welche Absichten bei der Auswahl und Verwirklichung von Methoden mitwirkten, wie diese Vorstellungen umgesetzt worden sind und wie sie sich ausgewirkt haben. Um dieses Wechselspiel geht es im nächsten Abschnitt.

2.3 Methoden und Ziele

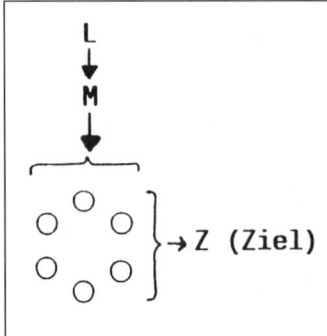

Wenn in der Erwachsenenbildung Veranstaltungen
- für jemanden (Zielgruppe/Teilnehmende)
- von jemandem (Leitung)

zu planen und durchzuführen sind, soll damit auch etwas erreicht werden. Sofern dieser Aspekt bereits eine Rolle spielte (etwa im Abschnitt 1.1, bei der Auswertung des Praxisbeispieles in 1.2 und bei der Darstellung von Leitungsfunktionen zu Beginn von 2.2), wurde dafür die Bezeichnung **Ziel** verwendet.

Der Begriff ist in dieser Form allerdings recht umfassend. »Ziel« kann beispielsweise auch bedeuten, daß mit einem konkreten Angebot die öffentliche Diskussion eines aktuellen Themas beeinflußt oder eine Einrichtung der Erwachsenenbildung bekanntgemacht oder die finanzielle Situation des Veranstalters verbessert werden soll. Alles das sind »Ziele« im weitesten Sinne. Der Zusammenhang mit Methoden läßt sich bei einem solchen Begriffsumfang, wenn überhaupt, dann nur indirekt und durch Konstruktion vieler Zwischenschritte herstellen.

Es ist also eine genauere – und das heißt hier: eine pädagogische – Bestimmung des Begriffes nötig, um die Wechselwirkung zwischen »Zielen« einerseits und der Auswahl und Verwirklichung von Methoden andererseits erfassen zu können. Dies läßt sich erreichen, wenn »Ziel« auf das bezogen wird, was beim Teilnehmer in einer Veranstaltung und durch sie angestrebt wird, was er an Kenntnissen und Fähigkeiten gewinnen soll, indem er mit anderen zusammenkommt, sein Interesse auf die gemeinsame Sache richtet, indem er zuhört, mitspricht, mittut – kurz: indem er lernt. Es geht also um ein angestrebtes Ergebnis aufgrund von Lernen. Der exakte Begriff hierfür lautet »Lernziel«.

Auf diesen Einflußfaktor als ein spezifisch pädagogisches Element fokussiert Teil 2.3.

Um besser erläutern zu können, was mit **Lernziel** gemeint ist, bietet sich als Hilfsvorstellung das »Bild vom Haus« an:

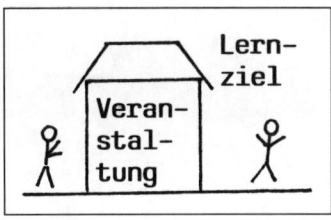

- Ein Mensch kommt zunächst, wie er ist.
- Er geht in ein Haus hinein (= in die Veranstaltung; in diesem »Haus« passiert durch Gespräch, Zuhören, praktisches Tun usw. eine Veränderung mit ihm.
- Kommt er aus dem »Haus« heraus, ist er anders geworden – wenn auch nur an einem winzigen Punkt.

Lern-
ziel
Veran-
stal-
tung

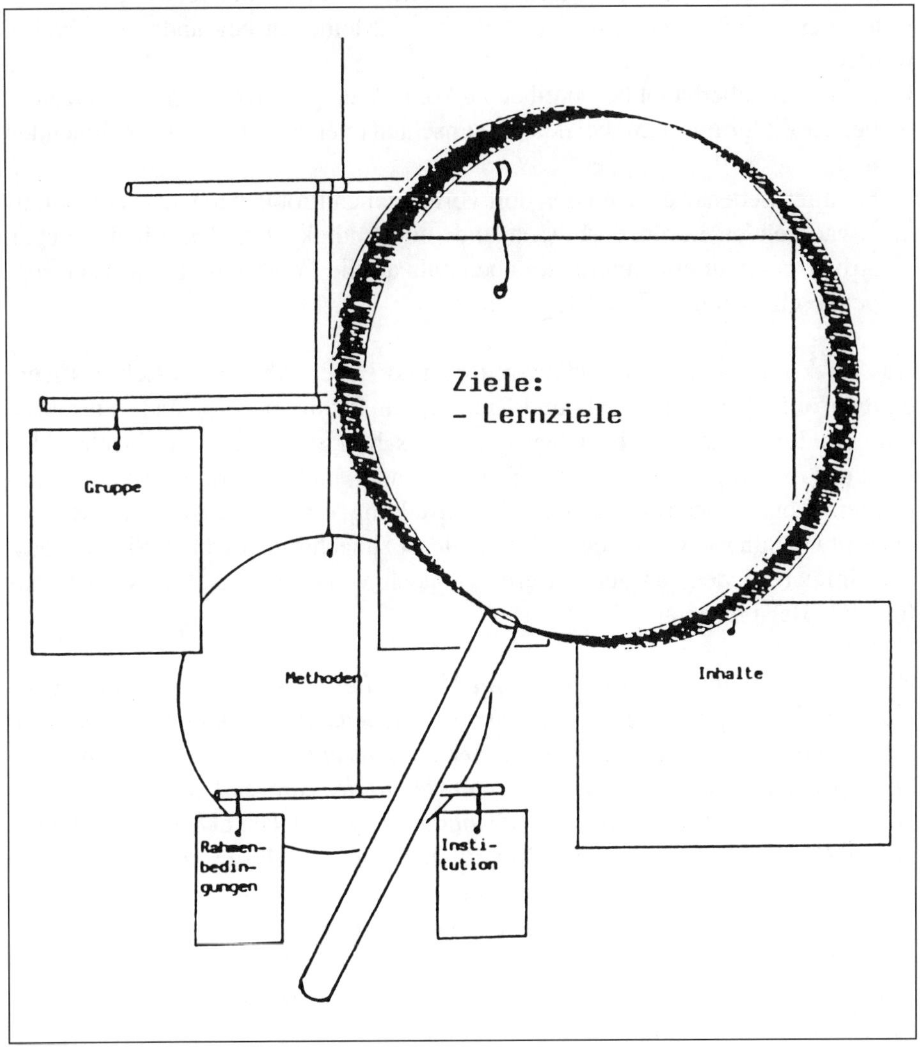

Ziele:
- Lernziele
Gruppe
Methoden
Inhalte
Rahmen-
bedin-
gungen
Insti-
tution

Diese angestrebte Veränderung wird als Ziel des Lernens = Lernziel beschrieben. Wer teilnimmt, soll nach der Veranstaltung dies und das wissen (im Unterschied zu vorher), soll dies und das können (im Unterschied zu vorher) usw. Es handelt sich nach einer zwar technisch klingenden, aber dennoch zutreffenden und exakten Formulierung um das **angestrebte Endverhalten.**

Die Benennung von Lernzielen dient dazu, sich über das angestrebte Endverhalten Klarheit zu verschaffen: Was will ich eigentlich, wenn ich als Mitarbeiter/in einer Einrichtung oder als Veranstaltungsleiter/in ein Thema verwirkliche? Nur wenn diese Klärung geleistet ist, können die Methoden begründet ausgewählt werden.

Um Lernziele überhaupt beschreiben zu können, empfiehlt es sich anzusetzen

– bei der Zielgruppe bzw. bei den (erwünschten oder erwarteten) Teilnehmenden und

– bei ihrer Lebenswelt samt den dort vorhandenen Problemen sowie den daraus erwachsenden Lernbedürfnissen und -notwendigkeiten. (Um einen solchen Arbeitsgang zu erleichtern, sei nochmals an die Fragestellung zur Zielgruppenbeschreibung in Teil 2.1 erinnert.)

Aus der Zusammenschau von Zielgruppe und Lebenswelt ergibt sich das **Ausgangsproblem**. Es ist Impuls und Richtschnur für die nachfolgende Formulierung von Lernzielen. Sie beziehen sich, wie schon gesagt, auf das einzelne Mitglied der Zielgruppe bzw. auf den Teilnehmenden und beschreiben seine Kenntnis, sein Können nach Besuch einer Veranstaltung, einer Arbeitseinheit usw. Die Entwicklung so verstandener Lernziele ist zunächst ungewohnt. Sie muß deshalb immer wieder neu geübt werden – auch von den sog. »Profis«, wie das folgende Beispiel zeigt.

Bei einer Fortbildungsveranstaltung für Mitarbeiter der Erwachsenenbildung befaßt sich die Gruppe mit der gegenwärtig bestehenden Spannung zwischen Konsumorientierung und Wegwerfmentalität einerseits und der Bedrohung durch eine ökologische Katastrophe andererseits sowie mit der Notwendigkeit, gerade jungen Erwachsenen bei der Suche nach einer verantwortlichen Lebensgestaltung zu helfen. Dies ist das Ausgangsproblem für eine mögliche Veranstaltung. Es wird in das vorläufige Arbeitsthema »Wie werde ich ein bewußter Verbraucher?« umgesetzt. Unter den hierzu notierten Zielen findet sich auch die Formulierung: »Werbetechniken durchsichtig machen«. Methodische Ideen sind noch nicht zusammengestellt. Auf entsprechende Nachfrage kommt der Hinweis:»... vielleicht ein Film.«

Im Gespräch über die Zielformulierung stellt sich heraus, daß es der Wunsch der Arbeitsgruppe ist, verbreitete Werbetechniken »durchsichtig« zu machen. Es handelt sich also um eine Beschreibung dessen, was der Mitarbeiter oder Leiter aus seiner Sicht will. Damit ist allerdings noch nicht erfaßt und geklärt, was beim Teilnehmer geschehen soll. Soll er:

1) »Werbetechniken kennen?«
2) »Werbetechniken voneinander unterscheiden können?«
3) »Wirkung von Werbetechniken bei sich selber wahrnehmen können?«

Diese neuen Beschreibungen sind aus der Sicht des Teilnehmers formuliert; sie sagen aus, was er/sie nach der Veranstaltung wissen oder können soll. Und damit stellt sich die Frage nach den angemessenen Methoden nicht mehr in dem Sinne: »Was könnte man alles machen?« Sondern präziser, nämlich so: »Welche helfenden Verfahrensweisen können Teilnehmenden angeboten werden, damit sie wirklich zu dem beschriebenen Wissen oder Können kommen?«
Hierzu werden in dem Fortbildungsseminar verschiedene Ideen entwickelt:

Um am Ende einer Veranstaltung Werbetechniken zu »kennen«, kann es evtl. genügen, Informationen zu geben durch
— Referat eines Fachmannes;
— möglichst ergänzt durch Anschauungsbeispiele für typische Werbetechniken (z.B. eine Anzeige, ein Plakat, einen Werbespot aus dem Fernsehen, Übersicht über eine komplette Werbekampagne).

Solche Kenntnisse werden bei dem Lernziel »Werbetechniken unterscheiden können« vorausgesetzt. Hinzu kommt die Fähigkeit, Unterschiede wahrzunehmen und in der Vielfalt der Werbeaktivitäten immer wieder dingfest zu machen. Es geht also stärker als beim »Kennen« um Urteilen und Handeln. Um dies zu erreichen, ist es sinnvoll, nach einer einleitenden Information eine Arbeitsphase anzubieten, in der die Teilnehmer/innen einzeln für sich oder in kleinen Gruppen an ausgegebenem Material (z.B. Illustriertenanzeigen, Plakate) die zuvor beschriebenen Werbetechniken wiederfinden und ihre gestalterische Umsetzung überprüfen sollen.

Bitte überlegen Sie in ähnlicher Weise zu Nr. (3): Welche Methoden würden den Teilnehmenden helfen, damit sie das Lernziel »Wirkung von Werbetechniken bei sich selber wahrnehmen können« erreichen?

Damit Lernziele zu einer stimmigen Methodenauswahl beitragen können, werden sie eindeutig und genau formuliert. Das heißt: Unvollständige, undeutliche, weiträumige oder noch recht »grobe« Formulierungen (daher der Begriff »Grobziele«) werden durch zunehmend konkretere Beschreibungen ersetzt; das angestrebte Endverhalten wird immer genauer benannt (daher der zugehörige Begriff »Feinziele«) – und daraus folgen immer deutlichere Hinweise auf diejenigen Methoden, die auf dem Weg zum (Lern-)Ziel wirklich eine Hilfe sind. Auch hierzu nochmals Praxisbeispiele.

In der bereits erwähnten Fortbildungsveranstaltung für Mitarbeiter hat eine andere Arbeitsgruppe zum schon genannten Arbeitsthema »Wie werde ich ein bewußter Verbraucher?« verschiedene (Lern-)Ziele aufgeschrieben, darunter auch – ohne weitere Ergänzung – das Stichwort »Komposthaufen«.
Als das Ergebnis vorgetragen wird, entsteht zwischen einzelnen Mitgliedern der Arbeitsgruppe eine Diskussion darüber, was eigentlich gemeint sei: Sollen die Teilnehmer einer entsprechenden Veranstaltung
– die Anlage und Pflege eines Komposthaufens kennenlernen?
– einen Komposthaufen anlegen können?
Die Methodenauswahl fällt unterschiedlich aus – je nachdem, was gemeint ist und wirklich angestrebt wird:
– Im Fall des Lernziels »kennenlernen« ist ein Film zur Informationsvermittlung denkbar.
– Im Fall des Lernziels »anlegen können« ist bei der Methodenauswahl die Einbeziehung praktischen Tuns durch Übungen nötig, damit der Teilnehmer das Ziel »können« auch wirklich erreicht.
Ferner findet sich die ebenfalls unvollständige Beschreibung »Flaschen in Container«. Als nun gemeinsam nach Konkretisierungen gesucht wird, werden z.B. als Lernziele formuliert:
– »den Standort des nächsten Altglascontainers erkunden«;
– »einen geeigneten Standort ausfindig machen«;
– »die Aufstellung eines Altglascontainers in der eigenen Nachbarschaft organisieren können«.

Wenn die Formulierung von Lernzielen bei dieser Stufe der Konkretisierung angelangt ist, zeigt sich rasch, ob das Ziel realistisch ist, ob die Veranstalter und Teilnehmer/innen beispielsweise genügend Zeit für eine Stadtteil- oder Dorfbegehung aufbringen, um einen geeigneten Containerstandort zu finden. Mit anderen Worten:

– Ein genau und konkret formuliertes Lernziel erleichtert die Methodenauswahl.
– Die Auswahl und Zuordnung der angemessenen Methoden verweist auf notwendige äußere Bedingungen (z.B. Zeitaufwand, Materialbedarf, Räume).
– Diese Bedingungen wiederum können in Konflikt geraten mit den Möglichkeiten der Veranstalter oder Teilnehmer/innen.
– Es ist dann zu entscheiden, ob das Lernziel verändert oder sogar ganz fallengelassen wird.

Der Verzicht auf ein Lernziel – und sei dieses »optisch« noch so gut – ist allemal besser als die (selbstverschuldete) Enttäuschung durch nicht eingelöste oder nicht einlösbare Zielformulierungen.
Eindeutige, genaue, konkrete Beschreibung bedeutet schließlich, daß das Lernziel keine vergleichende Formulierung enthalten soll (z.B. »... besser Bescheid wissen als vorher über ...«): sie ist überflüssig, weil die Funktion des Lernziels darin besteht, ein angestrebtes, noch in der Zukunft liegendes Verhalten zu beschreiben – wobei die Formulierung ihren Sinn ja gerade daraus gewinnt, daß das angestrebte Verhalten einen Unterschied zum jetzigen Verhalten (Wissen, Können usw.) einschließt.
In der Praxis erweist sich die Frage nach den Lernzielen als der Dreh- und Angelpunkt einer angemessenen, stimmigen Methodenwahl. Wer sich darauf einläßt, leistet Feinarbeit – und diese wiederum ist für die Balance der Methoden im Zusammenspiel der pädagogischen Elemente ganz entscheidend.
Allerdings stehen dem zwei Schwierigkeiten bzw. Einwände entgegen. Mitarbeiter/innen der Erwachsenenbildung, die aus dem Lehrerberuf kommen oder ihn noch ausüben, haben während ihrer Ausbildung die Arbeit an Lernzielen als mühsame Wortklauberei erlebt, als Drill, dem sie sich aussetzten, weil Seminarleiter oder Schulrat darauf Wert legten und bei Unterrichtsbesuchen entsprechend nachhakten. Sie empfinden es als Zumutung, wenn sie nun in ihren Kursen für Erwachsene wiederum Lernziele aufstellen sollen.
Stehen hier persönliche Erfahrungen im Hintergrund, so entstammt der nächste Einwand eher grundsätzlichen Überlegungen: Durch Lernziele legte die Kursleitung fest, was die Kurs- oder Seminarteilnehmer erreichen sollen. Erwachsenen werde also etwas übergestülpt ... Das aber sei mit ihrer Mündigkeit, mit der Notwendigkeit echter Beteiligung am Lehr- und Lernvorgang, mit der wünschenswerten Spontaneität und Freiheit des Erwachsenenlernens nicht vereinbar.
Und in der Tat: Einmal aufgestellte Lernziele können als Fessel wirken – vor allem in unübersichtlichen oder ängstigenden Situationen, in denen die Leitung nur noch dadurch Sicherheit zu finden vermeint, daß sie sich an ihre Planung

klammert. Aber ob dies geschieht oder nicht, hängt nicht von den Lernzielen an sich ab, sondern von dem Grundverständnis und dem Leiterverhalten, aus dem heraus sie formuliert und gebraucht werden.

Hier wird ein Ansatz empfohlen, der die Entwicklung von Lernzielen als Hilfe versteht, zu einer soliden Planung und vor allem zu einer in sich stimmigen Methodenauswahl zu kommen. Die Arbeit an Lernzielen soll eine sichere Grundlage für die konkrete Veranstaltung schaffen. Auf dieser Basis können die nächsten Entscheidungen getroffen werden:

– die Planung durchzuführen, weil sie der Wirklichkeit der Teilnehmer/innen, der gemeinsamen Kurs- oder Seminarsituation, den Lernwünschen usw. entspricht;

– oder Änderungen zu vollziehen, weil die Situation es verlangt (z.B. aufgrund neu auftauchender Fragen, sich entwickelnder Interessen, Veränderungen des Zeitplans oder der räumlichen Gegebenheiten usw.).

Ohne diese Ausgangsbasis einer lernzielorientierten Planung und Methodenwahl fallen die stets nötigen Entscheidungen (nämlich für oder gegen das Geplante, für oder gegen Änderungen) unter den Einflüssen des Augenblicks. Dann wirken sich Stimmungen der Leitung aus (die möglicherweise gar nichts mit einer wirklichkeitsgerechten Einschätzung der Situation zu tun haben) oder einzelne Meinungsäußerungen aus der Teilnehmerschaft (die dann – weil die Übersicht und die klare Zielperspektive fehlen – rasch und ohne Nachprüfung als Meinung »der Gruppe« erscheinen). Oder es wird der nächstbeste Einfall verwirklicht (nach dem zugegebenermaßen etwas karikierenden Muster: »Was können wir tun?« »Schau'n wir doch einen Film« »Gut, schau'n wir einen Film – kennt jemand einen?«). Im übrigen ist es durchaus denkbar, daß Lernziele zur Diskussion und vielleicht sogar zur Entscheidung gestellt werden. Doch auch für diesen Vorgang muß die Leitung wiederum (Lern-)Ziele entwickeln (z.B. für ein Seminar im Rahmen des Bildungsurlaubs zu Fragen der Arbeitszeitverkürzung: »Die vorgegebenen Lernziele auf ihre Bedeutung für die eigene Lebenslage überprüfen und verändern können«), damit sie tatsächlich gemeinsames Gespräch und einen echten Entscheidungsprozeß unter Einbeziehung aller durch geeignete Methoden fördern kann (z.B. Wechsel zwischen Plenum und Kleingruppe; in jeder Kleingruppe Erarbeitung jeweils eines gewünschten, auf die eigene Lebenslage bezogenen Lernzieles; jede Kleingruppe entsendet einen Vertreter in einen Innenkreis, der vor den Augen und Ohren der übrigen Teilnehmer die endgültige Auswahl vornimmt). Und auch hier sind die Merkmale der Zielgruppe und die vermutliche Situation der Teilnehmer (vgl. 2.1) zu berücksichtigen – z.B. die Schwierigkeit, in der ersten Einheit

eines Seminars, also in der Anfangphase einer Gruppe, tatsächlich zu gemeinsamen Entscheidungen zu kommen, weil die Aufmerksamkeit des einzelnen noch
gebunden ist durch die Notwendigkeit, sich zu orientieren, den eigenen Raum
abzustecken, nach den anderen zu sehen, Sicherheit zu gewinnen usw.

Nochmals: Auch dann, wenn die Leitung die von ihr entwickelten Lernziele den
Teilnehmern zur Diskussion und Entscheidung übergibt, sind Lernziele nötig. Sie
beziehen sich nun auf den Diskussions- und Entscheidungsprozeß. Die grundle-
gende Planungs- und Gestaltungsaufgabe, Lernziele zu entwickeln, bleibt unver-
ändert. Man könnte auch sagen: Das ist die Verantwortung des Mitarbeiters im
pädagogischen Prozeß. Sie bleibt bestehen, solange er die Funktion der Leitung
wahrnimmt.

Wenn der Zusammenhang zwischen Methoden und Lernzielen überprüft und beurteilt wird, spielt – zumindest indirekt – auch das Thema, die verhandelte Sache
eine Rolle. Hierauf richtet sich die Aufmerksamkeit im nächsten Teil.

2.4 Methoden und Inhalte

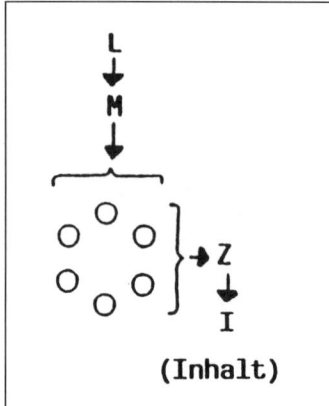

(Inhalt)

Der vorausgegangene Teil 2.3 brachte zahlreiche Lernziele als Beispiel. Dabei fällt auf, daß sie stets einen sachlichen Anteil enthalten: »Kennen«, »unterscheiden können«, »wahrnehmen können« – all dies provoziert die Frage nach dem »Was«. Und umgekehrt: All dies hat nur Sinn, wenn ein Gegenstand mitgemeint und -ausgesagt ist, auf den sich die angestrebte Kenntnis oder Fähigkeit bezieht. So soll der Teilnehmer nach einer bestimmten Veranstaltung »Werbetechniken kennen«, »… voneinander unterscheiden können« oder ihre »Wirkung bei sich selber wahrnehmen können« – und zwar genau dies und nicht etwa »Arzneimittel« oder »Methoden der Erwachsenenbildung«, was zwar auch sinnvoll sein könnte, aber eine andere Veranstaltung mit anderem Ausgangsproblem, anderen Lernzielen und vermutlich auch anderen Methoden bedeuten würde.

Diese sachliche Komponente der Lernzielformulierung verweist auf den Gegenstand, auf den sich das Lernen richtet, kurz: auf den Inhalt.

Auch dieses pädagogische Element verdient im Zusammenhang mit den Methoden der Erwachsenenbildung gesonderte Aufmerksamkeit.

Die Probleme und Fragen, mit denen sich Menschen in Veranstaltungen der Erwachsenenbildung beschäftigen, sind sehr unterschiedlich – je nach der Art des Gegenstandes. Erziehungsfragen haben einen anderen sachlichen Gehalt als etwa die Darstellung einer bestimmten kunstgeschichtlichen Epoche. Techniken im Rahmen der elektronischen Datenverarbeitung haben einen anderen Charakter als die Themen einer Gesprächsreihe über die Bedeutung von Märchen. Um dieses je Eigene, das die Gegenstandsbereiche voneinander unterscheidbar macht, erfassen zu können, wurde der Begriff **Sachstruktur** eingeführt. Er meint die innere Eigenheit, den unverwechselbaren Charakter eines bestimmten Inhaltes im Gegenüber zu anderen.

Diese Erkenntnis ist hier insofern von Bedeutung, als eine spezifische Sachstruktur auch eine spezifische Form des Angehens, d.h. eine angemessene Methode verlangt.

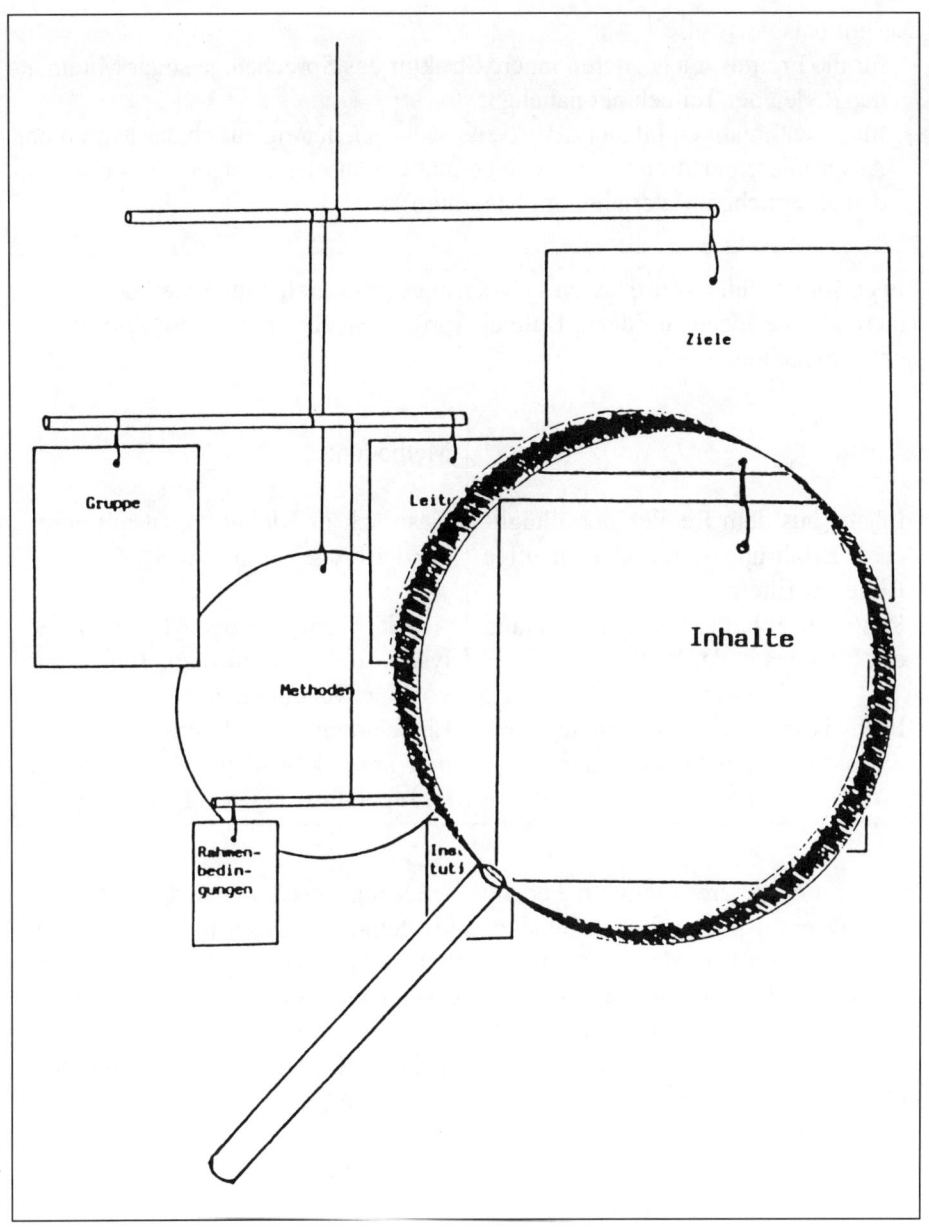

Das gilt beispielsweise

– für die Fremdsprache, deren innere Struktur das Sprechen, ja sogar Miteinander-Reden der Teilnehmer nahelegt;
– für einen kreativen Inhalt (z.B. »Neue Musik«), der eigentlich das Mittun und Ausprobieren erfordert (z.B. Klänge und Geräusche zu erzeugen – etwa mit den alltäglichen Materialien im Kursraum).

In entsprechender Weise lassen sich den angegebenen Inhalten Methoden oder methodische Ideen zuordnen. Bitte überprüfen Sie, ob Ihnen diese Zuordnungen einleuchten.

Inhalte:	Methoden:
Inhalte aus dem Bereich der alltäglichen Erfahrung, z.B.: »Die heutige Rolle der Eltern«.	Gespräch in Kleingruppen mit anregender Fragestellung.
Politische Inhalte, z.B.: »Bedrohung des Friedens in der Welt«.	Arbeit an einschlägigen Texten, Analyse von Massenmedien, Befragung von Sachverständigen.
Fachwissenschaftliche Inhalte, z.B.: »Strukturmerkmale von Gruppen«.	Einzelarbeit an Literaturauszügen und anschließend im Rundgespräch Bezug auf die eigenen Erfahrungen.

Vielleicht wird bereits durch die eben vollzogenen Zuordnungen deutlich, worin es im Wechselspiel zwischen Inhalten und Methoden insgesamt geht: Inhalte – gerade auch aus Fachwissenschaften – sollten nicht »vermittelt« werden im Sinne einer bloßen Übertragung auf den »Alltagsverstand« von Laien, sondern sie sollen mit dem verknüpft werden, was bei den Angehörigen der Zielgruppe bzw. bei den Teilnehmern an Vorerfahrungen, Einsichten, Kenntnissen und Gestaltungskräften bereits vorhanden ist. Der Teilnehmer sollte beispielsweise in einschlägigen Veranstaltungen

– über kreative Inhalte (z.B. »Neue Musik«) nicht nur Informationen erhalten (»... was es da alles gibt«), sondern aufgrund seiner eigenen Fähigkeit, Töne zu hören und zu erzeugen, und vor dem Hintergrund seiner Einstellungen, Vorlieben und Distanzen zu verschiedenen musikalischen Produktionen in die Musik als einen ihn immer schon umgebenden Gestaltungsraum eintreten;

– über Inhalte aus der alltäglichen Erfahrung (z.B. »Die heutige Rolle der Eltern«) nicht nur neue Erkenntnisse mitgeteilt bekommen, sondern seine immer schon vorhandenen Erfahrungen mit Elternschaft (gegenüber eigenen Kindern/gegenüber eigenen Eltern) zumindest wahrnehmen und möglichst auch in den Prozeß der Problementfaltung und -klärung einbringen;

– über philosophische oder theologische Texte nicht so sehr die Lösungen oder Lösungswege philosophischer Systeme oder biblischer Textauslegung (Exegese) zur Kenntnis nehmen (müssen), sondern philosophische oder theologische bzw. exegetische Problemstellungen als Zeitgenosse verstehen lernen, um von da aus die Lösungswege »nacherfinden« oder neue entdecken zu können.

Den Methoden kommt hierbei die bedeutsame Aufgabe der **Vermittlung** zu: Sie sind Mittler zwischen Inhalt und Teilnehmer; sie ermöglichen, daß sich beide füreinander aufschließen.

Die Methoden fördern solche »wechselseitige Erschließung«, wenn sie aktivieren, was als Ausgangsproblem nicht nur bei der Zielgruppe (s. 2.1) bzw. beim Teilnehmenden, sondern auch im scheinbar »fertigen« Inhalt verborgen ist. Oder im Bild: Es geht um eine Rückführung aus dem kristallinen Zustand der Problemlösung in den flüssigen Zustand des Ausgangsproblems, um von da aus zu neuen Kristallisierungen zu kommen. Das bedeutet eine wechselseitige Verknüpfung der fachspezifischen Sachstrukturen mit den jeweils vorhandenen Wahrnehmungs-, Denk-, Handlungs- und Fragehorizonten der Teilnehmer. Soll sie gelingen, ist gerade aus Gründen der Orientierung am Teilnehmenden eine sorgsame Erschließung und Aufbereitung der Sachstruktur nötig. Hierbei wird die Bewegkraft, die in der Sache steckt, erfaßt, durch eine angemessene Methode gewissermaßen »aufgefangen« und den Teilnehmenden zugespielt.

Daß manche Überraschung im Laufe einer Veranstaltung auch daher rühren kann, daß die Sachstruktur nicht genügend aufbereitet worden ist, soll das folgende Praxisbeispiel zeigen.

Im Rahmen einer sechsteiligen Informationsreihe für Eltern ist für den vierten Abend eine Veranstaltung über »Rechtsfragen im Schulalltag« geplant. Das Leitungsteam möchte einen lebendigen Zugang ermöglichen und bittet daher am Anfang zu einem Rollenspiel. Die Gruppe der 16 Teilnehmer, die nun schon einige Zeit zusammenarbeiten und sich im Seminar wohlfühlt, hat keine Schwierigkeit, sich auf diese Methode einzulassen. Es wird eine kurze Situationsbeschreibung »Elternpaar gegenüber Lehrer und Schulrektor« mit offenem Ausgang vorgegeben. Für das Spiel sind maximal 12 Minuten vorgesehen. Im Anschluß sollen die

Rechtsgrundlagen für die Mitwirkung von Eltern im Schulalltag herausgearbeitet werden.
In der Spielszene entwickelt sich eine heftige Auseinandersetzung über die Möglichkeiten und Grenzen des persönlichen Verhaltens im Umgang mit äußerer und verinnerlichter Autorität. In diese Auseinandersetzung treten die übrigen Teilnehmer ein, nachdem das Rollenspiel abgebrochen worden ist. Sie haben sich schon während des Spiels mit den einzelnen Personen identifiziert und setzen deren Konflikt in der Diskussion fort. Das Bemühen der Leitung, zu den Rechtsfragen als ursprünglich angestrebte Sachebene zu kommen, bleibt ohne Erfolg.

In diesem Beispiel klaffen die Sachstruktur des Inhalts und die zugeordnete Methode auf interessante Weise auseinander.
Die Sachstruktur von »Rechtsfragen im Schulalltag« schließt das Ausgangsproblem u.a. ein:
– das Auftreten von Schwierigkeiten in einer umschriebenen Gemeinschaft (hier: in der Schule);
– die Lösungsbedürftigkeit solcher Schwierigkeiten;
– Regeln (Rechtsvorschriften) als Hilfsmittel zur Problemlösung.
Dabei hat das Planungsteam eine eher rational ausgerichtete Sachstruktur im Blick.

Bei den Teilnehmenden kann – im Sinne der oben beschriebenen »wechselseitigen Erschließung« – als Zugangsmöglichkeit vermutet werden:
– Vorerfahrung mit regelungsbedürftigen Schwierigkeiten in den verschiedenen Gemeinschaften des alltäglichen Lebens (eben auch in der Schule),
– Einsicht in die Notwendigkeit von Rechtsvorschriften als Hilfsmittel zur Problemlösung,
– aber auch Skepsis gegenüber der Kompliziertheit von Recht (noch dazu »in der Hand« von Autoritätspersonen, von denen man sich abhängig fühlt.

Das Rollenspiel aktiviert persönliche Betroffenheit. Das heißt: Bei den Teilnehmenden wird, wenn überhaupt, dann nur die letztgenannte Zugangsmöglichkeit aufgenommen, und da wiederum aufgrund der Rollenvorgabe eher die Perspektive des Konflikts (Eltern-Lehrer, »Abhängige«-»Respektspersonen«, »unten«-»oben«). Die vornehmlich rational ausgerichtete Sachstruktur kommt kaum zum Zuge.
Wenn der ursprünglich vorgesehene Inhalt tatsächlich entfaltet werden soll, wäre eine Fallarbeit angemessener gewesen: schriftliche Vorgabe einer Begebenheit

aus dem Schulalltag, Suche nach Lösungsmöglichkeiten in Kleingruppen, anschließend Entwicklung einer Lösung unter Einbeziehung von Rechtsvorschriften durch einen sachkundigen Gesprächspartner, schließlich kurzer Überblick über die einschlägigen Rechtsvorschriften und über Informationsmöglichkeiten für Eltern.

In der Form, wie der Abend ablief, war er zweifellos interessant – nur: Es wurde etwas anderes bearbeitet als der vorgesehene Inhalt. Den Verlauf in diesem Fall und in ähnlichen Situationen allein mit der »Entwicklung der Gruppe« oder mit der Orientierung am Teilnehmer zu begründen (»… die Leute sollen ruhig machen, was sie wollen«), hieße zu übersehen, daß eine gewählte Methode aus sich heraus Aktivität freisetzt und ihr einen Weg vorzeichnet. Daß dieser Weg an Sinn gewinnt, soll der Rückbezug der Methode auf den Inhalt – genauso wie der Rückbezug aufs Lernziel – gewährleisten. Gleiches gilt für die im nächsten Teil behandelte Wechselwirkung.

2.5 Methoden und Rahmenbedingungen

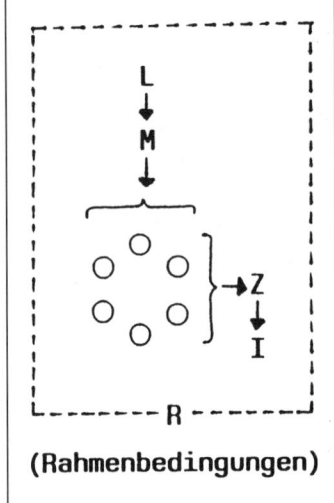

(Rahmenbedingungen)

Im einleitenden Praxisbeispiel (1.2) wurde bereits darauf aufmerksam gemacht, daß auch scheinbar »äußerliche«, »technische« Gegebenheiten für eine Methode von Bedeutung sind – beispielsweise der Termin und die Tageszeit einer Veranstaltung, die Sitzordnung im Raum, Papierbögen zum Notieren von Fragestellungen.

Solche Gegebenheiten werden zusammenfassend als **Rahmenbedingungen** bezeichnet. Dabei ist zu unterscheiden zwischen Rahmenbedingungen, die sich auf die Art der Veranstaltung, auf das typische Muster ihres Aufbaus und Ablaufs, kurz: auf die Veranstaltungsform beziehen, und solchen, mit denen im engeren Sinne organisatorisch-technische Bedingungen gemeint sind, angefangen bei der Zahl der Teilnehmer über die zur Verfügung stehende Zeit bis hin zur Temperatur des Raumes.

Beide Arten von Rahmenbedingungen werden im folgenden näher betrachtet.

2.5.1 Veranstaltungsform

Die Veranstaltungsform bezeichnet den jeweiligen Rahmen, innerhalb dessen sich Menschen bei einem Angebot der Erwachsenenbildung treffen. Je nachdem, wie dieser Verlaufsrahmen aussieht, gestaltet sich
– die Arbeitsbeziehung zwischen Leitung und Teilnehmenden und
– der Austausch zwischen den Teilnehmenden.
Der Verlaufsrahmen steckt also einen Handlungsraum ab. Insofern macht er Vorgaben für die Auswahl und den Einsatz von Methoden. Dies soll nun für das Seminar und für einige andere typische Veranstaltungsformen der Erwachsenenbildung übersichtsweise dargestellt werden.

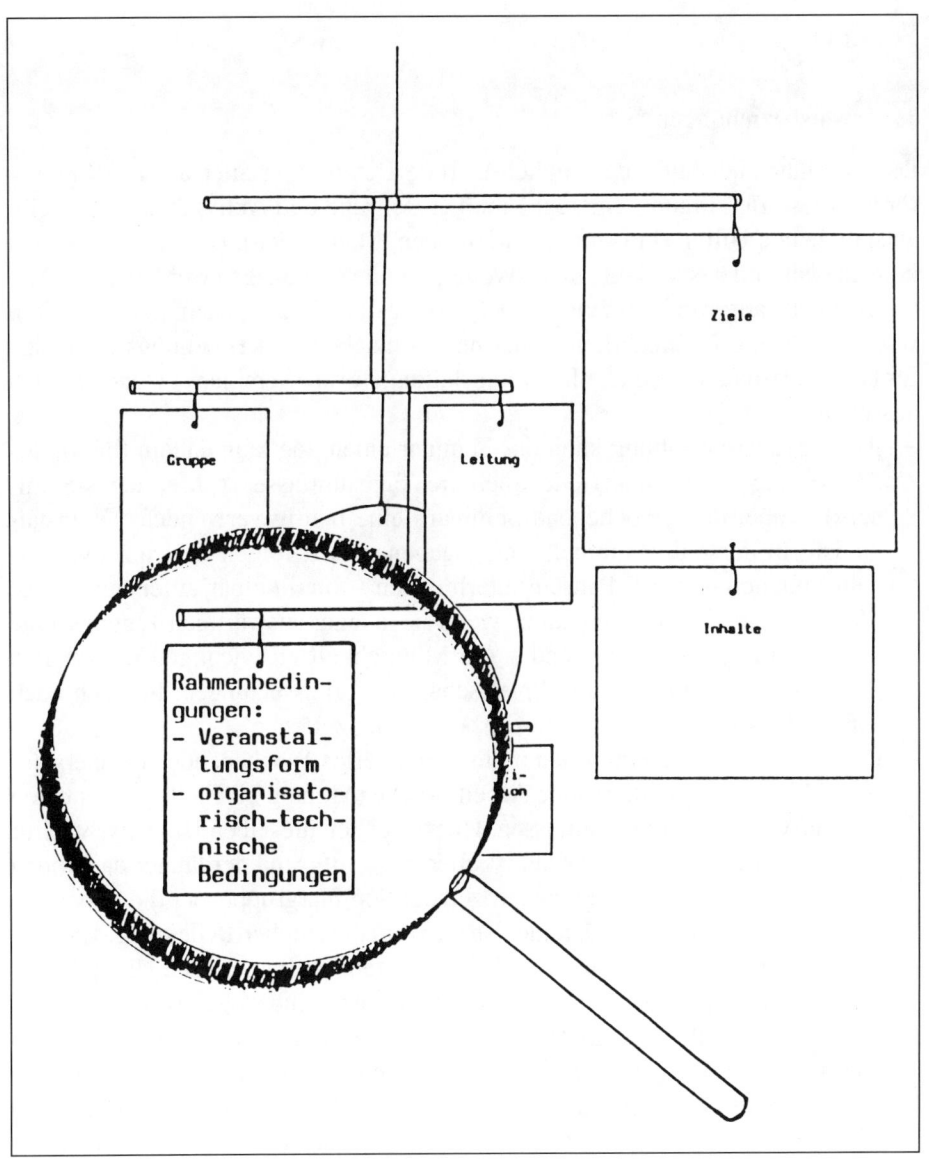

Seminar

1) Arbeitsbeziehungen

Das Seminar zielt auf eine möglichst breite Beteiligung aller ab. Die Leitung fördert diese Beteiligung. Sie regt Einfälle, Beiträge und Aktivitäten an und gibt entsprechende Hilfen (Information, Methoden, Materialien). Die Teilnehmenden können während des Verlaufs in die Weiterplanung einbezogen werden. Sie haben Gelegenheit, aufgrund gemeinsamen Interesses am Inhalt zusammenzuarbeiten sowie Erfahrungen einzubringen oder neu zu machen. Der Handlungsraum hierfür kann innerhalb der generellen Veranstaltungsform »Seminar« unterschiedlich aussehen:

- Als Einzelveranstaltung kann das Seminar einen Tag lang dauern (häufig als »Arbeitstag« bezeichnet) oder mehrere Tage umfassen (»Mehrtages-Seminar«), wobei das »Wochenend-Seminar« eine häufig verwendete Veranstaltungsform darstellt. Innerhalb der gegebenen Zeit folgen die einzelnen Arbeitseinheiten – durch Pausen unterbrochen – unmittelbar aufeinander. Die Menschen gewinnen hier – zumal wenn sie in einer auswärtigen Tagungsstätte gemeinsam untergebracht sind – die Möglichkeit zu wichtigen informellen Kontakten. Geselligkeit und Spiel schaffen Voraussetzungen, um sich auch außerhalb der inhaltsorientierten Arbeit kennenzulernen.
- Das »Mehrtages-Seminar« kann ein verlängertes Wochenende (Donnerstagabend bis Sonntagmittag), eine Arbeitswoche (Montag bis Freitag) oder einen noch größeren Zeitraum umfassen. Hierfür gelten dieselben Hinweise wie für das Wochenend-Seminar. Dabei ist allerdings aufgrund der länger dauernden Gemeinschaft der Entwicklungsprozeß der Seminargruppe, der die Arbeit am Inhalt begleitet, fördert oder auch stört, von zusätzlicher Bedeutung. Er kann durch entsprechende Methoden z.B. zur Bestandsaufnahme und Überprüfung der Gruppenvorgänge in das gemeinsame Lernen einbezogen werden.
- Die »Seminarreihe« ist auf mehrere Abschnitte aufgeteilt (Abend-, aber auch Tages- oder Halbtagesveranstaltungen oder eine Verbindung dieser Möglichkeiten z.B. in Gestalt eines einleitenden Arbeitstages mit drei nachfolgenden Abendangeboten). Daß Zusammenarbeit und gegenseitiger Austausch zunehmen, ist von Abschnitt zu Abschnitt durch entsprechende Methoden zu fördern. Dabei ist zu berücksichtigen, daß jeder Abschnitt trotz gleichbleibender Teilnehmerschaft einen Neuanfang bedeutet, der in einer entsprechenden Eingangsphase zu berücksichtigen ist (z.B. einleitendes Zweier- oder Plenumsgespräch: »Was wirkte von unserer letzten Zusammenkunft noch weiter?«).

2) Vorgaben für Methodenauswahl und -einsatz

Es steht viel Zeit zur Verfügung (wesentlich mehr als z.B. bei einer einzelnen Abendveranstaltung). Es können dementsprechend Methoden eingesetzt werden, mit deren Hilfe Kenntnisse, Erfahrungen und Fähigkeiten der Teilnehmenden aktiviert und soziale Kontakte gefördert werden. Es ist Raum für den Einsatz gestalterischer und spielerischer Verfahrensweisen. Die Teilnehmergruppe erlebt außerdem einen Prozeß gemeinsamen Lebens und Arbeitens von Anfang bis zum Ende und kann dies auch mit dem entsprechenden Methoden zum Inhalt des Lernens machen.

Gesprächskreis

1) Arbeitsbeziehungen

Die Leitung führt in das Thema ein (sofern hierzu noch Bedarf besteht) und umreißt dessen Problematik. Den Gesprächsverlauf überläßt sie möglichst den Teilnehmern, fördert ihn jedoch durch gelegentliche Moderation (»Gesprächsleitung«), ggf. durch gesprächsanregende Methoden und durch Zusammenfassung von Ergebnissen. Aus der Sicht der Teilnehmer/innen geht es um gemeinsame Erarbeitung eines Inhalts bei möglichst gleichmäßiger Beteiligung aller. Unterschiedliche Vorkenntnisse und Erfahrungen erlauben es, wechselweise eine »Expertenrolle« zu übernehmen.

2) Vorgaben für Methodenauswahl und -einsatz

Regelmäßigkeit und informeller Charakter eines Gesprächskreises erleichtern es, in einem allmählich wachsenden Klima des Vertrauens und Kontaktes auch ungewohnte Methoden einzusetzen (z.B.: zu einem Thema ein Bild malen oder etwas gemeinsam gestalten). Dabei kann die Entwicklung methodischer Phantasie allmählich zur Sache aller Beteiligten werden (wenn z.B. jemand den Einfall hat: »… könnten wir das nicht einmal spielen?«). Andererseits ist zu berücksichtigen, daß die einzelnen Treffen eines Gesprächskreises meist zeitlich begrenzt sind. Daher kommt es darauf an, bei jeder Zusammenkunft möglichst wenig, dafür aber wirklich geeignete Methoden einzusetzen.

Arbeitskreis

1) Arbeitsbeziehungen

Unter sachkundiger Leitung wirken alle an der Erarbeitung einer Aufgabe bzw. eines Inhaltes mit. Die Leitung plant die Arbeit vor, regt sie an und koordiniert ihren Verlauf auf das (gemeinsam) angestrebte Ergebnis hin. Die Teilnehmenden sollen möglichst viele und selbständige Beiträge leisten. Gemeinsame Erarbeitung einer Aufgabe oder eines Inhaltes bedeutet gegenseitigen Austausch über Fragestellungen, Arbeitsweisen und -materialien sowie Ergebnisse. Kooperation ist nötig, Arbeitsteilung möglich.

2) Vorgaben für Methodenauswahl und -einsatz

Orientierung am Inhalt, zeitliche Begrenzung der einzelnen Zusammenkünfte und die Notwendigkeit des gegenseitigen Austausches fördern den Einsatz von Methoden, die sich sowohl auf die Darstellung, Erschließung und Veranschaulichung von Inhalten als auch auf die Anregung von Gespräch und Zusammenarbeit beziehen. Allerdings braucht die selbsttätige Erschließung von Inhalten genügend Zeit. Längerfristige Arbeitskreise nehmen aufgrund wachsender Vertrautheit außerdem Elemente des Persönlichen auf; in solchen Fällen können sich die Lernziele stärker in Richtung Gesprächs-und Kontaktfähigkeit verändern – und das hat wiederum Konsequenzen für die Methodenwahl.

Kurs

1) Arbeitsbeziehungen

Ein Kurs wird über einen kürzeren oder längeren Zeitraum hinweg durchgeführt. Er soll bestimmte Inhalte vermitteln. Die Leitung übernimmt in starkem Maße Aufgaben der Motivation und Information.
Die Teilnehmenden werden in ihren persönlichen Sachinteressen, Lern- und Erfolgswünschen stärker angesprochen als in ihrem Bedürfnis nach gegenseitigem Kontakt und Austausch. Dennoch können solche Motive mitwirken; sie benutzen ein Kursangebot gewissermaßen als »Aufhänger« und finden ihre Erfüllung z.B. in informellen Treffen nach der Veranstaltung, in der Entwicklung persönlicher Kontakte mit einzelnen Teilnehmern außerhalb des Kurses usw.

2) Vorgaben für Methodenauswahl und -einsatz

Die Orientierung am Inhalt bei begrenzter Zeit fördert vor allem Methoden zur Darbietung, Veranschaulichung und Vermittlung von Inhalten. Kurse, bei denen es um den Erwerb gestalterischer Fähigkeiten und Fertigkeiten geht, verlangen neben der Demonstration (z.B. von Arbeitstechniken) auch individuelle Beratung einzelner Teilnehmer.

Vortrag

1) Arbeitsbeziehungen

Die Leitungsfunktion wird schwerpunktmäßig vom »Referenten« wahrgenommen, indem er einen Inhalt darstellt, während die Teilnehmenden folgen – meist durch Zuhören, beim Einsatz optischer Hilfsmittel auch durch Betrachten und Anschauen. Was beim Teilnehmenden an Kenntnissen und Fähigkeiten angeregt und gefördert wird, bleibt innerhalb dieser Veranstaltungsform meist unüberprüfbar.
Die Hörer/innen sind je für sich auf den Referenten ausgerichtet. Zu einem Austausch zwischen ihnen kommt es innerhalb der Veranstaltungsform kaum.

2) Vorgabe für Methodenauswahl und -einsatz:

Die vorbereitete und für viele Referenten und Teilnehmenden gleichermaßen »eingefahrene« Veranstaltungsform scheint kaum Raum für zusätzlichen Methodeneinsatz zu geben. Dennoch lohnt es sich, trotz knapper Zeit, trotz fehlender Übung bei Vortragenden und Zuhörern und trotz der Erwartung nach möglichst viel Information durch einen Fachmann gesprächsanregende Methoden einzubeziehen, z.B.: Unterbrechung des Vortrages durch ein kurzes Gespräch zwischen drei oder vier Leuten in sog. »Nachbarschaftsgruppen«; oder: meditative Pause im Eingangsteil des Referats mit Hilfen, sich in den Inhalt hineinzufinden (etwa in der Form: »Wenn Sie das Wort ›Märchen‹ hören – was fällt Ihnen als erstes dazu ein?« Pause »Welche Märchenfiguren treten Ihnen vor Augen?« Pause »Wie haben Sie als Kind Märchen kennengelernt?«).

Als Ergebnis dieser Übersicht kann gelten:
Jede Veranstaltungsform bietet aufgrund ihres typischen Verlaufsrahmens für einige Methoden besonders günstige Voraussetzungen, andere hingegen werden

eher ausgegrenzt. Dennoch bedeuten solche Vorgaben keine endgültige Festlegung. Im Gegenteil: Als Handlungsraum laden sie gerade dazu ein, methodische Phantasie spielen zu lassen.

2.5.2 Organisatorisch-technische Bedingungen

Wie wichtig Organisation und Technik für das Gelingen einer Methode sein können, zeigt sich gerade dann, wenn etwas nicht funktioniert:

In einem Bildungswerk treffen sich die ehrenamtlichen Mitarbeiter zu einem Erfahrungsaustausch. Der Leiter der Veranstaltung bittet die Teilnehmer, sich zu dritt auszutauschen über »Was macht uns in unserer Arbeit Mühe – Was macht uns Freude?« Jeder Einfall zu »Mühe« und »Freude« soll jeweils als einzelnes Stichwort groß und deutlich auf einen einzelnen Zettel geschrieben werden.

Dieser Arbeitsgang wird nach 15 Minuten beendet. Nun sollen die Einzelzettel an die Wand geheftet werden – links die Stichworte zu »Mühe«, rechts die zu »Freude«. Der Leiter bittet, daß eine Gruppe damit anfängt. Jeder Zettel wird noch mal laut vorgelesen und dann mit einem kleinen Tesa-Krepp-Streifen an die Wand geheftet. Der Leiter erleichtert dies. Er nimmt dem Gruppenmitglied, das die einzelnen Stichworte vorliest, den jeweiligen Zettel ab und klebt ihn an.

Zum Schluß soll eine Zettelwand entstanden sein, die auf einen Blick deutlich macht, wo schwerpunktmäßig die Mühen und Freuden eines Ehrenamtlichen liegen. Soll entstanden sein ...: Denn kaum hängen die Zettel ein paar Minuten, lösen sie sich und segeln sanft zu Boden. Der Leiter verstrickt sich für kurze Zeit in die Doppelaufgabe, alte Zettel wieder anzukleben und zugleich neue Zettel hinzuhängen, die Teilnehmer verfolgen dieses Bemühen mit wachsender Anteilnahme. Schließlich gibt er auf. »Wir können die Zettel ja auch auf den Boden legen«, schlägt jemand vor. Der Stuhlkreis wird auseinandergezogen, damit genug Platz entsteht, und die Stichworte werden nochmals neu ausgelegt. Das Gesamtergebnis läßt sich zwar optisch nicht mehr so gut erfassen, aber diese schlechtere Lösung nimmt die Einfälle der Kleingruppe immerhin noch auf und ermöglicht die Weitergabe im Plenum.

Wie sich in der Pause herausstellt, hat das Holz, mit dem der Arbeitsraum ausgeschalt ist, einen firnisähnlichen Anstrich, auf dem die sonst gut klebenden »wandunschädlichen« Tesa-Krepp-Streifen nicht haften. Der Leiter hatte es zuvor nicht ausprobiert ...

> Als Mitarbeiter/in der Erwachsenenbildung oder Teilnehmer/in entsprechender Veranstaltungen haben Sie den Zusammenhang zwischen Methoden und organisatorisch-technischen Bedingungen schon erlebt. Bitte notieren Sie aufgrund Ihrer eigenen Erfahrungen Beispiele, wo Ihnen diese Wechselwirkung besonders deutlich geworden ist.

Im folgenden werden wichtige organisatorisch-technische Rahmenbedingungen samt ihrer Bedeutung für Methodenauswahl und -einsatz aufgeführt.

Teilnehmer/innen-Zahl

Die Zahl der Teilnehmenden spielt im Blick auf Methoden der Erwachsenenbildung eine wichtige Rolle, und zwar sowohl
- die erwartete Zahl bei der Planung (Auswahl und Vorbereitung der Methoden) als auch
- die tatsächlich vorhandene Zahl bei der Durchführung (Verwirklichung und ggf. Änderung von Methoden).

Hierzu ein Beispiel aus der Praxis des Verfassers:

Es handelt sich um ein eintägiges Seminar (Arbeitstag) für Mitarbeiter verschiedener Einrichtungen der Erwachsenenbildung über »Teilnehmeraktivierende Methoden«. Es sind 18 Teilnehmer angemeldet. Um die Vorstellung und den Zugang zum Thema zu erleichtern, sollen sich zunächst jeweils zwei Teilnehmer austauschen über »Wer bin ich – Was mache ich in der Erwachsenenbildung? Was reizt mich an diesem Seminar?« Nach ca. 10 Minuten ist als nächster Schritt geplant, daß sich die Partner der Zweiergruppen im Plenum jeweils gegenseitig vorstellen (»Das ist Frau ... / Sie macht in der Erwachsenenbildung ... / Sie reizt an diesem Seminar ...«).
Drei Tage vor Beginn wird vom Veranstalter mitgeteilt, daß möglicherweise mit bis zu 30 Teilnehmern zu rechnen ist, da sich eine ganze Reihe weiterer Interessenten telefonisch nach dem Seminar erkundigte. Nun kann es sehr ermüdend sein, wenn sich die Partner von 15 Zweiergruppen, also 30 Personen, gegenseitig vorstellen. Deshalb wird eine Alternative zur geplanten Einstiegsrunde vorbereitet. Es werden Plakate mit den Umrissen einer vier- bzw. fünfblättrigen »Blüte« gezeichnet:

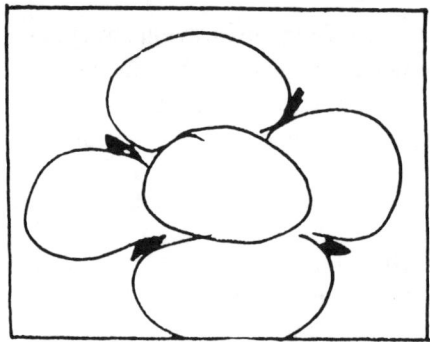 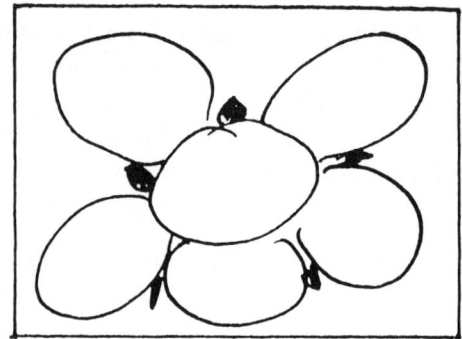

Die Anwesenden sollen sich in Vierergruppen zusammentun (möglicherweise sind auch ein bis zwei Fünfergruppen nötig). Sie erhalten dieselbe Fragestellung, wie sie für die Zweiergruppen vorgesehen ist (s.o.), jedoch ergänzt durch die Aufgabe: »Bitte schreiben Sie jeder Ihren Namen in eines der ›Blütenblätter‹ und notieren Sie das, was Sie an diesem Seminar gemeinsam reizt, in die Mitte der ›Blüte‹.« Im nächsten Schritt soll jeweils ein Mitglied der Vierer- bzw. Fünfergruppe das Plakat und die zugehörigen Teilnehmer im Plenum vorstellen.
(Beim tatsächlichen Verlauf waren – mit mir – 24 Teilnehmer anwesend. Ich führte die Vorstellungsrunde in der ursprünglich geplanten Form durch, da sie mir für die Größe der Gesamtgruppe gerade noch tragbar erschien.)

Es ist also jeweils zu überprüfen,
– welche Methode für eine erwartete oder gegebene Teilnehmerzahl angemessen ist, und umgekehrt:
– für welche Teilnehmerzahl eine Methode noch realisiert werden kann.

Zeit

Es muß überprüft werden,
– wieviel Zeit eine ausgewählte Methode verlangt;
– ob die zur Verfügung stehende Zeit für die beabsichtigte Methode ausreicht.
Wenn durch eine Methode Teilnehmer/innen einbezogen werden sollen, braucht dies um so mehr Zeit, je umfangreicher die Frage- bzw. Aufgabenstellung ist und je mehr Personen sich an ihrer Bearbeitung beteiligen sollen.
Wenn es darum geht, daß der einzelne in einen gegebenen Inhalt rasch »hineinkommt«, können fünf Minuten für eine Einzelarbeit und acht Minuten für ein

Zweiergespräch ausreichen. Beispiel: »Was reizt mich?« oder »Was reizt uns an dem Thema ›Alt und jung unter einem Dach‹?«, »Was bringt mich in diesen Französisch-Kurs?«

Eine Erweiterung der Frage in Richtung »eigene Erfahrungen« verlangt schon mehr Zeit, d.h. ca. 15 Minuten für »Was reizt uns an dem Thema ›Alt und jung unter einem Dach‹, und welche Erfahrungen haben wir hierzu in letzter Zeit gemacht?« Oder: »Was bringt mich in diesen Französisch-Kurs, und was verbinde ich mit dieser Sprache?«

Der Zeitbedarf wird noch etwas größer, wenn sich nicht nur zwei, sondern drei oder vier Teilnehmer über das genannte Thema unterhalten sollen.

Noch mehr Zeit wird schließlich benötigt, wenn sich die Fragestellung zugleich mit der Aufgabe verbindet, ein Ergebnis festzuhalten. Beispiel: »Was reizt uns an dem Thema ›Alt und jung unter einem Dach‹, und welche Erfahrungen haben wir hierzu in letzter Zeit gemacht? – Bitte versuchen Sie, Ihre Erfahrungen gemeinsam in eine These zu fassen und notieren Sie dies auf dem Plakat.«

Daraus läßt sich folgern,
– daß es zwar gut ist, viel Zeit zur Verfügung zu haben, weil dann für die Methodenwahl und -entfaltung ein größerer Spielraum besteht, aber
– daß auch bei knapper Zeit durchaus Methoden der Erwachsenenbildung eingesetzt werden können, wenn die Aufgabenstellung vermindert wird.

Tageszeit

Es macht einen Unterschied, ob eine Veranstaltung am Morgen, nach einer Mittagspause oder am Abend beginnt. Bei der Methodenwahl ist zu berücksichtigen, wie ausgeruht die Teilnehmer sind, an welcher Kurve des Tagesrhythmus sie sich befinden und was sie an Anstrengung bereits vor Beginn der Veranstaltung zu bewältigen hatten (z.B. durch ihre vorangegangene Berufsarbeit). Gerade bei Angeboten am Abend muß bedacht werden, aus welcher Situation die Teilnehmenden kommen und wie ihnen der Zugang zum behandelten Inhalt so erleichtert werden kann, daß sie selber aktiv teilhaben können; dies wird durch ausschließlich informierende Methoden eher erschwert.

Bitte vergegenwärtigen Sie sich nochmals die Methodenfolge für den ersten Abend in dem Praxisbeispiel »Eltern im Gespräch« (vgl. 2.1). Hier nochmals die Abfolge in Stichworten:

1. Begrüßung, Einführung, Vorstellung (Namen auf Zettel, Zettel in einen Korb, jeder zieht aus dem Korb einen Zettel und liest den Namen vor, der entsprechende sagt etwas zu seiner Person und darüber, wie er in dieses Seminar hineingeht).
2. Gruppenarbeit an Bildmaterial (aus Illustrierten Bilder ausschneiden zu »Einflüsse im Leben der Kinder«.
3. Rundgespräch und Erstellung einer gemeinsamen Collage.
4. Kurzreferat »Familie – gestern und heute«.

Bitte überlegen Sie, was für diese Abfolge der Methoden im Blick auf Tageszeit und -rhythmus spricht und welcher der folgenden Gesichtspunkte dabei die wichtigste Rolle spielt:

● Ermüdung nach einem Arbeitstag (in Familie oder Beruf),
● »Anstrengungsbereitschaft«,
● Interesse,
● innere Beteiligung.

Selbst dann, wenn ein solcher Aufbau nicht möglich erscheint, weil es sich z.B. um eine einzelne abendliche Vortragsveranstaltung handelt, sind die ja trotzdem vorhandenen tageszeitlichen Rahmenbedingungen zumindest dadurch zu berücksichtigen, daß beispielsweise der Eingangsteil eines Referates entsprechend teilnahmefördernd und aktivierend gestaltet wird.

Raum und Raumausstattung

Das Beispiel, mit dem diese Hinweise zu den organisatorisch-technischen Rahmenbedingungen eingeleitet worden sind, zeigte die Bedeutung des Arbeitsraumes für Methodenauswahl und -einsatz, und zwar in einem ganz schlichten, handgreiflich-materiellen Sinn. Im einzelnen sind zu berücksichtigen:

● Raumgröße
Die Gesamtgruppe soll bequem Platz haben – erst recht, wenn ein Stuhlkreis gebildet wird, was beim Einsatz gesprächsfördernder Methoden stets zu empfehlen ist. Gerade bei der Veranstaltungsform »Seminar« macht es nichts aus, wenn der Raum für das Plenum oder für Arbeitsgruppen als »zu groß« erscheint: Ein Stuhlkreis bildet gewissermaßen den »eigentlichen Innenraum« für die Teilnehmer; das Übrige ist freier Platz für Bewegung, informelles Gespräch usw. und läßt sich außerdem noch durch Einzeltische, Sitzgruppen usw. gestalten. Bei einem Wochenend- oder Mehrtagesseminar bietet ein großer Raum schließlich die Möglichkeit, ihn im Laufe der gemeinsam verbrachten Zeit z.B. durch Arbeitsergebnisse aus Untergruppen (Plakate, Wandzeitungen) auszugestalten. Ein zunächst fremder Saal wird auf diese Weise »unser Raum« – wörtlich und im übertragenen Sinn.

● Wände
Es ist rechtzeitig zu überprüfen, ob die Wände des Raumes geeignet sind, Arbeitsergebnisse anzuheften, ob z.B. Pinnwände vorhanden sind oder ob der Wandanstrich fest genug ist, um Tesa-Krepp-Streifen auszuhalten. (Vorsicht bei Cellophan-Klebestreifen: Sie ziehen gewöhnlich die oberste Schicht der Wandfarbe ab!) Wenn es – was unwahrscheinlich ist – an den Wänden gar keine Befestigungsmöglichkeiten geben sollte, müssen rechtzeitig Stellwände, verschiebbare Tafeln, Ständer für Papierbahnen (sog. »Flipcharts«) o.ä. besorgt werden. In manchen Arbeitsräumen oder Tagungsstätten ist es nötig, vor Beginn der Veranstaltung Wandschmuck (Bilder usw.) abzunehmen, um genügend Platz zu bekommen. In diesen Fällen empfiehlt sich eine kurze persönliche Information des zuständigen Personals (Verwaltungsleitung, Hausdame, Wirtschaftsleiterin, in Schulen die Hausmeister).

● Stromanschlüsse
Wenn beabsichtigt ist, bei einer Methode Medien, z.B. Plattenspieler, Tonbandgerät, Video, Tageslichtschreiber (»Overhead-Projektor«) einzusetzen, sollte die

Leitung sich rechtzeitig über die elektrischen Anschlußmöglichkeiten informieren. Wenn sie hierzu keine Gelegenheit hat, erspart sie sich unliebsame Überraschungen, indem sie genügend Verlängerungskabel mitnimmt.

● Tische
Bei einigen Methoden, z.B. beim Beschriften von Plakaten, ist es sinnvoll, wenn Tische benutzt werden können. Sie sollten in diesem Fall leicht zugänglich sein. Außerdem sollte überprüft werden, ob sie die gewählte Methode auch »aushalten«. (Aus manchen Kunststoffbeschichtungen läßt sich die Farbe von Filzstiften nur schwer entfernen; hier empfiehlt sich eine zusätzliche Papierabdeckung. Ähnliches ist bei der Arbeit mit Ton, Knetmasse oder Klebstoffen zu beachten.)

● Stühle
Gerade die Methoden, die den Kontakt zwischen Teilnehmenden fördern sollen, machen es gelegentlich nötig, sich einen neuen Platz zu suchen oder mit dem Stuhl an eine andere Stelle zu rücken (z.B. zu einer kleinen »Nachbarschaftsgruppe« oder zu einer größeren Gesprächsgruppe in einer Ecke des Raumes). Dies ist um so eher möglich, je leichter die Stühle sind. Dies sollte zumindest dann beachtet werden, wenn zwischen Arbeitsräumen mit unterschiedlicher Bestuhlung gewählt werden kann.

● Licht/Verdunklungsmöglichkeiten
Zu einer angenehmen Arbeitsatmosphäre gehört eine ausreichende Beleuchtung. Sie sollte vor allem dann hell genug sein, wenn bei Abendeinheiten (während es draußen schon dunkel ist) durch entsprechende Methoden noch Mitdenken, Mitreden und Mitgestalten gefordert werden. Eine zu geringe, »gemütliche«, »schummerige« Beleuchtung fördert in solch einer Situation – trotz guten Willens der Beteiligten – erfahrungsgemäß eine Stimmung des Ausklingens, Ausspannens, Abschaltens. Fast überflüssig scheint der Hinweis, daß die methodische Einbeziehung von Dias oder Filmen zumindest leichte Verdunklungsmöglichkeiten voraussetzt. Auch hier ist es nötig, sich über solche Rahmenbedingungen rechtzeitig zu informieren.

● Raumtemperatur
Ein zu warmer Raum ist für die Arbeit einer Gruppe ebenso hinderlich wie ein zu kalter. Kühle macht sich vor allem dann unangenehm bemerkbar, wenn die Teilnehmenden über längere Zeit hinweg sitzen müssen. Spürbare Abhilfe können »bewegende« Methoden schaffen (z.B. mehrfacher Platzwechsel im Zusammen-

hang mit der Vorstellungsrunde oder mit einleitender Kleingruppenarbeit). Schließlich bewährt es sich, wenn die Leitung hinderliche Rahmenbedingungen nicht krampfhaft auszugleichen versucht (»... meine Güte, es ist so kalt hier, was mache ich nur, damit die Leute es nicht merken ...«), sondern die Realität als solche anspricht (»Es ist ziemlich kalt hier. Ich schlage vor, daß wir ein paar Mal in die Luft springen« oder »... einmal im Kreis herumtanzen, dann wird uns wärmer ...«).

Sitzordnung

Die Veranstaltungsräume der Erwachsenenbildung sind normalerweise mit beweglichen Tischen und Stühlen ausgestattet. In Tagungshäusern, Freizeitheimen usw. sind die Tische häufig im Viereck aufgestellt. Es gibt aber noch genügend Räume, in denen Tische und Stühle oder nur die Stühle in Reihen hintereinander stehen. Dadurch wird ein Grundmuster der Arbeitsbeziehungen zwischen Leitung und Teilnehmenden sowie des Austausches zwischen den Teilnehmern gefördert, nach dem die einzelnen sich auf eine Person (Referent) ausrichten und untereinander wenig bis keinen Kontakt haben (Veranstaltungsform »Vortrag«).
Dieses Grundmuster mit der entsprechenden organisatorisch-technischen Rahmenbedingung »Sitzordnung« kann sinnvoll sein (z.B. bei starkem Interesse an einer Sache oder an der vortragenden Person oder beim Einsatz veranschaulichender Medien wie Film und Dias. Wie bereits erwähnt, sind selbst hier durch entsprechende Methodenwahl zumindest kurzzeitige Auflockerungen möglich (z.B. eingeschobene Gesprächsphasen in »Nachbarschaftsgruppen«). Alle Veranstaltungsformen jedoch, bei denen gegenseitiger Austausch und gemeinsames Erarbeiten notwendig sind, legen ein andere Sitzordnung nahe. Hierfür bieten sich Tischviereck und Stuhlkreis an. Im Blick auf Methodenauswahl und -einsatz haben beide Vor- und Nachteile, wobei sich letztere (wenn auch z.T. nur in Grenzen) ausgleichen lassen.

● Tischviereck

Vorteile: Die Teilnehmenden sehen beim gemeinsamen Gespräch einander. Ihre Arbeitsunterlagen (Notizpapier, Materialien usw.) können sie leicht ablegen.

Nachteile: Die Sitzordnung macht »unbeweglich«: Wenn Kleingruppen gebildet werden, tun sich meistens die Nachbarn zusammen, weil das Tischviereck als optische und gegenständliche Barriere daran hindert, auf die andere Seite zu gehen und sich dort »hineinzudrängen«. Die Vielfalt der Kontakte wird so eingeschränkt, zumal sich an Tischen meistens Stammplätze bilden. Wenn dies durch Einsatz eines Zufallprinzips bei der Gruppenbildung »aufgebrochen« werden soll (z.B. verschiedene Postkarten werden jeweils in vier Teile zerschnitten; jeder bekommt ein Stück und sucht die passenden Ergänzungspartner), müssen die Teilnehmenden mehrfach um das Tischviereck herumlaufen, was in einem kleinen Arbeitsraum mühsam sein kann.

Ein Ausgleich dieser Nachteile ist nur dann möglich, wenn in einem großen Arbeitsraum abseits des gemeinsamen Tischvierecks genug Bewegungsraum besteht (und evtl. noch zusätzliche, kleinere Tischeinheiten für Vierer- oder Sechsergruppen aufgestellt werden können). Dann läßt sich die Aufforderung zur Gruppenbildung mit der Bitte verbinden, das Tischviereck zu verlassen und sich gemeinsam im freien Teil des Raumes zu versammeln, um dann erst in Kleingruppen zusammenzugehen.

● Stuhlkreis

Vorteile: Die Teilnehmenden können beim gemeinsamen Gespräch einander sehen. Für Gruppenbildungen (gerade durch Zufallprinzipien) besteht freier Raum in der Mitte der Gesamtgruppe, sozusagen ein »Marktplatz« für Begegnungen und Kontaktaufnahme. Platzwechsel ist rasch möglich. Kleingruppen können sich ohne großen technischen Aufwand formieren, indem die Beteiligten sich so setzen (also ihre Stühle so rücken), daß sie einander gut sehen und hören können.

Nachteile: Arbeitsunterlagen lassen sich schwer ablegen. Personen, die kein Ringbuch, keine Schreibmappe o.ä. dabeihaben, tun sich mit Notizen schwer.

Ein Ausgleich ist möglich, indem feste, große Pappdeckel (mindestens DIN A4) als Arbeitsunterlage bereitgelegt werden. Menschen, die diese Sitzordnung nicht kennen, sind zunächst überrascht, vielleicht auch etwas durcheinander, wenn sie ihre Handtasche, Mappe usw. ablegen und nicht gleich wiederfinden. Erfahrungsgemäß legen sich solche Irritationen angesichts der Vorteile des Stuhlkreises rasch.

Um einen Stuhlkreis aufzustellen, sollten Leiter/in oder Leitungsteam rechtzeitig vor Beginn der Veranstaltung (bzw. vor dem erstmaligen Beginn etwa einer Seminarreihe, eines Gesprächs- oder Arbeitskreises) anwesend sein. Ist diese Sitzordnung erst einmal vertraut, kann sie später mit Hilfe der Teilnehmenden kurz vor Arbeitsbeginn hergestellt werden (wenn nicht gar – wie oft zu beobachten – die zuerst Eintreffenden selber die Umräumearbeit übernehmen).

Material

Für viele Methoden wird Material gebraucht, z.B.

- Filzstifte und Papierbögen (Abfallplakate) zum Notieren von Gruppenergebnissen;
- Wachsmalkreiden, um in Einzel- oder Gruppenarbeit ein Thema bildnerisch
  umzusetzen;
- Hilfsmittel für die Bildung von Zufallsgruppen (etwa zerschnittene Postkar-
  tenteile als Puzzle);
- Schere und Klebstoff zum Anfertigen einer Collage;
- schriftlich formulierte und vervielfältigte Arbeitsanweisungen z.B. für eine
  umfangreichere Gruppenarbeit oder für die Einstimmung auf ein Rollenspiel

usw.

Es empfiehlt sich daher, schon bei der Vorbereitung einen Laufzettel anzulegen,
auf dem alle noch zu erledigenden Arbeiten festgehalten werden – und darunter
eben auch die benötigten Materialien.

Nun soll noch ein pädagogisches Element erfaßt werden, das zwar auch zu den
Rahmenbedingungen im weitesten Sinne gehört, jedoch von eigenem Gewicht ist.
Deshalb wird ihm ein eigener Teil gewidmet: Es geht um die Wechselbeziehung
zwischen Methoden und Institution.

2.6 Methoden und Institution

Unter **Institution** versteht man hier die »Einrichtung«, in deren Gesamtverantwortung eine Veranstaltung der Erwachsenenbildung angeboten wird.

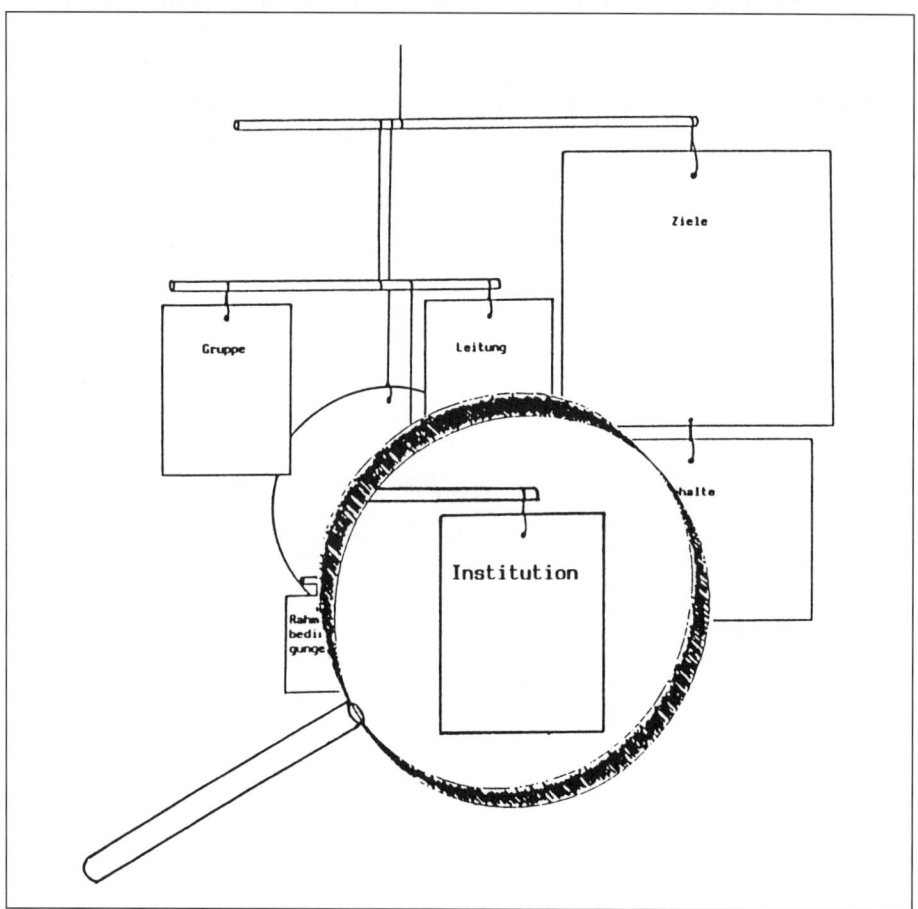

Gelegentlich wird auch der Begriff »Träger« verwendet. Der Sprachgebrauch unterscheidet sich nicht zuletzt nach den unterschiedlichen Erwachsenenbildungs-Gesetzen in den einzelnen Ländern der Bundesrepublik Deutschland.

Als örtliche oder regionale Einrichtungen der Erwachsenenbildung sind wohl die Volkshochschulen (oder Volksbildungswerke), die Bildungswerke der kirchlichen Erwachsenenbildung oder bestimmte Zentren (Stadtakademie, Familienbildungsstätte, Begegnungsstätte, Bildungszentrum o.ä.) am bekanntesten. Aber auch überregionale Verbände oder Organisationen sind Träger der Erwachsenenbildung, z.B. Gewerkschaften mit eigenen Bildungswerken, oder die Kirchen (u.a. mit ihren Akademien).

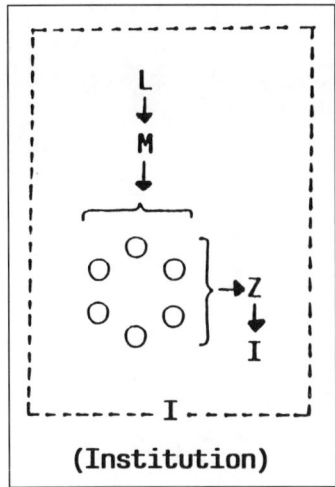

(Institution)

> Bitte überlegen Sie, ob Sie solche Anbieter von Erwachsenenbildungsveranstaltungen in Ihrer unmittelbaren Umgebung kennen und welche Angebote Ihnen evtl. schon begegnet sind. Bitte halten Sie dies kurz fest.

Der Begriff »Institution« hebt darauf ab, daß die Veranstalter oder Träger eine deutlich erkennbare »Gestalt« haben und daß es darin Elemente gibt, die den Bestand sichern: Organisations- und Rechtsformen, finanzielle Mittel, möglicherweise auch Personal. Zu den Kennzeichen einer Institution gehört außerdem die Orientierung an leitenden Absichten, die der Arbeit als Rahmenkonzept oder innere Verpflichtung zugrunde liegen.

Sofern solche Intentionen formuliert sind, ist ein Zusammenhang mit Methoden entweder direkt ausgesagt oder aber zumindest herstellbar. Hierzu ein Praxisbeispiel:

In dem vom Deutschen Volkshochschul-Verband 1978 herausgegebenen programmatischen Text »Stellung und Aufgabe der Volkshochsschule« heißt es auf S. 18f. (im Auszug):

»Die Volkshochschule arbeitet teilnehmerorientiert. Sie zielt in ihren Veranstaltungen auf eine Arbeitsweise ab, die auf die Voraussetzungen und Bedürfnisse der Teilnehmer eingeht. Der Forderung nach Teilnehmerorientierung entspricht die Lebensnähe des methodischen Vorgehens ...

Inwieweit Erwachsene Zugang zu intellektuell anspruchsvollen Themen und Problemen finden und hohen Anforderungen gerecht werden, ist nicht allein eine Frage ihrer Vorkenntnisse, sondern auch ihrer Lerngewohnheiten. Gelingt es, auf sie durch eine variable Verwendung von Arbeitsformen und Medien Rücksicht zu nehmen, können auch Teilnehmer für die Veranstaltungen der Erwachsenenbil-

dung gewonnen werden, die in ihrer Jugend geringere Lernchancen gehabt haben. Diese Lernchancen erhöhen sich bei einer teilnehmerorientierten Arbeitsweise in der Volkshochschule, d.h.

- *wenn die Lebensbezüge der Weiterbildungsinhalte hervorgehoben werden*
- *wenn versucht wird, eine produktive Verbindung herzustellen zwischen den Lerngewohnheiten und den Lernverfahren, die aufgrund wissenschaftlicher Erkenntnisse als besonders wirksam gelten*
- *wenn die Teilnehmer einen Überblick erhalten, wo sie sich auf ihrem Lernweg befinden ...*
- *wenn eine abwechslungsreiche, anschauliche, aktivierende Arbeitsweise angestrebt wird.«*

In der Wirklichkeit wird der Zusammenhang mit Methoden nicht nur durch formulierte Grundsätze, sondern auch durch die Einstellungen und Erwartungen beeinflußt, die sich in einer Institution im Laufe der Zeit gebildet haben.

Solche eher klimatischen Faktoren werden meist durch Personen vertreten, ohne daß es immer ihr eigener, bewußter Wille zu sein braucht. Daß dies in der Praxis auch zu Schwierigkeiten führen kann, sei an einem Beispiel erläutert. Es knüpft an der Wirklichkeit an, ist aber in Details verändert.

Petra M. hat Pädagogik und Kunstgeschichte studiert. Zur Zeit verdient sie ihren Lebensunterhalt als Mitarbeiterin verschiedener Erwachsenbildungseinrichtungen. Nun hat sie von einer städtischen Volkshochschule den Honorarauftrag bekommen, einen Studienbegleitzirkel zum Funkkolleg »Kunst« zu übernehmen. Einen weiteren Begleitzirkel wird der Leiter der Volkshochschule – ein anerkannter Kunsthistoriker – moderieren. Der von ihm entwickelte und betreute Programmbereich »Literatur/Kunst/Musik« bietet regelmäßig anspruchsvolle Veranstaltungen zur Kunstgeschichte, z.T. mit international renommierten Fachleuten. Die Teilnehmerzahlen sind wenn auch nicht hoch, so doch konstant. Es hat sich ein Stamm von Besuchern gebildet, die sogar aus dem weiteren Umland anreisen.

Petra M. möchte in ihrem Studienbegleitzirkel die Lebenssituation der Teilnehmer und ihre Vorerfahrungen einbeziehen: was ihnen Kunst bedeutet, was die einzelnen Stilrichtungen und Epochen in ihnen an Empfindungen und Reaktionen auslösen, wo sie Bezüge zwischen Kunstwerken und eigenem Alltag sehen usw. In einem Vorgespräch mit dem Leiter erfährt sie, daß dieser vor allem an eine fachliche Vertiefung denkt, an eine niveauvolle Ergänzung der Rundfunksendungen. Er bezieht sich dabei auf die bisher gesetzten Standards und auf die Erwartungen der Teilnehmer.

Die Nachfrage nach den Studienbegleitzirkeln ist groß. Die meisten Interessenten versuchen, in der Veranstaltung des Leiters unterzukommen. Nachdem dort die Beleggrenze bald erreicht ist, werden sie an das Parallelangebot verwiesen. Hier moderiert Petra M. die erste Zusammenkunft im Sinne ihres Konzeptes (z.B. mit einer Vorstellungsrunde, in der auch die bisherigen Zugänge zu »Kunst« angesprochen werden). Gegen Ende zeigt sie – zur Einstimmung auf die weitere Arbeit – ein (nur ein!) Dia unter dem Motto: »Ein Bild, das mich beeindruckt hat.« Beim nächsten Treffen des Studienbegleitzirkels sind drei Teilnehmer weggeblieben. Dafür sieht Petra M. vier Neue. Wie sie im Laufe des Abends erfährt, sind diese aus der Veranstaltung des Leiters zu ihr gewechselt.

Auch wenn das Beispiel schwarzweiß zu malen scheint, ist es geeignet, auf Probleme aufmerksam zu machen, die in der Praxis bei der Auswahl und dem Einsatz von Methoden manchmal in einer sehr verdeckten, aber dennoch höchst wirkungsvollen Weise mit der veranstaltenden Institution zusammenhängen: mit den Einstellungen und Erwartungen,
– die bei ihr selber vorhanden sind oder
– die ihr von außen entgegengebracht werden.
Sie können, in wörtliche Rede umgewandelt, z.B. lauten:
»Unsere Leute wollen solche Methoden nicht.«
»Mit solchen Methoden vertreiben wir unsere treuen Besucher.«
»Das Publikum erwartet Niveau.«
»In einer kommunalen Volkshochschule sollten keine Gegensätze aufgerissen werden.«
»Eine christliche Tagungsstätte ist eine ›Plattform für alle‹ und darf deshalb keinen einseitigen Meinungen Raum geben.«

Bitte überlegen Sie, ob Sie weitere Einstellungen und Erwartungen dieser Art kennen (vielleicht sogar bei sich selbst) und welche Auswirkungen sie auf Methodenauswahl und -einsatz haben könnten.

Die Schwierigkeit besteht nicht darin, daß es derartige Einstellungen, Erwartungen und Anforderungen seitens einer Institution gibt. Probleme könnten vielmehr daraus erwachsen, daß sie die Auswahl und den Einsatz von Methoden unbemerkt und unkontrolliert beeinflussen. In diesem Fall würde die Kursleiterin nicht mehr bewußt und unter Berücksichtigung der Zielgruppe bzw. der Teilnehmer, der Leitungsfunktion, der Lernziele, der Inhalte und der Rahmenbedingungen entscheiden, sondern im Zusammenspiel der pädagogischen Elemente eines davon, nämlich die Institution, von vornherein besonders gewichten.

Eine bewußte Entscheidung kann bedeuten, daß den institutionellen Einstellungen, Erwartungen und Anforderungen an die Methodenwahl und den Methodeneinsatz entsprochen wird oder daß sie abgelehnt werden – oder daß versucht wird, im Gespräch mit der anbietenden Einrichtung bzw. ihren Vertretern zu tragbaren Kompromissen zu kommen.

2.7 Ausblick: Den Zusammenhang gestalten

Gegen Ende des vorigen Abschnittes wurden wieder die einzelnen pädagogischen Elemente genannt, die im Mittelpunkt der vorangegangenen Teile standen. Damit zeigte sich erneut, daß wir es stets mit Wechselwirkungen zu tun haben, selbst wenn sie nicht immer ausdrücklich zur Sprache kommen. Das Bild des Mobile sollte dies wiederholt deutlich machen.

Mit der abschließenden Übersicht und Skizze wird der Zusammenhang der pädagogischen Elemente noch einmal in konzentrierter Form dargestellt.

In der Erwachsenenbildung wird

- im Zusammenhang mit der **Zielgruppe** und in Anknüpfung an die Gegebenheiten ihrer Lebenswelt und Lebenssituation (Alter, Familienstand, Wohnbereich, Arbeitswelt usw.)
- ein **Ausgangsproblem** beschrieben, das Impulse und Leitlinien gibt für die Formulierung von
- **Lernzielen** im Sinne »angestrebten Endverhaltens«; deren sachliche Anteile erfassen
- die **Inhalte**, die in ihrer Sachstruktur erschlossen werden.
- **Methoden** werden so zugeordnet, daß sie
  - die in den Lernzielen beschriebenen Kenntnisse, Fähigkeiten und Fertigkeiten erreichbar machen,
  - Sachstruktur und Teilnehmende in eine lebendige Beziehung setzen sowie
  - den Teilnehmenden gerecht werden, indem sie fordern, aber nicht überfordern, und umgekehrt: indem sie nicht überfordern, aber durchaus fordern.
- Hierbei sind gegebene **Rahmenbedingungen**, also Veranstaltungsformen und organisatorisch-technische Gegebenheiten zu berücksichtigen oder aber so zu gestalten, daß die nötigen Methoden auch verwirklicht werden können;
- gleiches gilt für die anbietende **Institution** und die in ihr vorhandenen Einstellungen, Erwartungen und Anforderungen.

● Wer an der Leitungsfunktion Anteil hat, also **Leiter/in** ist, behütet und gestaltet diesen Zusammenhang – und zwar keineswegs nur distanziert »von außen«, sondern zu einem großen Teil dadurch, daß er/sie als ganze Person in ihn einbezogen ist.

Durch diese Übersicht und die Skizze wird der Aspekt der Gestaltung besonders hervorgehoben. Dies geschieht als Ausblick auf das kommende Kapitel – und als Einladung:

Wer etwas gestaltet, macht Entdeckungen; und er erlebt bei aller Mühe auch die Freude am eigenen Werk.

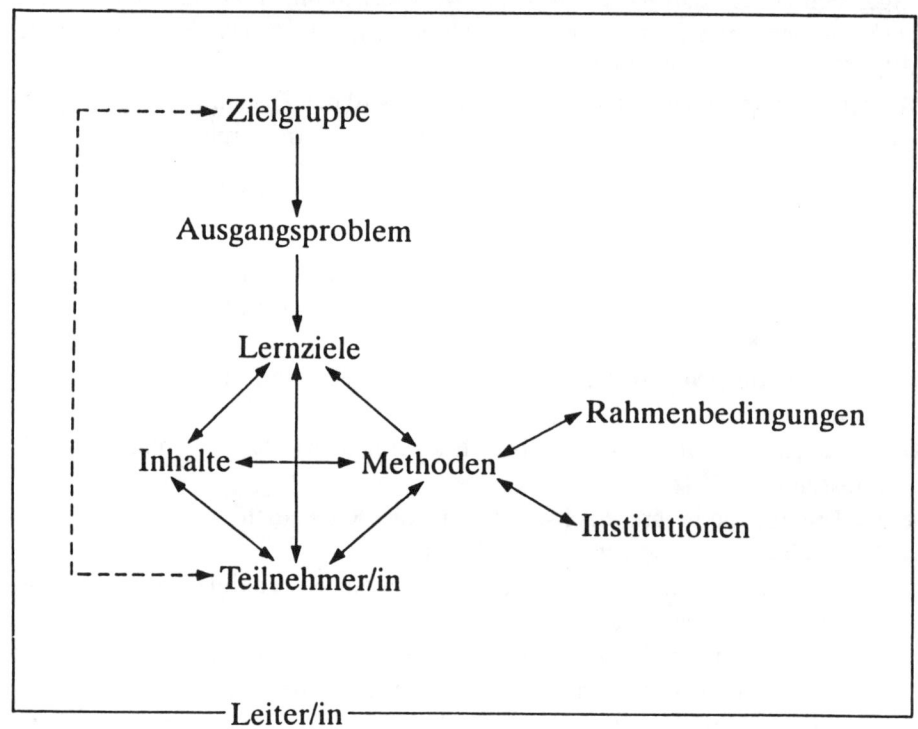

3. Methoden im Zusammenhang: Entscheidungs- und Anwendungsbereiche

3.1 Entscheidungshilfen für die Auswahl

Gleich zu Beginn des Buches wurden Methoden als helfende Verfahrensweisen bezeichnet. Verfahrensweise heißt: Hier bewegt sich etwas, hier wird etwas getan. Indem Methoden dazu anregen, liegt das, was sie eigentlich kennzeichnet, im lebendigen Geschehen selber.

Methoden müssen also erfahren werden, damit wirklich verstanden werden kann, was sie im einzelnen bedeuten, was sie leisten und wo ihre Grenzen sind; sie müßten deshalb aus dieser papierenen Form des Buches heraussteigen und vor den Leser/die Leserin hintreten oder noch besser: sich in einer Gruppe ausbreiten und heimisch machen, damit jeder sehen, erleben und sagen kann: Aha, so geht das also.

Das Buch kann nur beschreiben. Das bedeutet eine gewisse Grenze und auch ein Risiko: Worte, noch dazu gedruckte, reichen manchmal nicht aus, um Erlebnisqualitäten zu erfassen. Dennoch sollen in diesem 3. Kapitel Methoden beschrieben werden

– als Anreiz, vom Lesen zum Probieren und vom Probieren zum Üben zu gehen;
– als Erinnerungsstütze für das, was schon erlebt wurde, was aber unter dem Eindruck des lebendigen Geschehens in seiner methodischen Struktur nicht gleich erkennbar war oder nicht festgehalten werden konnte;
– schließlich als Anregung und Materialsammlung für die alltägliche Praxis in der Gestaltung von Kursen und Seminaren, Arbeits- und Gesprächskreisen.

Um eine Übersicht über Methoden der Erwachsenenbildung geben zu können, ist eine gewisse Ordnung nötig. Hier wird sie so hergestellt, daß sich die Darstellung am Verlauf eines Arbeitsprozesses ausrichtet und sich innerhalb einzelner Abschnitte oder Stationen des Prozesses zugleich am Grundsatz der »wachsenden Intensität« orientiert.

Zunächst geht es um **Methoden zur Erleichterung von Anfang und Einstieg** (3.3.1).

Es folgen **Methoden zur Erschließung von Inhalten** (3.3.2). Dabei setzt die Untergliederung den Akzent zuerst auf das Inhaltliche, dann auf den gegenseitigen Austausch zwischen Teilnehmenden, anschließend auf das Gestalterische bzw. Meditative und schließlich auf das Spielerische. Dieser Abschnitt ist insgesamt am umfangreichsten – und das entspricht ja auch der Realität der Erwachsenenbildung, die sich in ihren Angeboten stets mit Inhalten oder Themen im weitesten Sinne befaßt.

Im nächsten Abschnitt werden **Methoden zur Entwicklung von Beteiligung und Gruppenzusammenhang** dargestellt (3.3.3).

Es folgen **Methoden zur Ergebnissicherung und -vermittlung** (3.3.4) und **Methoden für Auswertung und Nacharbeit** (3.3.5).

In diesem Gefüge scheint jede Methode ihren festen Platz zu haben. Deshalb ist daran zu erinnern, daß sich Methoden je nach Zielgruppe, Lernziel usw. ändern können – nicht nur in ihrer Gestalt, sondern auch in ihrem »Einsatzort«. Phantasie und Erfahrung mögen es daher nahelegen, eine bestimmte Methode auch in einem anderen Zusammenhang zu verwenden, als es der Aufriß dieses Kapitels vorsieht. Die Auswahl und der Einsatz von Methoden hängen mit den pädagogischen Elementen zusammen, die im 2. Kapitel einzeln dargestellt worden sind. Diese Wechselwirkungen sollten immer wieder bedacht werden – gerade auch dann, wenn die folgende Methodenübersicht als Materialsammlung dient.

Es gibt einige einfache Fragestellungen, die das erleichtern. Sie fassen die genaueren Hinweise und Aufschlüsselungen im Kapitel 2 zusammen und können in ihrer Kürze und Knappheit als Entscheidungshilfe und Kontrollinstrument bei der Methodenauswahl dienen. Sie werden im folgenden aus dem Blickwinkel der Planenden bzw. Durchführenden formuliert; »wir« heißt also hier: »ich als Leiter/in« oder »wir als Leitungsteam«.

Die Entscheidungsfragen lauten:

Für wen?   Für wen planen wir, für wen bereiten wir eine Veranstaltung vor? (Die Frage nach der Zielgruppe und ihrer Lebenswelt bzw. Lebenssituation; vgl. 2.1)

Warum?   Warum planen und arbeiten wir für eine bestimmte Zielgruppe in einem bestimmten thematischen Zusammenhang? Etwas ist offen, ungeklärt, zu bewältigen – für die Zielgruppe, vielleicht auch für uns. (Die Frage nach dem Ausgangsproblem; vgl. 2.1)

Wer? Wer plant und bereitet vor? Das heißt: Wer sind wir selber in diesem Zusammenhang? Mitbetroffen oder nicht, interessiert oder eher distanziert?
(Die Frage nach der Leitung, ihrem Verhältnis zur Zielgruppe und zum Ausgangsproblem; vgl. 2.2)

Wozu? Wozu planen und arbeiten wir? Die Menschen, um die es geht, sollen etwas davon haben, etwas erreichen, etwas gewinnen.
(Die Frage nach den Lernzielen; vgl. 2.3)

Was? Was ist der Gegenstand, mit dem wir uns in diesem Zusammenhang beschäftigen müssen?
(Die Frage nach dem Inhalt; vgl. 2.4)

Wie? Wie gehen wir die Sache an? Wie ist es möglich, durch geeignete Verfahren zu helfen, daß die Lernziele wirklich erreicht werden?
(Die Frage nach den Methoden, die nun im Mittelpunkt von Kapitel 3 steht.)

Womit? Womit können wir beim Einsatz der Methoden arbeiten? Womit müssen wir als Einfluß von äußeren und institutionellen Gegebenheiten rechnen?
(Die Frage nach den Rahmenbedingungen und nach den Institutionen; vgl. 2.5/2.6)

Eine kleine Erinnerungshilfe:

Für wen?
Warum?
Wer?
Wozu?
Was?
Wie?
Womit?

Diese sieben W's seien als Erinnerungshilfe bei der Planung von Veranstaltungen und vor allem bei der Auswahl von Methoden empfohlen.

Sie können auch als Merkposten bei der nachträglichen Auswertung einer Veranstaltung dienen – etwa in dem Sinne: Wurde etwas vergessen oder übersehen?

3.2 Darstellung von Methoden

Die einzelnen Abschnitte der Methodendarstellung sind so aufgebaut, daß zunächst einmal im Rahmen eines Fallbeispiels eine Methode genau beschrieben wird; darauf folgt die Skizzierung weiterer, für den jeweiligen Entscheidungs- und Anwendungsbereich ebenfalls geeigneter Methoden.

Die Darstellung der Methoden greift aus den sieben W's das »Wozu«, das »Wie« und das »Womit« auf, weil nur hierzu im Rahmen dieses Buches allgemeinere Aussagen möglich sind. Hieraus erwächst folgende **Gliederung** jeder einzelnen **Methodenskizze**:

1. *Lernziele*

   Hier wird stichwortartig umrissen, was aus der einzelnen Methode heraus, aus der Art und Weise ihres Verfahrens erreicht werden kann bzw. wozu sie sich eignet.

   Diese Lernziele sind als Orientierungshilfe und Richtungsangabe zu verstehen; im Zusammenhang mit einer konkreten Zielgruppe, einem bestimmten Ausgangsproblem und der jeweiligen Leiterpersönlichkeit sind Änderungen denkbar.

2. *Durchführung*

   In diesem Abschnitt wird beschrieben, wie die Methode im einzelnen aussieht und was im Blick auf besonders bedeutsame Rahmenbedingungen zu beachten ist. Das ergibt als Untergliederung:
   a) Ablauf
   b) Rahmenbedingungen
      (1) Teilnehmerzahl
      (2) Zeit
      (3) Raum
      (4) Material

3. *Hinweise für die Leiterin/den Leiter*

Dieser Teil macht – wenn nötig – auf besondere Schwierigkeiten, mögliche Nebenwirkungen usw. aufmerksam.

4. *Weiterarbeit*

Mit dem Einsatz einer Methode ist es nicht getan: Ergebnisse müssen aufgenommen, begonnene Aktivitäten weitergeführt werden. Deshalb endet jedes Methodenblatt mit Hinweisen darauf, wie die Arbeit jeweils weitergehen kann und was dabei zu beachten ist.

Hier nochmals das Gliederungsschema jeder Methode auf einen Blick:

Bezeichnung der Methode (Name)

1. Lernziele

2. Durchführung

    a) Ablauf

    b) Rahmenbedingungen

        (1) Teilnehmerzahl
        (2) Zeit
        (3) Raum
        (4) Material

3. Hinweise für die Leiterin/den Leiter

4. Weiterarbeit

3.3 Einzelne Methoden

3.3.1 »Miteinander beginnen«
Methoden zur Erleichterung von Anfang und Einstieg

Wenn eine Gruppe zum ersten Mal zusammenkommt, steht diese Situation im Zeichen einer besonderen Spannung. Das wird kaum deutlich, wenn es sich um ein einmaliges Treffen handelt, bei dem jeder von vornherein weiß, daß er den anderen kaum wiedersieht und wo außerdem wenig Kontakt untereinander besteht (z.B. eine Vortragsveranstaltung). Spürbarer und für die gemeinsame Arbeit wichtiger werden die Schwierigkeiten des Anfangs bei längerfristig angelegten Maßnahmen, z.B. bei einem Kurs mit mehreren Abendveranstaltungen oder bei einem Wochenendseminar.

Die Menschen, die sich nun für eine längere Zeit zusammenfinden, sind gespannt und von unausgesprochenen Fragen wie diesen bewegt: Was wird geboten? Wie wird die Veranstaltung ablaufen? Wie ist der Leiter oder die Leiterin? Wie komme ich mit der Leitung klar – und mit den anderen Teilnehmern? Zugleich sind sie vorsichtig und zurückhaltend. Sie warten eher ab, lassen die Dinge auf sich zukommen: Erst einmal schauen, wie sich alles entwickelt; erst einmal sehen, wie auf Beiträge reagiert wird, bis ich mich selber äußere; erst einmal herausbekommen, was Anklang findet und was nicht.

Diese Spannung zwischen Neugier und Interesse auf der einen sowie Zurückhaltung und Vorsicht auf der anderen Seite bestimmt die spezifische Unsicherheit der Anfangsphase. Sie betrifft die Teilnehmenden – aber auch die Leitung.

Von den inneren Widersprüchen der Anfangssituation ist auch das Kennenlernen bestimmt: Die Teilnehmenden haben den verständlichen Wunsch zu wissen, »wer da ist«; zugleich ist es unmöglich, sich alle Namen zu merken, geschweige denn die Personen wirklich »kennenzulernen«. Andererseits ist es in einer Veranstaltung, die dem Gespräch große Bedeutung beimißt, wichtig, daß sich jeder möglichst früh äußert: Er hat dann schon einmal etwas gesagt; die Schwelle, sich einzubringen, wird niedriger.

Für den Leiter/die Leiterin ist es wichtig, die genannte Spannung als ein natürliches Merkmal des Anfangs in einer Gruppe zu verstehen und zu akzeptieren, also nicht etwa den Teilnehmern – auch nur bei sich selbst – zum Vorwurf zu machen (etwa in dem Sinne: »Ihr seid ganz schön lahm und unbeweglich.«)

Andererseits sollte er/sie sich aber nicht aufgrund ähnlicher Empfindungen in eine Haltung des Abwartens zurückziehen, sondern vielmehr:

– eine gewisse Sicherheit anbieten (z.B. durch ein »erstes Wort«, etwa durch die Begrüßung oder durch eine klare Anfangsstruktur);
– einen (zumindest klimatischen) Übergang schaffen zwischen der Situation zu Hause und der nun beginnenden Veranstaltung (etwa durch Erinnerung an die Ausschreibungen bzw. das Programm oder durch Verfahrensweisen, mit deren Hilfe der Teilnehmer eigene Zugänge, Vorerfahrungen usw. einbringen kann);
– die Kontaktaufnahme zwischen den Teilnehmenden fördern;
– einen ersten gemeinsamen Zugang zum Thema, zur Aufgabe usw. ermöglichen.

Die angebotenen Arbeitsschritte sollen also eine gewisse »Bewegung« fördern. Zugleich dürfen die gewählten Methoden nicht zu starken Streß verursachen, weil dann die natürliche Anfangsangst erst recht hervorgerufen wird. Deshalb empfiehlt sich für eine erste Kleingruppenbildung am Anfang ein Zufallsprinzip, weil es leichter ist, sich z.B. von einem Puzzle-Teil bei der Partnersuche »leiten« zu lassen, als aufgrund eigener Entscheidung auf einen wildfremden Menschen zuzugehen. (Zum Ganzen vgl. das sehr informative Buch von Karlheinz A. Geißler: *Anfangssituationen – Was man tun und besser lassen sollte.* Weinheim und Basel 1991/4. Aufl.)

Was diese allgemeinen Überlegungen zur Anfangssituation für die Praxis der Methodenauswahl und des Methodeneinsatzes bedeuten, soll das folgende Veranstaltungsbeispiel zeigen.

Ein Fallbeispiel mit Beschreibung der Methode

Die Veranstaltung ist folgendermaßen ausgeschrieben:

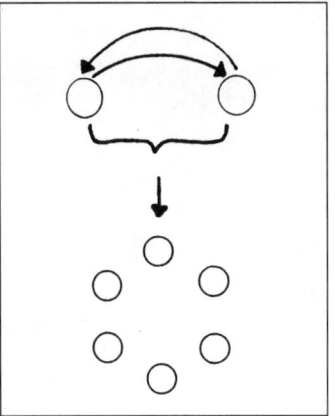

---

24 Vom Baby zum Schulkind

Elternkurs I

1. Die Entwicklung unseres Kindes, beobachtet am Spielverhalten
2. Wie sollen wir mit unserem Kind reden?
3. Wie können wir erreichen, daß unser Kind für die Zukunft gut gerüstet ist, aber dennoch in der Gegenwart nicht überfordert wird? (Erziehungsstil und -methoden)
4. Wie können wir erreichen, daß unser Kind sich für Neues begeistern kann? (Motivation)
5. Wie können wir unserem Kind helfen, wenn es Angst hat?
6. Wie wichtig sind Spielkameraden für unser Kind?

6 Montage ab 24.9. – 19.45–21.15 Uhr – DM 19,80 –
Peutinger-Gymnasium, Saal 202

Die Kursleiterin – eine freie Mitarbeiterin der Volkshochschule – geht bei ihrer Planung davon aus, daß die Teilnehmer/innen nicht nur Kenntnisse gewinnen, sondern auch ihr eigenes Verhalten überprüfen und zu diesem Zweck bisherige Erfahrungen als Eltern reflektieren wollen. Das verlangt gegenseitigen Austausch und Gespräch. Hierfür soll gleich am Anfang eine Grundlage geschaffen werden.

Die Leiterin überlegt sich also »erste Worte« mit folgenden Elementen:
– eine kurze Begrüßung mit einer Erinnerung an die Kursbeschreibung im Programm;
– ein Hinweis auf ihre Rolle, nötige Informationen einzubringen;
– der Wunsch nach gegenseitigem Austausch und die Bitte, den Kurs in diesem Sinne zu beginnen und sich dabei auf eine Methode einzulassen, die auch heiter ist und für die spätere gemeinsame Arbeit eine gute Grundlage schafft.

Angesichts der Schwierigkeiten, die sich mit der Anfangsphase verbinden (s.o.), wählt sie eine Einstiegsmethode, durch die

- sich wenigstens zwei Personen genauer kennenlernen,
- jede(r) schon in der Anfangsphase einmal vor allen anderen (d.h. im Plenum) spricht und
- die ganze Teilnehmerschaft als Gesamtgruppe wahrgenommen wird.

Die innere Linie dieses Konzepts läßt sich auch so umschreiben: »Ich, ein anderer und wir alle hier«.

Die Methode **Partnerinterview und Partnervorstellung** hat die Leiterin in einer eigenen Fortbildung bereits erlebt. Sie erinnert sich an deren

1. Lernziele

Die Teilnehmer/innen sollen Kontakte aufnehmen durch schrittweises Kennenlernen

- eines Partners,
- der Großgruppe.

2. Durchführung

a) Ablauf

Die genannte Methode führt jeweils zwei Personen zu einem Gespräch zusammen. Damit nicht nur die zusammengehen, die sich schon kennen oder die gerade nebeneinander sitzen, möchte die Leiterin zur Gruppenbildung ein Zufallsprinzip verwenden; zugleich wünscht sie im Sinne der zuvor umrissenen Lernziele einen Austausch, der das Kennenlernen fördert. Beides muß sie deutlich machen. So entwirft sie eine Ansage, in der sie zuerst das Thema nennt:

»Um nun in unser Vorhaben besser hineinzukommen, bitte ich Sie, daß wir uns austauschen: ›Wer bin ich – Was reizt mich an diesem Kurs?‹ Und dazu noch: ›Was hätte ich an diesem Abend gemacht, wenn ich nicht hier wäre?‹ Ich selber möchte bei diesem Austausch gerne mitmachen.«

(Sie fragt mit Absicht: »Was reizt ...« und nicht: »Was erwarte ich mir ...« oder: »Was möchte ich wissen über ...« Die Erhebung und womöglich noch schriftliche Sicherung von »Erwartungen«, »Fragen« o.ä. hat nur dann Sinn, wenn damit weiter gearbeitet werden kann – z.B. durch Schwerpunktsetzung, Auswahl, Eingrenzung; das heißt wenn die Planung so angelegt ist, daß die geäußerten Erwartungen einbezogen und umgesetzt werden können. Wenn dies nicht möglich oder nicht sinnvoll ist, verursacht die Äußerung von Erwartungen einen Druck in Richtung »Erfüllung«. Das geschieht auch dann, wenn die Kursleitung ausdrücklich erklärt, daß die Erhebung von Erwartungen nur der gegenseitigen Information diene oder um festzustellen, was in der Veranstaltung geleistet werden könne und was nicht. Die Fragestellung »Was reizt ...« zielt eher auf die Bewegkraft, die zum Besuch einer Veranstaltung führt – im Sinne von: »Was hat mich hierherge-bracht?« Und das von sich zu wissen, ist für den einzelnen ebenso interessant, wie es von anderen zu hören.)

Als nächstes folgt in der Ansage das Wie, also die Verfahrensweise: »Für diesen Austausch ist der Kreis natürlich zu groß. Deshalb sollten das immer zwei mitein-ander tun. Aber es ist auch schwer, hier auf Anhieb jemanden für das Gespräch zu finden. Drum möchte ich Ihnen eine Methode zeigen, mit der jeder rasch eine Partnerin oder einen Partner hat.« Nun läßt die Leiterin ein Päckchen mit kleinen Zetteln herumgehen. Alle nehmen sich einen Zettel. Dann bittet sie, daß jeder auf seinen Zettel den Tag und den Monat seiner Geburt schreibt, z.B. 14.8. oder 10.9. und so fort (nur den Tag und den Monat, nicht das Jahr!). Wenn das geschehen ist, lädt sie dazu ein, aufzustehen und herumzugehen, den Zettel als »Erkennungszei-chen« zu benutzen und sich den Teilnehmer zu suchen, der dem eigenen Geburts-tag am nächsten ist. Währenddessen hängt sie als Erinnerungshilfe für das spätere Gespräch ein groß beschriftetes Plakat mit der inhaltlichen Fragestellung auf (Wer bin ich – Was reizt mich an diesem Kurs? Was hätte ich an diesem Abend gemacht, wenn ich nicht hier wäre?). Anschließend macht sie sich mit ihrer »Erkennungs-marke« selbst auf den Weg, um einen Gesprächspartner zu suchen oder sich als Partnerin finden zu lassen. Sie fügt sich dadurch zwanglos in die Gruppe ein und kann zugleich die möglichen Schwierigkeiten am eigenen Leibe erleben, die der Einstieg beim einzelnen verursacht.

Im Laufe der Partnersuche kann es geschehen, daß einzelne sich nicht entscheiden können (oder wollen): Ist für den August-Geborenen der Juli oder der September näher? Um hier das frustrierende Auszählen von Tagen zu vermeiden, empfiehlt sich eine freundliche Ermutigung, nun einfach die Zweiergruppe zu bilden, weil es hier nicht auf letzte Perfektion ankommt.

Wenn alle Paare beisammen sind, setzt sich die Leiterin mit ihrem Partner in eine Ecke des Raumes und beginnt das Gespräch; normalerweise reicht dies für die Teilnehmer als Impuls, ohne unterbrechende Ansage Gleiches zu tun.

Nach ungefähr 10 Minuten wird das allgemeine Gemurmel unterbrochen. Die Kursleiterin bittet nun darum, daß jeder jeweils seinen Partner oder seine Partne-rin kurz vorstellt unter den Stichworten:

»Das ist ...« – »Sie (oder ihn) reizt an diesem Kurs ...« – »Und wenn sie (oder er) heute Abend nicht hier wäre, dann hätte sie gemacht ...«

Um diese Aufforderung nicht allzu abstrakt zu halten, umreißt die Leiterin diesen Ablauf nur mit wenigen Stichworten und macht es dann gleich selber mit ihrem Partner oder ihrer Partnerin vor. Anschließend bittet sie darum, daß ein nächstes Paar folgt.

Damit die Methode in der geplanten Weise entwickelt werden kann, sind die äußeren Umstände zu bedenken, kurz: die

b) Rahmenbedingungen

(1) Teilnehmerzahl

Zu dem Kurs haben sich 15 Leute angemeldet. Mit der Kursleiterin werden sich also 8 Zweiergruppen an dem Partnerinterview beteiligen. Das ist im Blick auf die folgende gegenseitige Vorstellung noch verkraftbar. Wären es mehr als 24 Teilnehmer (bzw. 12 Paare), so könnte nicht damit gerechnet werden, daß die Aufmerksamkeit bis zum Schluß der Runde erhalten bleibt. Es wäre also nach einer anderen Form des Kennenlernens zu suchen.

Die gerade Zahl erleichtert die Paarbildung. Die Leiterin könnte dies bei unerwartet erscheinenden oder wegbleibenden Teilnehmern auch dadurch sichern, daß sie aus der augenblicklichen Situation heraus entscheidet, ob sie mitmacht oder nicht, ob sie – im Sinne ihrer Integration in die Gruppe – zu einem Paar dazustößt; diese Dreiergruppe könnte die spätere gegenseitige Vorstellung »im Kreis« vornehmen (A stellt den B vor, B den C, C den A).

(2) Zeit

Für das Zweiergespräch, d.h. das eigentliche Partnerinterview, sind 10 bis 15 Minuten anzusetzen; der Austausch sollte eher unterbrochen werden, als daß er bei zu großer Zeitvorgabe ins Leere läuft. Für die Vorstellungsrunde in der Gesamtgruppe sind (je nach Teilnehmerzahl) 30 bis 45 Minuten vorzusehen.

(3) Raum

Die Methode stellt gerade durch die Kombination mit »Gruppenbildung durch ein Zufallsprinzip« eine »Marktplatzsituation« her: Menschen gehen und bleiben stehen, sprechen einander an, trennen sich wieder, finden sich schließlich zu zweit. Dafür ist Platz nötig. Die Kursleiterin ist also vor dem ersten Abend rechtzeitig am Veranstaltungsort (ein Schulhaus), um den Raum zu verändern. Sie möchte die in Reihen aufgestellten Tische an die Wand rücken und in die so entstehende freie Mitte einen Stuhlkreis stellen. Vorsichtshalber klingelt sie den Hausmeister aus seinem Feierabend und erläutert ihm ihr Vorhaben; dessen Miene hellt sich erst auf, als sie ihm versichert, daß sie am Schluß zusammen mit den Teilnehmern den Raum in seine ursprüngliche Ordnung bringen wird.

(4) Material
Die benötigten »Geburtstagszettel« sind vorbereitet. Die inhaltliche Fragestellung für die Zweiergruppen ist als Erinnerungshilfe auf ein Plakat geschrieben; es wird zum gegebenen Zeitpunkt aufgehängt (s.o. bei der Darstellung des Ablaufes).

3. Hinweise für die Leiterin/den Leiter

Bei dem ersten Kursabend, auf den sich die geschilderte Planung bezieht, sind kurz nach der ausgeschriebenen Uhrzeit 15 Teilnehmer da. Die Leiterin möchte pünktlich anfangen – nicht zuletzt, um für die folgenden Veranstaltungen ein Signal zu setzen. Sie beginnt wie vorgesehen. Nachdem jeder den Tag und Monat seiner Geburt aufgeschrieben hat, löst die Ankündigung, wie nun die Partner zu finden seien, Heiterkeit aus: Alle machen sich auf den Weg, und die Zweiergruppen (einschließlich der Leiterin) sind rasch beisammen. Die Unterbrechung der Gespräche gelingt im zweiten Anlauf. Als die Kursleiterin nun zur gegenseitigen Vorstellung auffordert und dies gleich selber vormacht, bemerkt sie, daß einige Teilnehmer erschrecken, gar nicht mehr richtig zuhören können und sich offensichtlich beim Partner oder bei der Partnerin noch nachträglich »Daten« besorgen. Die Leiterin entschließt sich, diese Situation kurz anzusprechen: »Es kann sein, daß diese gegenseitige Vorstellung jetzt einen Schrecken bei Ihnen auslöst: ›Um Himmels Willen, weiß ich noch alles?‹ Aber es kommt ja nicht auf eine vollständige Wiedergabe an, sondern nur darauf, was Ihnen im Augenblick in den Sinn kommt.«

Die »Schrecksekunde« dadurch zu vermeiden, daß schon bei der Ansage der Zweiergruppe die spätere gegenseitige Vorstellung im Plenum bekanntgegeben wird, ist eher problematisch: Die Zweiergruppen führen dann nämlich kein spontanes Gespräch mehr, sondern gehen auf »Gedächtnistraining«, machen sich Notizen usw.

Manchmal haben Leiter/innen die Befürchtung, daß bei der Anwendung dieser Methode im Plenum die Intimitätsschwelle der Kleingruppen durchbrochen wird, d.h., daß jemand nun allen anderen etwas erzählt, was nur ihm/ihr persönlich mitgeteilt worden ist; erfahrungsgemäß tritt diese Situation praktisch nicht auf. Dennoch ist eine Art Vorbeugung möglich, indem mit der Ansage der Zweiergruppen noch der Hinweis verbunden wird: »Teilen Sie einander soviel mit, wie Sie auch allen anderen hier sagen würden.«

Bei der Partnervorstellung im Plenum kann es geschehen, daß sich sehr schnell ein Kreis einschleift: Eine Zweiergruppe fängt an, die rechts davon sitzende macht weiter usw. Solche Vorstellungen im Kreis haben den Nachteil, daß bei manchen die Angst steigt, wenn die Runde langsam auf sie zukommt. Deshalb empfiehlt es sich, eine Vorgehensweise zu fördern, bei der sich die Zweiergruppen unabhängig vom Stuhlkreis einbringen. Das kann so geschehen:

Ansage bzw. Demonstration der Partnervorstellung; anschließend: »Wenn nun bitte eine Zweiergruppe anfängt (bzw. weitermacht)...«

Eine Zweiergruppe vollzieht die Partnervorstellung (wobei es einige Sekunden dauern kann, bis sich eine Gruppe dazu entschließt). Der/die Leiter/in (schaut dabei bewußt in die Runde und nicht auf die Gruppe, die neben der beginnenden Zweiergruppe sitzt): »Welche Gruppe möchte nun weitermachen?«

Falls jetzt eine Gruppe weitermacht, die an einer anderen Stelle des Raumes sitzt, geht es erfahrungsgemäß in ungeordnetem Wechsel weiter. Wenn dennoch z.B. aufgrund spontaner Reaktionen eine Vorstellung im Kreis begonnen hat, ist es möglich, nach einer Weile zu unterbrechen: »Es wäre schön, jetzt an einer anderen Stelle fortzusetzen. Bitte machen Sie mal weiter ...«

4. Weiterarbeit

Der hier gewählte Einstieg vollzieht Kennenlernen ganz konkret als Aufeinander-Zugehen und als Sich-Mitteilen. Er fördert Bewegung: Die Teilnehmer nehmen Kontakt miteinander auf; und sie lassen sich Einfälle kommen, machen sich Gedanken. Damit sind günstige Voraussetzungen für die spätere Arbeit am Inhalt geschaffen. Soweit das Veranstaltungsbeispiel.

Als Fortsetzungsmöglichkeiten sind denkbar:

Rundgespräch:
z.B. zu Gesichtspunkten, die sich im Rahmen der Partnervorstellungen im Plenum ergeben haben (aufgrund der Herkunft der Teilnehmenden) oder zu einem vorbereiteten Thema (Erläuterung der Vorgehensweise im Seminar, der inhaltlichen Vorbereitungen o.ä.).

»Wachsende Gruppe«:
d.h. jeweils zwei Zweiergruppen werden zu einer Vierergruppe zusammengeschlossen und erhalten einen neuen Arbeitsauftrag (z.B. Intensivierung des Austausches über Vorerfahrungen oder Entwicklung von Einsatzmöglichkeiten für den Stoff des Kurses oder Bearbeitung eines vorgegebenen inhaltlichen Aspektes).

Auf jeden Fall sollte auf einen organischen Übergang von Partnerinterview zur anschließenden Arbeit geachtet werden. Die »Brückenfunktion« kann hierbei übernehmen:
- Arbeit an Vorerfahrungen zum Thema,
- Arbeit an erwarteten Anwendungsmöglichkeiten,
- Vertiefung eines zum Thema gehörenden inhaltlichen Aspektes.

Ein solcher organischer Übergang ist deshalb wichtig, damit ein Bruch vermieden wird, der etwa so aussehen könnte: Jetzt haben wir uns kennengelernt, und nun kommt das Eigentliche, nämlich die Arbeit ...

Im folgenden werden einige weitere Methoden dargestellt, die für den Entscheidungs- und Handlungsbereich »Anfang und Einstieg« ebenfalls hilfreich sein können.

Vorstellungsgruppen mit inhaltlichem Zentrum

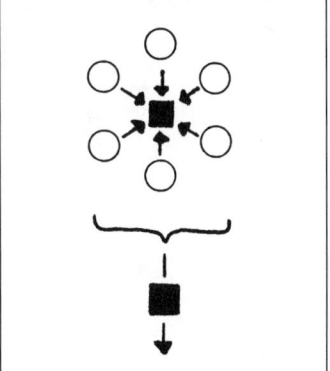

1. Lernziele

Andere Teilnehmer/innen kennenlernen, Zugang zu einem Thema finden, ein Thema eingrenzen und präzisieren

2. Durchführung

a) Ablauf

Es finden sich jeweils vier oder fünf zu einer Kleingruppe zusammen. Für die Anfangsphase empfiehlt sich der Einsatz eines Zufallsprinzips zur Gruppenbildung. Die Aufgabenstellung lautet:

> »Bitte tauschen Sie sich aus:
> Ich bin ...
> Zum Thema dieses Kurses (Seminar) bringe ich mit ... (z.B.: folgende Arbeitsprobleme; oder: folgende Erfahrungen)
> Mich lockt an diesem Kurs (Seminar) ...
> Versuchen Sie, das was Ihnen im Laufe ihres Austausches gemeinsam wichtig geworden ist, auf dem Plakat aufzuschreiben. Das kann ein Stichwort, ein Motto, eine These sein.«

Nach dem Austausch in der Gruppe und der Ergebnissicherung werden die Gruppen gebeten, daß sie ihre Plakate aufhängen und daß jeweils eine Person kurz erläutert (bzw. vorliest):

>>In unserer Gruppe waren …
Uns ist gemeinsam wichtig …<<

b)   Rahmenbedingungen

(1) Teilnehmerzahl
40 bis 50 Personen
(2) Zeit
20 bis 30 Minuten für den Austausch und die Ergebnissicherung in den Kleingruppen; etwa 20 bis 30 Minuten für das anschließende Plenum.
(4) Material
Plakate, Filzstifte (ggf. geeignetes Material für die Gruppenbildung durch ein Zufallsprinzip).

3.   Hinweise für die Leiterin/den Leiter

Die Zentrierung auf gemeinsame Aussagen fördert neben dem Kennenlernen auch die Wahrnehmung von Unterschieden und erste Prozesse der Kooperation. Bei der Vorstellung der Plakate im Plenum kann es leicht geschehen, daß die Sprechenden bei dem inhaltlichen Zentrum ansetzen und die Erwähnung der Gruppenmitglieder vergessen; dann sollte an diese Namensnennung immer wieder erinnert werden, damit das Kennenlernen wenigstens ansatzweise über die Kleingruppe hinausgeht.

4.   Weiterarbeit

Es kann sich eine ausführliche Erläuterung des geplanten Programms anschließen, wobei die inhaltlichen Zentrierungen der Arbeitsgruppen mit den Schwerpunkten der Programmplanung verknüpft werden können (z.B. im Sinne von: das kommt vor – das steht eher im Hintergrund von … – das kann hier nicht behandelt werden, weil …)
Eine offen angelegte Kurs- oder Seminarplanung hätte die Möglichkeit, an den inhaltlichen Zentrierungen weiterzuarbeiten (z.B. Interessengruppen zur Konkretisierung der kommenden Arbeitseinheiten).

Erwartungsinventar

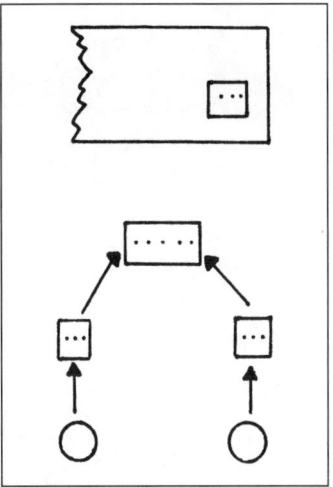

1. Lernziele

Eigene Erwartungen (an einen Abend, ein Seminar, einen Kurs usw.) wahrnehmen und mitteilen können.

2. Durchführung

a) Ablauf

Jede Person macht sich einige Notizen zu folgender Frage: »Was erwarte ich mir (von diesem Abend, diesem Seminar, diesem Kurs ...) für mich persönlich und für ... (z.B.: meine Situation in der Familie/meine jetzige oder künftige Arbeit o.ä.)?«
Anschließend sucht sich jede(r) einen Partner/eine Partnerin, und beide tauschen sich gegenseitig über ihre Erwartungen an den Kurs aus. Beide schreiben einiges von dem, was ihnen besonders wichtig ist, an die aufgehängte Wandzeitung.
Alle können die geäußerten Erwartungen ansehen und vergleichen. Die Wandzeitung bleibt während des gesamten Kurses hängen, so daß man im Verlauf der Veranstaltung die Entwicklung bzw. Veränderung von Erwartungen verfolgen kann.

b) Rahmenbedingungen

(1) Teilnehmerzahl
    Bis 40 Personen in der Gesamtgruppe.
(2) Zeit
    10 Minuten für die Einzelarbeit, 20 Minuten für die Partnerarbeit.
(3) Raum
    Freier Platz für die Bildung der Zweiergruppen und die Notizen an der Wandzeitung.
(4) Material
    Plakatwand, Filzstifte.

3. Hinweise für die Leiterin/den Leiter

Das Problem, Erwartungen auszudrücken und noch dazu aufzuschreiben, besteht darin, daß ein unausgesprochener, aber sehr verständlicher Druck entsteht in Richtung »Erfüllung der Erwartungen«. Nun können jedoch selbst bei einer noch so flexiblen Planung nie alle Erwartungen erfüllt werden. Frustrationen sind also unvermeidlich. Damit sollte rechnen, wer nach Erwartung fragt.

4. Weiterarbeit

Wenn dies schon geschieht, ist es sinnvoll, auf die notierten Erwartungen in geeigneter Form einzugehen, z.B.: in einer kleinen bis mittelgroßen Gruppe durch die Frage »Welche Schwerpunkte zeigen sich – Was läßt sich daraus folgern im Blick auf …? (beispielsweise: im Blick auf unsere Praxis, unsere Vorerfahrungen o.ä.)«; oder in einer großen Gruppe ab 20 Personen durch den Versuch einer Zusammenfassung seitens der Leitung, die damit zugleich einen Ausblick auf die eigene Planung und die hier vorhandenen Unterschiede, aber auch Übereinstimmungen verbindet.

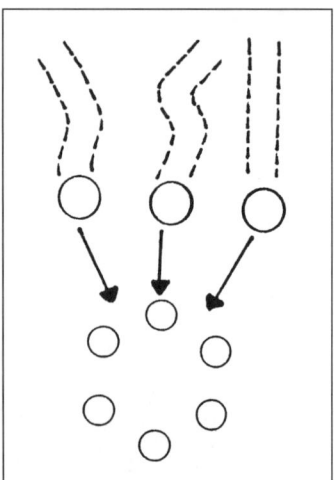

Geleitete Phantasie: »Mein Weg hierher«

1. Lernziele

Zugang zu einer Veranstaltung finden; eigene Motive, aber auch Vorbehalte und Widerstände entdecken und ausdrücken können.

2. Durchführung

a) Ablauf

Die geleitete Phantasie spricht tiefere Erlebnisbereiche an. Durch eine gesprochene Anleitung wird gewissermaßen ein »Raum« eröffnet, den die teilnehmende Person mit inneren Bildern ausfüllt, wobei die Gestalt dieser inneren Bilder von der eigenen Befindlichkeit, der lebensgeschichtlichen und aktuellen Erfahrung, den tiefer liegenden Bedürfnissen und Interessen, ggf. auch von unbewußten Regungen geprägt wird. Es folgt eine ausformulierte Anleitung für den Beginn einer Veranstaltung; die Punkte (…) markieren immer eine Pause.
»Bitte setzen Sie sich so bequem hin, daß Sie einige Zeit in dieser Stellung bleiben können. Achten Sie darauf, daß Ihr Atem frei fließen kann, daß weder Brustraum noch Bauch eingeengt sind. Ich werde Sie gleich bitten, die Augen zu schließen. Das soll Ihnen helfen, einige Situationen der letzten Zeit deutlicher zu sehen … Bitte schließen Sie jetzt die Augen und erinnern Sie sich daran, als Sie zum ersten Mal von dieser Veranstaltung hörten oder das Thema lasen … Welche Gedanken und Empfindungen hatten Sie …? Wann faßten Sie den Entschluß, sich anzumel-

den …? (Evtl.: Dann kam die Anmeldebestätigung …) Inzwischen verging einige Zeit, und heute morgen war es soweit. Als Sie aufwachten, was ging Ihnen da durch den Sinn …? Als Sie dann aufstanden und ihre morgendlichen Verrichtungen machten, wie war es Ihnen da, was dachten Sie …? Dann gingen Sie aus dem Haus, machten sich auf den Weg hierher mit allerlei Einfällen … Sie kamen hier an, sahen das Haus … Dann sahen Sie andere Teilnehmer … Was war da in Ihnen …? Schließlich betraten Sie diesen Raum, sahen den Stuhlkreis, setzten sich … Was waren da Ihre Empfindungen, Ihre Gedanken … Schließlich die ersten Worte von mir, die Begrüßung, der Anfang … bis jetzt, bis zu dieser Stelle … Sie sind nun wieder hier, öffnen langsam die Augen, sehen den Raum und die anderen … (Nach einiger Pause:) Es wäre schön, wenn Sie nun etwas von dem, was in Ihnen aufstieg, hier einbringen könnten …«

b)   Rahmenbedingungen

(1) Teilnehmerzahl
     Nur für kleinere Gruppen bis max. 18 Personen geeignet.
(2) Zeit
     Ca. 15 Minuten für die geleitete Phantasie und für die Weiterarbeit mindestens 45 Minuten.
(3) / (4) Raum/Material
     Stuhlkreis möglichst mit Stühlen, die ein entspanntes und in sich ruhendes Sitzen ermöglichen (also keine Sessel, sondern eher »harte« Stühle mit steiler Lehne).

3.   Hinweise für die Leiterin/den Leiter

Diese Methode kann als Einstieg für länger dauernde Veranstaltungen (z.B. Wochenend-Seminar) mit persönlichkeits- bzw. beziehungsorientierten Inhalten eingesetzt werden. Erfahrungsgemäß äußern dann Teilnehmende mit Hilfe dieser Methode vielfach Vorbehalte oder Angstgefühle im Blick auf die Veranstaltung, oft auch Vorbereitungs-Streß (meist Frauen, die noch für ihre Familie Vorsorge trafen, bevor sie abreisten); solche Äußerungen können gleich am Anfang Kontakt schaffen und »Wiedererkennungs-Erlebnisse« ermöglichen (»aha, ihr geht es wie mir«).
Die Aufforderung, etwas von den Einfällen einzubringen, ist bereits in der Anleitung enthalten. Manchmal dauert es einige Zeit, bis diese Aufforderung angenommen wird. Hier kann ein zweites Bild helfen: »Stellen Sie sich vor, hier in der Mitte des Raumes steht ein Korb, und wir können ihn nun allmählich mit unseren

Einfällen füllen.« Die Leitung sollte diese Äußerungen nicht erzwingen, jedoch geduldig und ggf. auch lange abwarten, bis sich die erste Person vorwagt.
Die »Geleitete Phantasie« läßt sich auch für andere Ziele und andere Inhalte und dementsprechend auch in anderen Phasen des Arbeitsvorganges und mit anderen Vorgaben einsetzen.

4. Weiterarbeit

Geleitete Phantasie und Mitteilung der Einfälle am Anfang bilden eine in sich runde Einstiegs-Einheit.

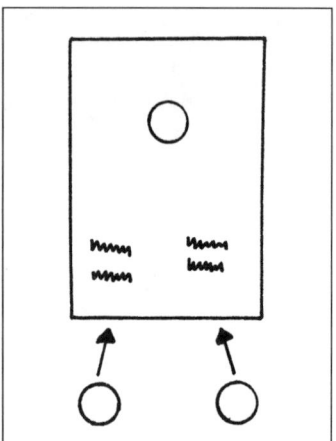

Paßfoto

1. Lernziele

Über sich selber informieren können;
andere Menschen kennenlernen.

2. Durchführung

a) Ablauf

Die Teilnehmenden werden beim Eintreffen während der Begrüßung mit einer Polaroid-Kamera fotografiert. Die Fotos werden anschließend in die Mitte eines DIN-A3-Plakates geklebt und im gemeinsamen Arbeitsraum in Sichthöhe aufgehängt. Im Laufe der Eingangsphase wird eine Zweiergruppe eingefügt mit der Aufgabenstellung: »Bitte überlegen Sie: ›Was könnten wir voneinander den anderen mitteilen?‹ Schreiben Sie nach Ihrem Gespräch einiges von dem, was Sie den anderen mitteilen möchten, zu Ihrem Paßfoto auf dem Plakat.«

b) Rahmenbedingungen

(1) Teilnehmerzahl
   Damit die »Bildergalerie« noch überschaubar bleibt, sollten es nicht mehr als 35 Personen sein.
(2) Zeit
   Die Zweiergruppe und das anschließende Aufschreiben dauern ca. 20 Minuten. Ein zeitlicher Puffer wird für das Fotografieren der eintreffenden Teilnehmer/innen und für das Aufkleben und Aufhängen der Bilder benötigt. Die

Methode eignet sich daher nur für ein (Wochenend-Seminar, das mit einer gemeinsamen Mahlzeit beginnt, vor der die Teilnehmer nacheinander eintreffen.

(3) Raum
Platz, um Zweiergruppen bilden und die Plakate beschriften zu können.

(4) Material
Polaroid-Kamera mit genügend Filmmaterial. DIN-A3-Plakate, Klebstoff oder Tesa-Krepp zum Befestigen der Plakate, Filzstifte.

3. Hinweise für die Leiterin/den Leiter

Die verhältnismäßig aufwendige Methode sollte nur dann eingesetzt werden, wenn eine spätere Weiterarbeit mit den Bildern sachlich möglich ist.

4. Weiterarbeit

Im Anschluß an die Zweiergruppen kann dazu aufgefordert werden, die Fotos mit den ergänzten Mitteilungen gemeinsam zu betrachten (»Besuch einer Ausstellung«), darauf zu reagieren (»Was fällt mir auf?«), nachzufragen (»Was möchte ich noch wissen?«) oder die Verknüpfung mit der inhaltlichen Arbeit herzustellen (»Was bedeutet dies für unsere weitere Arbeit?«). Einzelne, inhaltlich bedeutsame Mitteilungen können für die Formulierung späterer Themen (z.B. für ein Rundgespräch oder eine Gruppenarbeit) aufgegriffen werden. Wenn zwei oder drei Wochenendseminare mit größerem zeitlichem Abstand folgen, können bei dem zweiten Seminar die Bilder wieder aufgehängt werden und zu Beginn Kleingruppen sich über die Frage austauschen: »Wir sind seit dem letzten Mal älter geworden – Was hat uns vom letzten Kurs noch beschäftigt, was hat sich neu ereignet?«

3.3.2 »Etwas lernen und erfahren« Methoden zur Erschließung von Inhalten

Der »Inhalt« steht im Mittelpunkt vieler Veranstaltungen der Erwachsenenbildung – mit Recht: Die Teilnehmenden kommen zu einem Gesprächs- oder Arbeitskreis, Kurs oder Seminar um einer »Sache« willen, die sie interessiert oder die geeignet ist, zumindest einen Teil der individuellen Interessen anzusprechen. Die Aufgabe der Leitung im Blick auf Methodenauswahl und -einsatz besteht darin, die wechselseitige Erschließung von Inhalt und Person anzuregen und zu fördern (vgl. oben 2.4). Wie diese Aufgabe angepackt werden kann und welche Überlegungen dabei eine Rolle spielen, soll zunächst wiederum ein Fallbeispiel zeigen.

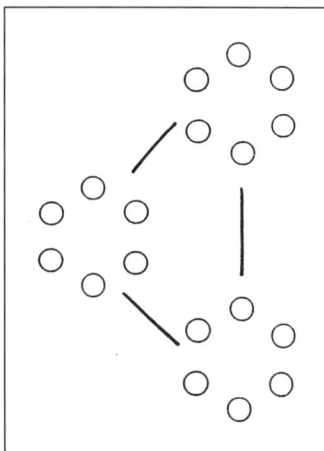

Kleingruppenarbeit

Ein Fallbeispiel mit Beschreibung der Methode

Kehren wir nochmals zu dem Veranstaltungsbeispiel »Vom Baby zum Schulkind« zurück, dessen erste Einheit vorhin beschrieben worden ist. Der Einstieg mit der Methode »Partnerinterview und Partnervorstellung« hat Kennenlernen und Zugang zum Inhalt miteinander verknüpft. Er hat eine äußere und innere Bewegung angestoßen, und die Kursleiterin überlegt, wie sie diese für die folgende Arbeit am Inhalt fruchtbar machen könnte; konkret: Wie auf möglichst lebendige Weise eine Übersicht über den im Kurstitel angesprochenen Entwicklungsgang entstehen könnte. Sie erwägt

– Methoden mit darbietendem Charakter (z.B. Vortrag/Referat) und
– inhaltlich akzentuierte Methoden (z.B. Einzelarbeit oder Arbeit an Texten), verwirft aber diese Möglichkeiten, weil sie die begonnene Bewegung erhalten wissen möchte; deshalb kommen nach ihrer Einschätzung am ehesten
– kommunikativ akzentuierte Methoden wie z.B. Kleingruppenarbeit in Betracht;
– gestalterisch bzw. meditativ akzentuierte Methoden (beispielsweise »Ein Thema bildlich gestalten« oder »Phantasiereise«) wären für den hier anstehenden Inhalt zwar geeignet, setzen aber ein gewisses Mindestmaß an Kommunikation und Kontakt in der Gruppe voraus, und deshalb möchte die Kursleiterin sie in der Anfangsphase noch nicht verwenden.

Sie verwendet, wie schon angedeutet, Kleingruppenarbeit. Diese Methode hat als

1. Lernziele

Die Teilnehmer/innen sollen
- sich an der Erarbeitung eines Inhalts aktiv beteiligen;
- eigene Fragen oder Erfahrungen einbringen können;
- bereits vorhandene Sachkompetenz wahrnehmen;
- Fähigkeit zur selbständigen Informationserarbeitung und Problemlösung entwickeln.

2. Durchführung

a)   Ablauf

In der Veranstaltung erläutert die Kursleiterin das Vorgehen folgendermaßen:
»Im nächsten Schritt soll es darum gehen, das Thema dieses Kurses noch etwas genauer anzusehen: ›Vom Baby zum Schulkind‹ – Was sind nach unserer Erfahrung oder nach unserer Einschätzung die wichtigsten Stationen auf diesem Weg? Ich bitte Sie, daß für diesen Austausch immer zwei Paare, die sich eben vorgestellt haben, zusammenrücken.«
So wird zweierlei geleistet: Das Kennenlernen wird indirekt – aber nun auf der Basis einer schon vorhandenen Bekanntschaft mit einer Person – fortgesetzt, indem jede(r) mit zwei weiteren Kursbesuchern zusammenkommt; und die Arbeit am Inhalt wendet sich von der Oberfläche des ersten persönlichen Interesses (»Was reizt mich …«) hin zu einer intensiveren Beschäftigung (Stationen auf dem Weg des Kindes).
Grundsätzlich können Kleingruppen gebildet werden durch
- Zufall,
- Wahl,
- unmittelbare Nachbarn (in der Stuhlreihe, im Stuhlkreis oder am Tisch).

Zufallsgruppen empfehlen sich
(1)   bei einer Gruppenarbeit von mittlerer Dauer (ca. 15 bis 30 Min.)
(2)   bei variabler Bestuhlung
      (leicht bewegliche Stühle);
(3)   bei genügend Platz und Bewegungsraum
      (um aufstehen und aufeinander zugehen zu können, z.B.: Stuhlkreis mit freiem Raum in der Mitte als »Marktplatz«, oder Tischviereck mit genügend freiem Raum außen herum);

(4) bei einer noch überschaubaren Gruppengröße
(ca. 30 bis 40 Personen);

(5) im Blick auf Gruppenentwicklung
bei neuen Gruppen in der Anfangsphase (zur Förderung von Kontakt und Kennenlernen), bei schon länger bestehenden Gruppen, um fest gefügte Grenzen zwischen Untergruppen oder Isolationen zu überwinden.

Zufallsgruppen haben den Vorteil, daß sich die Teilnehmenden zunächst nicht selbst für ein Gruppenthema oder für/gegen bestimmte Mitglieder der Gesamtgruppe entscheiden müssen. Verwendet man im Verlauf der Einstiegsphase in einer Veranstaltung mehrere solcher Zufallsgruppenbildungen, so erreicht man auf spielerische Weise einen hohen Bekanntheitsgrad und kann dann zur Bildung von Wahlgruppen übergehen (zu den Hilfsmitteln vgl. »Gruppenbildung«).

Wahlgruppen empfehlen sich

(1) unter denselben Bedingungen (1) – (4) wie »Zufallsgruppen« (s.o.);

(2) im Blick auf Gruppenentwicklung bei Gruppen, die schon eine Zeitlang zusammengearbeitet haben, wo also die Teilnehmenden bereits so bekannt miteinander (auch so sicher) sind, um aufeinander zugehen zu können.

Wahlgruppen bilden sich am leichtesten, wenn im Plenum entsprechende Orte (z.B. die vier Ecken des Raumes, evtl. mit Angabe der maximalen Gruppengröße) als Treffpunkt der jeweiligen Gruppe angeboten werden. Bei Gruppen zu verschiedenen Themen liegen diese, am besten auf ein Plakat geschrieben, als »Sammelpunkt« am Boden. Teilnehmer/innen und Leitung bekommen so schnell einen Überblick über Größe und Zusammensetzung der Untergruppen. Die Verteilung der Gruppenräume ist dann der nächste Schritt. – Um die Wahlmöglichkeiten bis zum Schluß des Gruppenbildungsprozesses zu erhalten, ist es wichtig, daß alle Teilnehmenden (auch die Gruppen, die sich schon gefunden haben) im Raum bleiben, bis die Gruppenbildung wirklich abgeschlossen ist.

Nachbarschaftsgruppen empfehlen sich

(1) bei einer kurzen Gruppenarbeit (5 bis 10 Minuten)

(2) bei allgemeiner Zeitknappheit
(z.B. im Rahmen einer Einheit von 45 oder 90 Minuten);

(3) bei fester Bestuhlung
(z.B. Hörsaal);

(4) bei räumlicher Enge
(z.B. voller Seminarraum, fehlende Gruppenräume);

(5) bei großen Gruppen.

Die Nachbarschaftsgruppe ist eine Form der Teilnehmeraktivierung, die sich einsetzen läßt
- mit geringstem organisatorischem Aufwand;
- unter allen Rahmenbedingungen (Zeit, Raum, Gruppengröße über 12 Personen),
- in jeder Phase des Lernvorgangs bzw. des Unterrichts (Hinführung bzw. Einstieg/Erarbeitung – Vertiefung/Ergebnissicherung – Übertragung/Abschluß)

Im geschilderten Fall wird Gruppenbildung durch Wahl (»… immer zwei Paare«) mit dem Nachbarschaftsprinzip («… zusammenrücken«) verbunden.

Daß der inhaltliche Arbeitsauftrag vor der Gruppenbildung angesagt wird, hat seinen guten Sinn: Wenn die Gruppenbildung bzw. die Art und Weise, wie sich die Gruppen zusammenfinden sollen, zuerst angesagt wird, richtet sich die ganze Aufmerksamkeit der Teilnehmer bereits auf diesen Schritt (»Mit wem gehe ich zusammen?« oder »Wer wird auf mich zukommen?«). Das, was inhaltlich zu tun ist, wird dann kaum mehr wahrgenommen. Oder die Leiterin müßte nach der Gruppenfindung das Thema, die Frage usw. erneut ansagen – und das wäre wiederum eine bedauerliche Unterbrechung der angestoßenen Bewegung oder zwanglos begonnenen Gespräche. Sie hält also in ihrer Ansage die Reihenfolge »erst die Aufgabe, dann die Gruppenbildung« ein. Damit der Arbeitsauftrag nicht in Vergessenheit gerät, schreibt sie die Fragestellung als Erinnerungshilfe an die Tafel.

b)   Rahmenbedingungen

(1) Teilnehmerzahl
     Mit der Leiterin sind bei der hier geschilderten Veranstaltung 16 Personen anwesend. Es werden also vier Vierergruppen gebildet. Die Größe des Plenums bzw. der Gesamtgruppe würde keine Rolle spielen, wenn die Kleingruppen ihre Ergebnisse nicht ins Plenum vermitteln müßten; wenn dies geschehen sollte, dürften es insgesamt nicht mehr als ca. 35 Personen sein.

(2) Zeit
     Da die Kleingruppen nur vier Personen umfassen und eine begrenzte Aufgabe zu bewältigen haben, gibt die Kursleiterin als Arbeitszeit 20 Minuten vor. Das liegt im Rahmen der für Kleingruppenarbeit üblichen Zeitdauer von 10 bis 45 Minuten (bei schr umfangreichen Arbeitsaufgaben möglicherweise auch länger).

(3) Raum
     Angesichts der kurzen Arbeitszeit bleiben die Gruppen im Raum. Die beweg-

liche Bestuhlung (Stuhlkreis) erleichtert es, als Kleingruppe rasch »zusammenzurutschen« oder sich in eine Ecke des Raumes zurückzuziehen. – Nur bei einer längeren Arbeitsphase (etwa ab 30 Minuten) sollten die Gruppen eigene Räume haben. Ansonsten liegt der Vorteil der kurzen Kleingruppenarbeit in einem Raum darin, daß dadurch vor allem während der Anfangsphase der Zusammenhang der Gesamtgruppe erhalten bleibt (»wir alle in einem Raum«). Das allgemeine Gemurmel stört um so weniger, je mehr Personen daran beteiligt sind, weil es als Geräuschteppich die Kleingruppen gewissermaßen einhüllt und störende Gesprächsfetzen kaum noch herausragen.

3. Hinweise für die Leiterin/den Leiter

Die Kursleiterin hatte sich bei ihrer Planung darauf eingestellt, daß die Kleingruppenarbeit möglicherweise Einwände hervorruft (z.B.: »Wir können doch auch im großen Kreis miteinander reden« oder »In der Kleingruppe bekommen wir ja nicht mit, was die anderen sagen«). Sie wollte dann den Hinweis geben, daß die Arbeit in der Kleingruppe einen größeren Gewinn bringt – verbunden mit der freundlichen Aufforderung, es einmal zu probieren. Denn erfahrungsgemäß wollen Teilnehmer/innen gern in der Kleingruppe bleiben, wenn sie sich erst einmal auf diese Methode eingelassen haben. In diesem Fall muß sich die Leitung an den angesagten Zeitrahmen halten und gegebenenfalls unterbrechen. Bei der konkreten Veranstaltung kommt es jedoch zu keinem Widerspruch: Die Zweiergruppen während der Einstiegsphase hatten für die nachfolgende Kleingruppenarbeit gewissermaßen den Boden bereitet.

4. Weiterarbeit

An eine Kleingruppenarbeit können sich vielerlei Fortsetzungsmöglichkeiten anschließen. Dabei sind zwei Hauptvarianten denkbar:
Wenn die Ergebnisse der Gruppen aufgenommen werden sollen:

Die Gruppen berichten oder bringen ihre Ergebnisse ins Plenum ein durch:
– Stichwort-Zettel (»Zettelwand«),
– Plakate mit Stichworten,
– mündliche Berichte (Achtung: kann langweilen),
– Ergebnisse von Zuspitzungs- bzw. Verdichtungsaufgaben (z.B.: »Fassen Sie Ihre Überlegungen in drei Thesen zusammen« oder »Formulieren Sie drei folgende Regeln für ...«)
– kreative Gestaltungsformen (Bilder/Collagen).

Wenn die Ergebnisse im wesentlichen bei der Gruppe selbst bleiben sollen:
Das Plenum
— setzt mit einer neuen, weiterführenden Frage an;
— gibt nur Gelegenheit, das Allerwichtigste einzubringen, an dem dann gemeinsam weitergearbeitet werden kann; in diesem Fall empfiehlt sich als Fragestellung: »War Ihnen in Ihren Gruppen etwas so wichtig oder interessant, daß Sie es jetzt noch gern den anderen sagen möchten?«

Diese Erwägungen zur Weiterarbeit führen bereits über den Rahmen unseres Fallbeispieles hinaus.

Im folgenden sollen nun weitere Methoden dargestellt werden, die sich zur Erschließung von Inhalten eignen.

3.3.2.1 Methoden mit darbietendem Charakter

Vortrag/Referat und Kurzvortrag/Kurzreferat

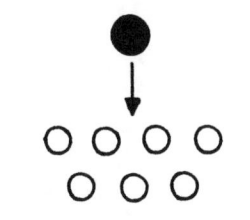

1. Lernziele

Beim Vortrag/Referat:
Informationen aufnehmen; Kenntnisse erwerben; einen Inhalt im Zusammenhang wahrnehmen; die innere Komplexität eines Inhaltes erkennen.

Beim Kurzvortrag/Kurzreferat:
Anregungen zum eigenen Nachdenken und zur persönlichen Weiterarbeit gewinnen; Anregungen zum Gespräch gewinnen; Ergebnisse eigenen Nachdenkens in ihrer sachlichen Bedeutung erkennen oder korrigieren.

2. Durchführung

a) Ablauf

In seiner häufig eingesetzten, allgemeinen Form (eine[r] spricht, die anderen hören zu) unterliegt das Referat in seiner Leistungsfähigkeit gewissen Einschränkungen: Das Ziel, Kenntnis zu vermitteln, wird durch ausschließlich verbale Mitteilung (»Einbahn-Kommunikation« mit passiver Zuhörerrolle) eingeschränkt, zumal wenn der Informationsstand zwischen Referent/in und Hörenden sehr unterschiedlich ist.

Die referierende Person kann versuchen, dies auszugleichen, indem sie

(1) an die Situation und die Fragen der Hörer/innen anknüpft (im Blick auf die spezifischen Gegebenheiten der jeweiligen Zielgruppe oder in direkter Verbindung zu Situationen in der Teilnehmergruppe);

(2) das Referat klar und übersichtlich strukturiert (z.B. Absätze deutlich werden läßt, Unterpunkte numeriert usw.) und die Gliederung vorlegt (»visualisieren«);

(3) auffordernde Fragestellungen und Diskussionsimpulse vermittelt;

(4) die Lernschritte verkleinert (z.B. durch Begrenzung des Stoffumfanges und Zuspitzung auf wesentliche Fragen bzw. Aussagen);

(5) Begleitmaterial verwendet (Medieneinsatz) und Beispiele anführt;

(6) auf sprachliche Verständlichkeit achtet (Vermeidung von Fremdworten, Erklärung von Fachbegriffen, anschauliche Darstellung).

Das Kurzreferat kann eingesetzt werden:

– als Eröffnung oder Einstieg
(die Teilnehmenden arbeiten dann gemeinsam oder in Kleingruppen weiter);

– als »Zwischenbilanz«
(um vorausgegangene Arbeitseinheiten und -ergebnisse zu bündeln und nachfolgende Arbeitsschritte vorzubereiten);

– als Zusammenfassung am Ende eines Gesprächs oder einer Arbeitseinheit
(Zusammenfassung von Arbeitsergebnissen oder Verknüpfung solcher Ergebnisse mit fachspezifischen Aussagen oder Beantwortung zwischenzeitlich aufgetauchter Fragen).

b) Rahmenbedingungen

(1) Teilnehmerzahl
Der Vortrag bzw. das Referat sind in beliebig großen Gruppen einsetzbar; mit steigender Gruppengröße sinkt allerdings die Möglichkeit des eingeschalteten oder nachfolgenden Gesprächs. Umgekehrt ist in einer eher kleinen Teilnehmergruppe (z.B. 16 Personen) allenfalls ein Kurzvortrag/Kurzreferat sinnvoll, weil hier der Übergang zum Gespräch naheliegt.

(2) Zeit
Langes Zuhören kann ermüden, selbst wenn ein Vortrag/Referat alle unter b) genannten Anforderungen erfüllt. Deshalb gilt als Faustregel: besser kurz und eine Vertiefung im Gespräch als (zu) lang. Für einen Vortrag/ein Referat sind 40 bis 45 Minuten anzusetzen, für einen Kurzvortrag/ein Kurzreferat ca. 10 Minuten.

(3) / (4) Raum/Material

Veranschaulichende Hilfsmittel (Diaprojektor, Tageslichtschreiber, Tafel, Papierwand) sind rechtzeitig bereitzustellen; bzw. es ist für Räume zu sorgen, in denen diese Hilfsmittel vorhanden sind.

Für einen Kurzvortrag/ein Kurzreferat empfiehlt sich eine gesprächsfördernde Sitzordnung (Tischviereck, Stuhlkreis), sofern die Größe der Teilnehmergruppe dies zuläßt.

3. Hinweise für die Leiterin/den Leiter

Gerade in der Arbeit mit regelmäßig sich treffenden Erwachsenengruppen wird der Leiter selten in die Lage kommen, einen Vortrag/ein Referat halten zu müssen; am ehesten kommt hier noch der Kurzvortrag bzw. das Kurzreferat in Frage.

Viel wichtiger ist hingegen die Vorbereitungsarbeit mit eingeladenen Referenten. Sie sollen sich keinesfalls auf die Themen- und Terminabsprache beschränken! Statt dessen ist ein ausführliches, möglichst persönlich geführtes Vorgespräch zu empfehlen, in dessen Verlauf Hintergründe (z.B. Informationsbedürfnisse, Situation der Zielgruppe) vermittelt und Vorstellungen abgefragt werden können. Hier ist auch der Platz, um methodische Vorschläge einzubringen bzw. den Referenten/die Referentin zu bitten, sich auf eine bestimmte methodische Vorstellung einzustellen.

Erfahrungsgemäß sind Referenten/Referentinnen durchaus geneigt, sich auch auf Vorgehensweisen einzulassen, die für sie neu sind. Wenn sich jemand gegen methodenorientierte Überlegungen völlig sperrt, ist zu überlegen, ob er oder sie das richtige Gegenüber ist.

4. Weiterarbeit

Vortrag bzw. Referat werden meist durch eine Diskussion weitergeführt.

Wenn nach einer Phase der Informationsvermittlung (Referat) ein verarbeitendes Gespräch in Gang kommen soll, bedarf es einer Hilfe für den Übergang. Die Anschlußfragen leisten dies.

Sie können sich beziehen

● auf die eigenen Erfahrungen der Teilnehmer, z.B.: Wie verhält sich das Gesagte zu Ihren eigenen Erfahrungen? Wo haben Sie Ergänzungen?
● auf die Klärung des Gehörten, z.B.: Was war mir neu? Was hat mir eingeleuchtet? Was verstehe ich nicht? Was möchte ich noch genauer wissen? Was soll deshalb das nächste Mal behandelt werden?

117

- auf Ergebnisse, Zusammenschau, Beschlüsse, Weiterarbeit, z.B.: Wie kann ich das in meinen Alltag/meine Praxis übertragen? Was bedeutet das für … (unsere Arbeit, die nächste Zeit)? Welche nächsten Schritte sind möglich? Welche Stichworte sollen in den Antrag aufgenommen werden?
- und selbstverständlich noch präziser formuliert auf Einzelaspekte, Behauptungen, Thesen des Referates selbst.

Solche Anschlußfragen können als **Arbeitsaufträge** gegeben werden an
- das Plenum der Teilnehmer: Sie strukturieren so das nachfolgende Gespräch und können dem Gesprächsleiter als roter Faden dienen.
- Kleingruppen (2er- bis 8er-Gruppen), die im Raum bleiben mit anschließendem Übergang ins Plenum oder Abschluß dort.
- an die einzelnen Teilnehmer (Einzelarbeit) als Ergebnissicherung für ihn oder/und Vorbereitung auf ein Gespräch im Plenum.

Eine weitere Form des Anschlusses an ein Referat sind Arbeitsaufträge für einzelne oder Kleingruppen, die – ausgehend von den gegebenen Informationen – ergebnissichernde oder weiterführende Funktionen haben, z.B.
»Bitte halten Sie in 3 Regeln die wichtigsten Ergebnisse fest.«
»Bitte entwerfen Sie gemeinsam eine Thesenreihe (Erklärung, Fallbeschreibung), in der die neuen Erkenntnisse berücksichtigt werden.«

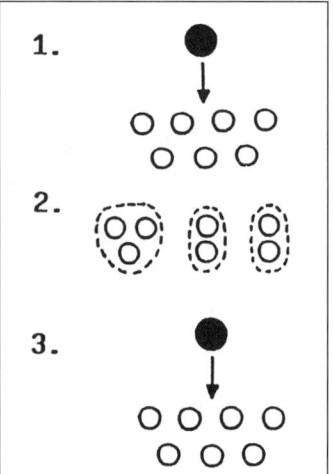

Impulsreferat

1. Lernziele

Begrenzte und übersichtlich strukturierte Informationen aufnehmen;
Anregungen zum eigenen Nachdenken und zum Gespräch gewinnen;
Aktivität entwickeln zur Erarbeitung eines Inhaltes;
eigene Fragen und bereits vorhandene Kenntnisse einbringen können.

2. Durchführung

a) Ablauf

Ein Inhalt bzw. Gesamtthema wird – entsprechend der Sachstruktur – in 3 bis 4 Teilbereiche gegliedert. Jeder Teilbereich entspricht einem Referatsabschnitt.

(1) Zu Beginn der Veranstaltung werden die Gliederung des Gesamtthemas und die Methode erläutert.

118

(2) Anschließend trägt der Referent/die Referentin den ersten Abschnitt des Referats vor (5 bis max. 10 Minuten).

(3) Es wird unterbrochen. Die Teilnehmenden werden gebeten, sich auszutauschen, und zwar gemeinsam (Diskussion/Rundgespräch) oder in Kleingruppen. Dieses Gespräch sollte durch eine gezielte Fragestellung erleichtert werden, z.B. »Wie verhält sich das, was wir eben hörten, zu unserer bisherigen Arbeit (zu unseren eigenen Erfahrungen)?« Oder: »Welche Konsequenzen ergeben sich aus dem, was wir bisher hörten für …?«

(4) Der Referent/die Referentin setzt nach ca. 10 Min. das Referat fort, ohne auf die Gruppen Bezug zu nehmen. Oder: Der Referent/die Referentin geht sofort auf Fragen ein, die nun auftauchen, und setzt dann das Referat fort. Eine helfende Fragestellung kann sein: »Hat sich etwas ergeben, was Sie sofort klären möchten?« Die beiden Möglichkeiten können je nach Lage eingesetzt werden (auch abwechselnd).

b)   Rahmenbedingungen

(1) Teilnehmerzahl
Bis ca. 50.

(2) Zeit
Referatsteile je 5 bis 10 Minuten, Gesprächsteile 10 bis 15 Minuten.

(3) Raum
Beliebig (sogar bei Stuhlreihen möglich).

(4) Material
Es empfiehlt sich, die zum Gespräch überleitenden Fragestellungen sichtbar zu machen (z.B. durch vorbereitete Tafelanschrift oder vorbereitete Plakate, die zum gegebenen Zeitpunkt aufgehängt werden).

3.   Hinweise für die Leiterin/den Leiter

Bei zwischengeschalteter Kleingruppenarbeit ist häufig nicht überprüfbar, ob die Gespräche sich im Rahmen der gegebenen Impulse entwickeln. Dabei ist eine Weiterentwicklung des Gesprächs in unbeabsichtigte Richtungen weniger schlimm als das Versacken einer Kleingruppe in Lustlosigkeit oder Schweigen (weil z.B. die einzelnen Teilnehmer völlig verschiedene Erfahrungshintergründe haben oder sich ganz einfach nicht leiden können). Eine an das Ende der Kleingruppenarbeit gestellte gemeinsame Fragestellung (»Hat sich etwas ergeben, was Sie sofort klären möchten?«) kann hier zwar entlastend wirken, aber möglicherweise den Zeitplan des Impulsreferates gefährden.

Im übrigen ist ohne aktivierende Arbeitsformen (wie etwa die eingefügte Gruppenarbeit) erst recht nicht zu überprüfen, was an innerer Beteiligung und tatsächlicher Verarbeitung geschieht ...

4. Weiterarbeit

Das Impulsreferat schließt bereits Methodenwechsel ein. Es kann eine ganze Arbeitseinheit ausfüllen.

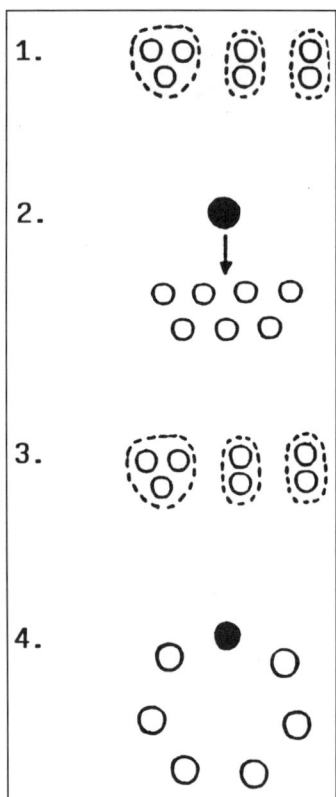

Sandwich-Methode

1. Lernziele

Eigene Vorkenntnisse, Erfahrungen und Fragen zu einem Inhalt wahrnehmen und artikulieren; Informationen aufnehmen und mit den eigenen Vorkenntnissen usw. verknüpfen; Informationen überprüfen und in die eigene inhaltliche Arbeit integrieren.

2. Durchführung

a) Ablauf

Die Sandwich-Methode umfaßt
– eine einleitende Gesprächsrunde,
– ein Kurzreferat,
– eine zweite Gesprächsrunde.
Laufen die einleitende und die zweite Gesprächsrunde im Rahmen von Arbeitsgruppen ab, folgt als vierter Schritt ein abschließendes Plenum.

Das Vorgehen im einzelnen (für den Fall, daß Arbeitsgruppen gebildet werden):
(1) Zu Beginn der Veranstaltung werden das Gesamtthema und die Methode erläutert.
(2) Anschließend werden Arbeitsgruppen gebildet. Sie beschäftigen sich entweder arbeitsgleich mit derselben Frage oder arbeitsteilig mit verschiedenen Fragen.
(3) Die Gruppen arbeiten zu ihrer Frage und halten die Ergebnisse fest (s. hierzu unter »Methoden zur Ergebnissicherung und -vermittlung«).
(4) Nun folgt ein Kurzreferat, in dem das Gesamtthema unter fachlichen oder systematischen Gesichtspunkten behandelt wird.

(5) Die Arbeitsgruppen treten erneut zusammen; sie vergleichen ihre eigenen Überlegungen mit den Aussagen des Kurzreferates und entwickeln ihr Arbeitsergebnis weiter (Überprüfung, Änderung, Abrundung, Vertiefung).

(6) Im Plenum werden diese weiterentwickelten Arbeitsergebnisse ausgetauscht und im Blick auf das Gesamtthema vertieft (Methoden: vgl. »Diskussion«/»Rundgespräch« und »Lehrgespräch«).

b) Rahmenbedingungen

(1) Teilnehmerzahl
Bis ca. 45 Personen; in einer kleinen Teilnehmergruppe (ca. 16 Personen) lassen sich die Phasen (2) und (5) auch gemeinsam durchführen; dann entfällt die Phase (6).

(2) Zeit
Gesprächsphase (3): ca. 30 Min.
Kurzreferat (4): ca. 15 Min.
Gesprächsphase (5): ca. 20 Min.
Plenum (6): ca. 30 Min.

(3) Raum
Bei genügend großer Teilnehmerzahl (also 45 Personen mit fünf bis sechs Arbeitsgruppen) können sämtliche Phasen durchaus in einem Raum stattfinden. Der entstehende Geräuschpegel ermöglicht es den einzelnen Gruppen, sich auf das eigene Gespräch zu konzentrieren. Je kleiner die Gesamtzahl der Teilnehmer ist, desto eher hört man Äußerungen von Nachbargruppen und desto größer ist die Ablenkung; in diesem Fall müßten für die Gruppen verschiedene Räume vorgesehen werden.
Der mehrfache Raumwechsel ist allerdings recht »unorganisch« und bedeutet jeweils eine massive, evtl. sogar unangenehme Unterbrechung des Gesprächs.

(4) Material
Die Fragestellungen für die Gruppen sollten entweder sichtbar gemacht oder ihnen zusätzlich zur Ansage schriftlich gegeben werden.

3. Hinweise für die Leiterin/den Leiter

Der Abbruch von Gesprächsphasen ist im Interesse der gemeinsamen Arbeitsfähigkeit und im Blick auf insgesamt begrenzte Zeit nötig – aber auch unangenehm. Die Leiterin/der Leiter kann dies am eigenen Leibe spüren, etwa wenn es schwerfällt, die entsprechende Ansage zu machen. In dieser Situation kann es helfen, den

unangenehmen Aspekt der Unterbrechung anzusprechen und zugleich darauf hinzuweisen, daß der nächste Schritt nun nötig ist, um insgesamt weiterzukommen.

4. Weiterarbeit

Die Sandwich-Methode schließt bereits Methodenwechsel ein. Sie kann eine ganze Arbeitseinheit ausfüllen.

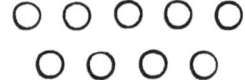

Podiumsdiskussion

1. Lernziele

Unterschiedliche Aspekte eines Inhaltes aufnehmen; die Möglichkeit unterschiedlicher Betrachtungsweisen eines Inhaltes (je nach fachlichem Zugang oder
nach Einstellung/Gesinnung) erkennen; die Lösung inhaltlicher Probleme als Prozeß erkennen; Anregungen zur Orientierung und eigenen Urteilsbildung gewinnen.

2. Durchführung

a) Ablauf

Mehrere Sachkenner/innen oder Vertreter/innen unterschiedlicher Einstellun-
gen/Gesinnungen diskutieren ein gemeinsames Thema.
Die Teilnehmenden hören zunächst eine Zeitlang zu. Dann können sie sich in die
Diskussion einschalten. Der Ablauf im einzelnen:

(1) Eröffnung: Die Leitung
   – erläutert das Thema (evtl. mit Hinweisen auf die Gründe der Themen-
     wahl),
   – stellt die Teilnehmer/innen der Podiumsdiskussion kurz vor (evtl. mit
     Hinweisen auf deren Bezüge zum Thema),
   – stellt kurz den geplanten Ablauf dar (insbesondere den Zeitablauf).
(2) Gespräch zwischen den Personen auf dem Podium.
   Hier sollte die Gesprächsleitung auf einen möglichst lebendigen und zugleich
   inhaltsbezogenen Verlauf achten. Das heißt, daß sie Akzente setzen muß,
   – wenn sich die Aussagen der Podiumsteilnehmer/innen nur im Austausch
     von Höflichkeiten erschöpfen (Akzentuierungen von unterschiedlichen
     Aspekten des Themas oder verschiedenen Einstellungen zur Sache);

- wenn die Podiumsteilnehmer/innen die unterschiedlichen Sachaspekte
  oder Einstellungen »demagogisch« überspitzen (Akzentuierung der gemeinsamen Gesprächsebene als Möglichkeit zur Klärung und Entwicklung einer Problemlösung).

(3) Einbeziehung der Teilnehmenden:

Sie sollten sich möglichst frühzeitig am Gespräch beteiligen können. Das
heißt, daß die Diskussion der Podiumsteilnehmer/innen zu einem Zeitpunkt
abgebrochen werden sollte, an dem die unterschiedlichen Sachaspekte oder
Einstellungen entfaltet sind und an dem ein gewisser »Einladungs-Charak-
ter« entstanden ist, in das Gespräch einzusteigen. Signal hierzu können spon-
tane Publikumsreaktionen sein (z.B. Murmeln, Zustimmung/Ablehnung,
viele Seitengespräche, Heiterkeit/Ärger usw.).

Längere Dialoge zwischen einer Person des Publikums und einer Person des
Podiums (»Gespräch zwischen Experten«) sollten vermieden werden. Es
empfiehlt sich, daß die Gesprächsteilung mehrere Äußerungen aus der Zuhö-
rerschaft sammelt – möglichst nach Inhaltsgruppen gebündelt – und diese
dann an das Podium weitergibt; noch günstiger ist es, wenn sich das am
Podium einleitend geführte Gespräch ins Publikum fortsetzt, d.h. also auch
dort unterschiedliche Sachaspekte, Einstellungen usw. ausgetauscht werden.

(4) Abschluß:

Ein organischer Abschluß ist dann möglich, wenn die verschiedenen inhaltlichen Aspekte und Einstellungen deutlich geworden sind und vielleicht sogar eine gewisse »Abrundung« (Herausarbeitung möglicher Problemlösun-
gen, Zukunftsaussichten usw.) erreicht ist. Das ist aber gerade bei sehr
kontroversen Themen häufig nicht der Fall. Hier empfiehlt sich der Hinweis
auf die äußere Realität, insbesondere der Hinweis auf die abgelaufene Zeit
oder auf die Unmöglichkeit, innerhalb eines noch überschaubaren Zeitrau-
mes zu einer Lösung zu kommen (was ja vielfach der diskutierten inhaltlichen Problemlage entspricht).

b) Rahmenbedingungen

(1) Teilnehmerzahl

Für das Podium max. 5 Personen plus Gesprächsleiter/in, damit wirklich eine
Diskussion möglich ist und der Gesprächsverlauf für die Zuhörer überschaubar bleibt, für die Veranstaltung insgesamt bis ca. 40, wenn die Zuhörer/innen
tatsächlich ihrerseits in ein Gespräch eintreten sollen. Wenn sich dieses Gespräch nur auf den Austausch von kurzen Meinungs- oder Sachäußerungen

(»Statements«) beschränken soll oder muß (etwa angesichts der Gegebenheiten einer Großveranstaltung), ist die gesamte Teilnehmerzahl nach oben unbegrenzt.

(2) Zeit

Für das einleitende Gespräch am Podium 20 bis 30 Minuten, anschließend Einbeziehung des Publikums; bei einem Wechsel »Gespräch im Publikum«/»Gespräch am Podium« empfiehlt sich eine Beschränkung der Podiumseinheiten auf 5 bis max. 10 Minuten. Gesamtdauer der Veranstaltung: eineinhalb bis max. zwei Stunden.

(3) / (4) Raum/Material

Wenn ein Gespräch innerhalb des Publikums sowie zwischen Publikum und Podium angestrebt wird, sollte der Raum eher klein sein und in der Sitzordnung gegenseitigen Austausch fördern (z.B.: Aufstellung eines Tischvierecks oder der Stuhlreihen in einem Viereck, bei dem eine Seite für das Podium offengelassen wird). Wird ein Saal (meist mit Stuhlreihen) gewählt und sind mehr als 50 Teilnehmer/innen zu erwarten, sollten am Podium Tischmikrophone und im Saal Standmikrophone aufgebaut werden (Achtung: Sprechproben vor der Veranstaltung). Auch wenn Mikrophone und Lautsprecher die Spontaneität eines unmittelbaren Gespräches beeinträchtigen, kann bei einer Großveranstaltung auf diese technischen Mittel nicht verzichtet werden.

3. Hinweise für die Leiterin/den Leiter

Die Methode eignet sich vor allem für Inhalte, die in sich widersprüchlich oder schwierig sind und bei denen Auseinandersetzung, Differenzierung und Klärung aus der Sachstruktur heraus und möglicherweise auch im Blick auf die öffentliche Verantwortung der Bürger/innen notwendig sind. Das macht sie vor allem für aktuelle, kontroverse Themen geeignet. In der Themenformulierung sollte das Kontroverse, Offene, Klärungsbedürftige betont werden (z.B. »Polizei – Prügelknabe der Nation?«).

Um die innere Differenzierung eines Inhaltes erfassen und die Podiumsteilnehmer/innen dementsprechend auswählen zu können, muß sich die veranstaltende Institution und die Gesprächsleitung selber mit der Sache gründlich befassen. Bei der Zusammensetzung des Podiums ist auf eine gewisse »Gleichgewichtigkeit« zu achten (im Blick auf öffentliche Geltung/Rang, Sachkunde, Ausdrucksfähigkeit, persönliche Ausstrahlung), weil sonst bei starken Unterschieden zwischen den Personen die einzelnen Aspekte des Inhaltes von vornherein unterschiedlich gewichtet werden würden.

Vor Beginn der Veranstaltung ist eine Vorbesprechung mit allen Personen des Podiums nötig (Klärung des Zeitplanes, der Vorgehensweise, der Methode). Hierbei ist darauf zu achten, daß sich die Podiumsteilnehmer/innen auf eine möglichst freie Entwicklung ihrer Beiträge einlassen (also keine Manuskripte vorlesen). Beim Verlauf ist wichtig, daß einzelne Podiumsmitglieder nicht ins Monologisieren geraten und daß sie ihre Beiträge aufeinander beziehen. Die hier nötigen Eingriffe verlangen von der Gesprächsleitung gelegentlich Standfestigkeit und Konsequenz. Wenn dies schwerfällt, hilft vielleicht der Gedanke: Die Veranstaltung wird nicht »für das Podium«, sondern für die Teilnehmenden gemacht. Die Podiumsmitglieder haben gegenüber dem Veranstaltungsteilnehmer eine Dienstleistungsfunktion, für die sie im übrigen meist honoriert werden. Der Veranstalter – und in seiner Vertretung die Gesprächsleitung – hat also gewisse Ansprüche und kann sie auch geltend machen.

4. Weiterarbeit

Bei genügend Interesse und Bereitschaft aller Beteiligten kann ein begonnenes Gespräch nach dem offiziellen Ende im kleinen Kreis fortgesetzt werden. Bei stark kontroversen Themen ist möglicherweise mit einer Fortsetzung der Diskussion in der Öffentlichkeit (Presse, Gemeinde- oder Stadtrat, Kirchenvorstand, Behörden usw.) zu rechnen, vielleicht sogar mit Protesten, Beschwerden usw. In solchen Fällen sollte überlegt werden, ob nicht eine zweite Veranstaltung nachgeschoben wird, die sich mit diesen Reaktionen beschäftigt oder ihnen Raum gibt. Gegebenenfalls sind auch andersartige Folgeveranstaltungen denkbar (Arbeitstage, Wochenendseminare usw.).

Sachverständigenbefragung

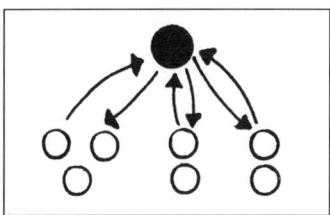

1. Lernziele

Informationen über Fakten, Auffassungen, Einstellungen aufnehmen; Anregungen zur Orientierung und eigenen Urteilsbildung gewinnen.

2. Durchführung

a) Ablauf

Bei der Sachverständigenbefragung handelt es sich um eine Veranstaltung (oder um eine einzelne Arbeitseinheit z.B. im Rahmen eines Wochenendseminars)

– mit einer oder mehreren Fachpersonen
– zu einem Themenbereich
– in Frage-Antwort-Form.

Der Gesprächsleiter/die Gesprächsleiterin erläutert zu Beginn kurz das Thema und das Verfahren.

Dann werden von den Teilnehmenden Fragen vorbereitet

– in Kleingruppenarbeit (vier oder fünf Sitznachbarn werden gebeten, Fragen zusammenzustellen; diese Gruppenarbeit sollte im gemeinsamen Raum geschehen, um ein »Auseinanderlaufen« zu verhindern und von vornherein eine verbindende Arbeitsatmosphäre entstehen zu lassen) oder
– im Plenum (durch Zurufen der Fragen, deutlich sichtbares Notieren und Gruppieren nach Themenschwerpunkten).

Es folgen die Antworten des oder der Experten in kurzer, präziser Form. Den Teilnehmenden wird je nach Bedarf die Möglichkeit zur Rückfrage gegeben (»Zusatzinformationen«).

Zum Schluß können Gesprächsleitung oder Experte nochmals die wichtigsten Aspekte des Frage-Antwort-Spiels zusammenfassen.

b) Rahmenbedingungen

(1) Teilnehmerzahl
    Bis ca. 40 Personen.
(2) Zeit
    Für die Sammlung der Fragen ca. eine halbe Stunde; für die Antworten (und Rückfragen) ca. eine bis eineinhalb Stunden.
(3) Raum
    Der Raum sollte für die Frage-Antwort-Form geeignet sein (z.B. Stühle oder Stuhlreihen im Viereck oder Halbkreis).
(4) Material
    Tafel oder große Papierbögen sowie Kreide bzw. dick schreibende Filzstifte zum Notieren der Fragen. (Achtung bei Benutzung eines sog. »Tageslichtschreibers« bzw. »Overhead-Projektors«: Die Schreibfläche ist begrenzt und kann bei Nennung vieler Fragen schnell voll sein; außerdem muß evtl. beim Ordnen der Fragen die zuvor beschriebene Folie abgenommen werden, und die Fragen sind nicht mehr sichtbar; hier empfiehlt sich ggf. der Einsatz eines zweiten Gerätes oder aber von vornherein die Benutzung einer Tafel oder Papierbahn.)

3. Hinweise für die Leiterin/den Leiter

Die Sachverständigenbefragung eignet sich für Leute, die sich intensiv mit einem Thema oder Problem beschäftigen wollen. Sie ist besonders ertragreich, wenn Teilnehmer/innen gezielt fragen können und wenn es bereits eine gemeinsame Sach- oder Problemorientierung gibt (z.B. »Steuerrecht«, »Erziehungsfragen«, »Arbeitszeitverkürzung«, »Rentenversicherung« usw.).

Bei der Sammlung von Fragen in Kleingruppenarbeit empfiehlt sich, die Gruppen um eine Zuspitzung oder Zentrierung ihrer Fragen zu bitten, z.B.: »Bitte halten Sie gemeinsam die Fragen fest, die Ihnen in Ihrer Gruppe besonders wichtig sind« oder »... zu denen Sie sich vordringlich eine Klärung wünschen«. Auf jeden Fall sollte der (leicht entstehende und auch aus Gründen der Konkurrenz zwischen den Kleingruppen verständliche) Eindruck vermieden werden, daß die Gruppenmitglieder möglichst viele Fragen sammeln sollen.

Die in den Kleingruppen gesammelten oder aus dem Plenum zugerufenen Fragen sollen in eine gewisse Ordnung gebracht werden, um dem Experten die Antwort zu erleichtern. Es empfiehlt sich, daß der Gesprächsleiter diesen Ordnungsvorgang bereits während der Nennung der Fragen vornimmt. Das setzt zwar einige Flexibilität, Geistesgegenwart und Entscheidungsfreude voraus; aber das Risiko, hier einmal eine »falsche« Zuordnung vorzunehmen (und dann korrigiert zu werden) ist geringer als eine frustrierende Diskussion mit der Gesamtgruppe nach dem Motto »Was gehört wohin?«

Als Experte(n) sollten nur solche Personen eingeladen werden, die in der Lage sind, aus ihrer Sachkenntnis heraus spontan zu antworten (und die im übrigen das Format haben, an den Stellen zu »passen«, wo sie nicht weiter wissen).

4. Weiterarbeit

Eine Sachverständigenbefragung kann als Veranstaltung für sich stehen. Wird sie in eine andere Veranstaltungsform einbezogen (z.B. Wochenendseminar), empfiehlt sich vor allem eine Rückbindung der Ergebnisse an das Gesamtthema (z.B. Arbeitsgruppen mit der Fragestellung: »Was hat die Sachverständigenbefragung für unser Thema ... erbracht? Was hat sich uns bestätigt – Was sehen wir neu?«).

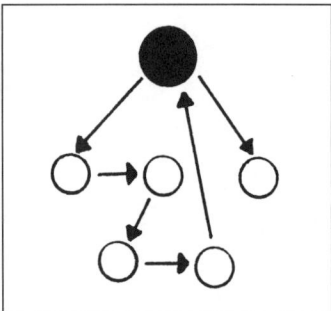

Lehrgespräch

1. Lernziele

Informationen aufnehmen, Kenntnisse erwerben;
Sachkenntnis bzw. Einsichten selber entwickeln;
Inhalte und eigene Erfahrungen verknüpfen bzw. aufeinander beziehen.

2. Durchführung

a) Ablauf

Zu einem Inhalt, der den Teilnehmenden aufgrund ihres Interesses und vor allem ihrer bisherigen Erfahrung naheliegt, steht eine Person zur Verfügung, die sowohl Sachkenntnis hat als auch das Gespräch der Gruppe anregen und leiten kann. Die Teilnehmer/innen sind an der Erarbeitung eines Inhaltes aktiv beteiligt (durch eigene Einfälle, Beiträge aus ihrer Sachkenntnis oder Erfahrung, durch Entwicklung von Einsichten und Erkenntnissen). Dabei kann es nötig sein, daß die Leitung Informationen ergänzt oder von den Teilnehmenden erarbeitete Erkenntnisse verstärkt (durch Unterstreichung oder Zusammenfassung von Teilnehmeräußerungen).

Zu Beginn eines Lehrgespräches empfiehlt es sich, das Thema und die angestrebten Ziele zu benennen und ggf. eine Kurzeinführung zu geben (Problemaufriß, Beispielsituation).

b) Rahmenbedingungen

(1) Teilnehmerzahl
Bis max. 30 Personen, um die Gesprächsfähigkeit der Gesamtgruppe zu gewährleisten.
(2) Zeit
Ca. 60 Minuten oder weniger.
(3) Raum
Raumgestaltung und Sitzordnung, die ein gemeinsames Gespräch ermöglichen (Kreis, Viereck).
(4) Material
Bereitstellung von Hilfsmitteln zur Ergebnissicherung (z.B. Tafel, Papierbahnen).

3. Hinweise für die Leiterin/den Leiter

Zur Gesprächsleitung insgesamt vgl. »Diskussion/Rundgespräch«. – Der Leiter/die Leiterin muß darauf achten, daß er bzw. sie nicht in einen Vortrag verfällt, sondern die Teilnehmer immer wieder einbezieht. Hierzu eignen sich auch zwischengeschaltete aktivierende Methoden.

4. Weiterarbeit

An ein Lehrgespräch kann sich eine Vertiefung einzelner inhaltlicher Aspekte anschließen (Gruppenarbeit, Kurzvortrag/Kurzreferat, Filmvorführung, Aktivitäten zur Umsetzung in die Praxis der Teilnehmer durch Beobachtungsvorhaben, Projekte usw.).

3.3.2.2 Stofforientierte Methoden

Einzelarbeit

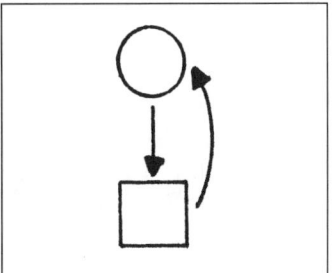

1. Lernziele

Sich als einzelne(r) auf eine Fragestellung, ein Problem, eine Aufgabe konzentrieren; eigene Einfälle wahrnehmen und festhalten; persönliche Zugänge bzw. schon vorhandenes Wissen zu einer Fragestellung usw. entdecken und sichern (als Ausgangsbasis für weitere Arbeitsschritte).

2. Durchführung

a)   Ablauf

Ansage der Einzelarbeit:
»Im nächsten Schritt soll es darum gehen, daß sich jede(r) auf sich selbst besinnt und sich Einfälle kommen läßt zu der Frage … Bitte versuchen Sie, diesen Arbeitsschritt wirklich für sich allein zu gehen (ohne Gespräch mit jemand anderem). So haben Sie genügend Ruhe und Zeit, Ihre eigenen Einfälle festzuhalten. Die Fragestellung (das Thema) lautet: …«

Themenstellung:
Die Themenstellung ist in die Ansage der Einzelarbeit an den Stellen integriert, wo im vorigen Abschnitt Punkte (...) markiert sind.

Festhalten der Ergebnisse:
Die Ansage der Einzelarbeit schließt ab mit einem Hinweis, wie die Ergebnisse der Einzelarbeit festgehalten werden sollen; z.B: »Es kann Ihnen helfen, wenn Sie sich Ihre Einfälle in Stichworten festhalten.«
Oder: »Bitte halten Sie Ihre Einfälle auf dem Arbeitsblatt fest, das ich Ihnen jetzt ausgebe«.
Oder: »»Mein Weg in dieser Gruppe von Beginn des Seminars bis jetzt‹. Vergegenwärtigen Sie sich nochmals genau Ihre einzelnen Stimmungen und Reaktionen. Zeichnen Sie einen Weg und tragen Sie symbolisch Ihre Stimmungen und Reaktionen ein.«

b) Rahmenbedingungen

(1) Teilnehmerzahl
Einzelarbeit kann für beliebig große Gruppen eingesetzt werden, sofern die Ergebnisse bei dem einzelnen bleiben oder allenfalls in kleinen »Nachbarschaftsgruppen« weiterverarbeitet werden (s.u.).
(2) Zeit
Die Zeitvorgabe richtet sich nach Umfang und Intensität der Aufgabe. Sie kann sehr kurz sein (z.B. 3 Minuten).
(3) Raum
Die Raumgestaltung ist beliebig.
(4) Material
Je nach Inhalt der Aufgabe empfiehlt es sich, Arbeitsmaterial bereitzustellen (z.B. Papier und Bleistifte oder Papierbögen und Wachsmalkreiden). Wenn ein Stuhlkreis gestellt worden ist, können feste Pappdeckel (Aktendeckel) als Schreibunterlage dienen.

3. Hinweise für die Leiterin/den Leiter

Gelegentlich löst die Aufforderung zur Einzelarbeit bei Teilnehmern die Assoziation »Schule« aus; falls daraus Ablehnung oder Abwehr erwächst, ist die freundliche Bitte, es doch einmal zu versuchen, eine Hilfe. Auch ist zu prüfen, ob die strukturbezogene Bezeichnung »Einzelarbeit« verwendet oder nicht besser eine einladendere Beschreibung gewählt wird, z.B. »Zeit für sich«.

Manchmal dauert es länger, bis die gewünschte Stille eintritt und wirklich alle auf sich konzentriert sind (was in einer sehr großen Teilnehmergruppe sowieso kaum erreichbar ist). Der Leiter sollte in diesem Fall eher abwarten, als vorzeitig »für Ruhe sorgen«: In kleineren Gruppen wird es allmählich von selber still.

4. Weiterarbeit

An die Einzelarbeit können sich Kleingruppen (2 oder 3 Personen) anschließen. Aufgaben: Austausch der Ergebnisse aus der Einzelarbeit (»Bitte tauschen Sie sich über die Ergebnisse Ihrer Arbeit aus; stellen Sie Gemeinsamkeiten und Unterschiede fest«); oder: Austausch über die Reaktionen, die durch die Einzelarbeit ausgelöst wurden. Diese Form der Weiterarbeit ist vor allem dann sinnvoll, wenn es sich bei der Einzelarbeit um eine Fragestellung (ein Thema) mit stark persönlicher Orientierung handelt (z.B.: »Was kann ich in Gruppen gut, was macht mir eher Schwierigkeiten?«). Der nächste Arbeitsschritt nimmt zwar auf die Einzelarbeit Bezug, zwingt aber nicht zur Veröffentlichung der Ergebnisse. Beispiel: Auf die Einzelarbeit zu einer persönlichen Fragestellung folgen Dreiergruppen mit der Frage: »Wie ist es mir gegangen, als ich mir Gedanken machte über ...?« Dann kann jemand seine Einfälle einbringen, muß dies aber nicht tun.
Die jeweilige Form der Weiterarbeit sollte schon in der Ansage enthalten sein. (»Im nächsten Schritt wird es darum gehen, sich über die Ergebnisse auszutauschen«; oder aber: »Ihre Einfälle können bei Ihnen bleiben, d.h. Sie brauchen sie später nicht zu veröffentlichen.«)

Arbeit an Texten

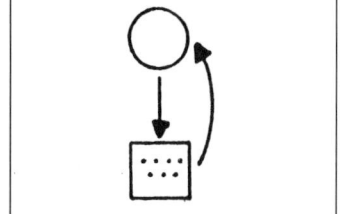

1. Lernziele

Informationen aufnehmen; Kenntnisse erwerben; Sachkenntnis bzw. Einsichten in der Auseinandersetzung mit einem Text selber entwickeln; einen Text als »Gesprächspartner« verstehen; Selbständigkeit gegenüber Texten entwickeln.

2. Durchführung

a) Ablauf

Die Grundform besteht darin, einen Text zuerst als Einzelarbeit zu strukturieren und dann anhand der Ergebnisse in ein gemeinsames Gespräch einzutreten.

Für die Strukturierung werden helfende Fragen und Symbole gegeben, z.B.: »Bitte gehen Sie den Text … durch und verwenden Sie dabei folgende Zeichen:

Das leuchtet mir ein	=	+
Das ist mir fraglich	=	?
Da möchte ich widersprechen	=	!«

b)   Rahmenbedingungen

(1)   Teilnehmerzahl
Die Arbeit am Text macht jede(r) für sich. Für die nachfolgende Arbeit sind in der Gesamtgruppe max. 30 Personen möglich.

(2)   Zeit
Je nach Textlänge 10 Minuten zur »Aktivierung« (bis eineinhalb Stunden als »Studium«), nachfolgende Auswertungsphase bis zu eineinhalb Stunden.

(3)   Raum
Rückzugsmöglichkeiten für Einzelarbeit (Sitzecken, bei Wochenendseminaren o.ä. auch die Zimmer); für die Auswertungsphase Raumgestaltung und Sitzordnung, die ein gemeinsames Gespräch ermöglichen (Kreis, Viereck).

(4)   Material
Texte (Kopien, Abzüge, ggf. auch Schriften.)

3.   Hinweise für die Leiterin/den Leiter

Es kann vorkommen, daß einzelne Teilnehmer die Methode zunächst einmal als »schulmäßig« empfinden. Erfahrungsgemäß löst sich dieser erste Widerstand meist dadurch auf, daß die intensive Auseinandersetzung mit einem Text (»Der Text und ich – ich und der Text«) als etwas sehr Positives erlebt wird (»Es war angenehm, sich einmal so gründlich mit einem Text zu beschäftigen«). Deshalb sollte der zu bearbeitende Text eher kurz (1 Seite DIN A4) und die zur Verfügung stehende Zeit nicht zu knapp sein (für 1 Seite Text etwa 5 Minuten).
Bei Personen, die noch gar keine Erfahrungen mit Arbeit an Texten haben bzw. für die ein Text etwas Ungewohntes ist, empfiehlt sich die Wahl weniger und einfacher Symbole, z.B.: »Unterstreichen Sie, was Sie unmittelbar anspricht. Machen Sie eine Wellenlinie, wo Sie Einwände gegen den Text haben oder Schwierigkeiten empfinden.« Bei der Erfindung von Symbolen sind der Leitung keine Grenzen gesetzt. Generell gilt: Eher weniger Symbole vergeben als zu viele! Es fällt leichter, sich im Gegenüber zu einem Text auf wenige, überschaubare Fragestellungen (= Symbole) zu konzentrieren, man hat davon mehr als von der Anwendung eines hochdifferenzierten Symbolesystems.

4. Weiterarbeit

Im Anschluß an die Arbeit am Text folgt eine Auswertungsphase
– entweder in Kleingruppenarbeit
– oder im Plenum als Diskussion/Rundgespräch
In beiden Fällen kann sich das Vorgehen orientieren
– am Text:
Die Teilnehmenden gehen den Text abschnittsweise durch; es wird jeweils festgestellt, wer ein Fragezeichen gesetzt hat; diejenigen, die bei der gleichen Passage ein Pluszeichen markierten, versuchen zu antworten oder ihre Sicht zu erläutern; im Anschluß daran werden zu dieser Textpassage noch die anderen gesetzten Symbole einbezogen und die Reaktionen ausgetauscht.
– an den Symbolen:
Die Teilnehmer tauschen sich über einen Schwerpunkt ihrer Reaktion aus, z.B. »Wo ging uns eine wichtige Einsicht auf?« oder »Was interessierte uns besonders?«

Wenn sich aus der Auswertungsphase ein besonderer inhaltlicher Schwerpunkt ergibt und genügend Zeit zur Verfügung steht (z.B. bei einem Arbeitstag oder Wochenendseminar), kann dieser durch andere Methoden weitergeführt werden (z.B. Kurzvortrag/Kurzreferat, Lehrgespräch, »Ein Thema bildlich gestalten« – siehe jeweils die entsprechenden Methoden).

Brainstorming (»Gedankensturm«)

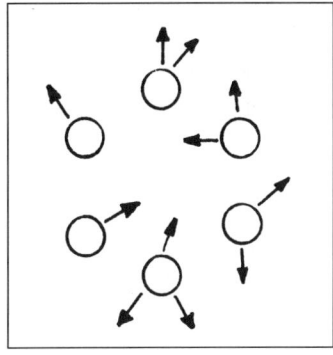

1. Lernziele

Eigene Einfälle zu einem Thema, einem Problem, einer Fragestellung entdecken; den eigenen Einfällen Raum geben; Spontaneität entwickeln; die Vielfalt von Einfällen oder Lösungsmöglichkeiten wahrnehmen.

2. Durchführung

a) Ablauf

In der Gruppe werden zu einem bestimmten Thema, einem Problem, einer Aufgabe in beliebiger Folge die spontanen Einfälle (»Geistesblitze«) zusammengetragen. Jede(r) kann sich mehrfach äußern und nennt spontan seine – auch noch so ausgefallenen – Ideen. Rückfragen, Kommentare, Kritik zu den Äußerungen anderer sind nicht erlaubt. Die Äußerungen werden auf einer Wandtafel oder einem großen Papierbogen oder auf Einzelzettel protokolliert.

b) Rahmenbedingungen

(1) Teilnehmerzahl
Beliebig.
(2) Zeit
10 bis 15 Minuten.
(3) Raum
Beliebig.
(4) Material
Wandtafel und Kreide, große Papierbögen und Filzstifte; Einzelzettel (jedes Stichwort wird in diesem Fall groß auf einen einzelnen Zettel geschrieben, so daß die einzelnen Ideen bei der Weiterarbeit leicht zu ordnen und ggf. auch wieder neu zu sortieren sind; vgl. »Zettelwand«).

3. Hinweise für die Leiterin/den Leiter

Wenn es wirklich zu einem »Gedankensturm« kommt, kann das Tempo der Zurufe die Fähigkeit, alles aufzunehmen und mitzuschreiben, übersteigen. Dann muß darum gebeten werden, sich nacheinander zu äußern oder ein wenig abzuwarten, bis alles aufgeschrieben ist. Das geht natürlich auf Kosten der Spontaneität.

4. Weiterarbeit

Die Gesamtgruppe oder eine Kleingruppe ordnet die Ergebnisse des Brainstormings und faßt sie unter einer bestimmten Fragestellung zusammen. Die bewerteten und gewichteten Einfälle können Voraussetzung für eine weitere Arbeitseinheit sein.

Situationsvorgabe mit Fragestellungen

1. Lernziele

Ein Thema anhand einer konkreten Situation erschließen; eigene Probleme bzw. Fragestellungen (abgerückt von der unmittelbaren Betroffenheit) klären; eigene

Vorkenntnisse und Erfahrungen problembezogen einbringen; Ausblicke gewinnen für die Entwicklung von Lösungsmöglichkeiten.

2. Durchführung

a)   Ablauf

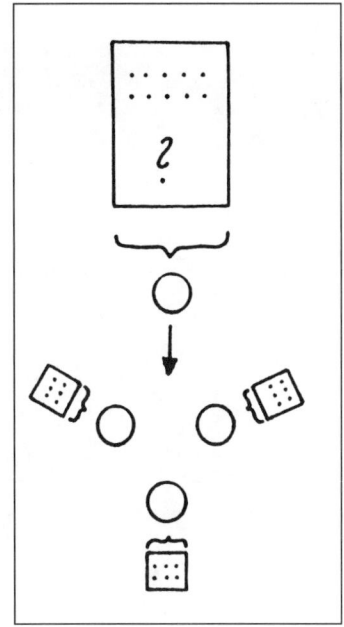

Die Teilnehmenden erhalten eine kurz und überschaubar beschriebene Situation mit Fragestellungen, in denen die eigene Beziehung zum Problem auf verschiedenen Ebenen abgerufen wird (Bereich der normalen Alltagserfahrung, Bereich des inneren Erlebens, Bereich der Handlungsmöglichkeiten, Bereich des konkreten Handelns).

Beispiel: »Bitte stellen Sie sich folgende Situation vor. Sie sind in einer Arbeitsgruppe mit sieben Personen. Sie haben sich zu der Gruppe freiwillig gemeldet, das Thema interessiert Sie. Zwei Gruppenmitglieder führen ein engagiertes Gespräch. Sie hören eine Weile interessiert zu. Ab und zu möchten Sie mal was sagen. Sie machen auch den Mund auf, aber einer von den beiden ist immer schneller, ab und zu schalten sich auch noch andere Gruppenmitglieder in diesen lebhaften Dialog ein.«

Angefügte Fragestellungen:

(1)   Wie reagieren Sie in einer solchen Situation normalerweise?

(2)   Was würden Sie tun, wenn Sie sich so verhalten, wie Ihnen innerlich zumute ist?

(3)   Überlegen Sie sich eine Möglichkeit, wie Sie eingreifen könnten.

(4)   Wie würden Sie diese Möglichkeit in die Tat umsetzen, d.h.: Was würden Sie konkret sagen oder tun?

Die Einzelfälle zu diesen Fragen notiert jede(r) für sich (Einzelarbeit).

b)   Rahmenbedingungen

(1)   Teilnehmerzahl
Die Arbeit an der Situation macht jede Person für sich. Soll in der Auswertungsphase die Gesamtgruppe mit einbezogen werden, so kann dies mit max. 30 Personen geschehen.

(2)   Einzelarbeit
Einzelarbeit an der Situation ca. 10 Minuten; Dauer der Auswertungsphase je nach Methode (s.u.: Weiterarbeit).

(3) / (4)   Raum/Material
Raumausstattung, die sowohl für Einzelarbeit als auch für Auswertungen in

135

Gesprächsform geeignet ist (das betrifft insbesondere eine bewegliche Sitz-ordnung und Bestuhlung); Arbeitsblätter in genügender Anzahl mit Situa-tionsbeschreibung und angefügten Fragestellungen (Zwischenraum zwi-schen den Fragen zur Eintragung der eigenen Einfälle).

3. Hinweise für die Leiterin/den Leiter

Die Methode regt erfahrungsgemäß die Problemlösungsfähigkeit und die Artiku-lation von Erfahrungen stark an. Der/die Leiter/in muß die Grundstruktur der Methode erfaßt haben – dann kann er/sie die Inhalte der Situationsbeschreibungen und auch die Fragestellungen beliebig variieren.

4. Weiterarbeit

Es bewährt sich folgende Methodensequenz:
(1) Einzelarbeit zu einer Situationsbeschreibung mit Fragestellungen (10 Minuten).
(2) Dreiergruppen:
Austausch über die Ergebnisse der Einzelarbeit unter der Fragestellung »Was ist gemeinsam – Worin unterscheiden wir uns?« (20 Minuten).
(3) Plenum:
Was ist uns im Dreiergespräch aufgefallen – Was haben wir entdeckt? (20 bis 45 Minuten).

Variationen: Bei genügend Zeit und zur inhaltlichen Vertiefung ist folgender Wechsel möglich:
(1) Einzelarbeit zu einer Situationsbeschreibung usw. (s.o.).
(2) Dreiergruppen (s.o.).
(3) Einzelarbeit wie Nr. (1) zu einer anderen, aber im Grundproblem vergleich-baren Situation (wie oben).
(4) Dreiergruppen (wie oben).
(5) Nochmalige Einzelarbeit zu einer wieder anderen, aber im Grundproblem nach wie vor vergleichbaren Situation (Arbeitsweise wie oben).
(6) Dreiergruppen (wie oben).
(7) Plenum (wie oben).
Bei einer sehr großen Teilnehmerschaft (erheblich mehr als 30 Personen) kann auf die Schritte (1) und (2) ein Kurzvortrag/Kurzreferat zur Thematik folgen.

Fallarbeit

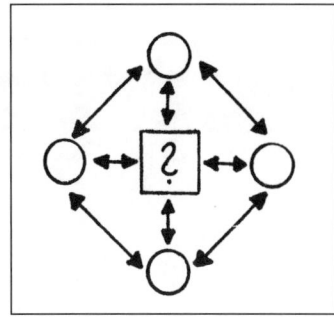

1. Lernziele

Ein Thema anhand einer konkreten Situation erschließen; eigene Probleme bzw. Fragestellungen (abgerückt von der unmittelbaren Betroffenheit) klären; sich mit einem Thema identifizieren; eigene Vorkenntnisse und Erfahrungen problembezogen einbringen, Themenhintergründe erhellen; Konkrete Lösungsmöglichkeiten entdecken und entwickeln.

2. Durchführung

a) Ablauf

Fallkonstruktion
Im Fall wird versucht, einen oder mehrere Ausschnitte der Wirklichkeit schriftlich darzustellen, die für das gewählte Thema/die Aufgabenstellung charakteristisch sind und zugleich den Erfahrungs- bzw. Vorstellungshorizont der Teilnehmenden treffen. Dabei ist es für die Leitung wichtig, stets die Zielrichtung für die Verwendung des Fallbeispiels im Auge zu behalten, z.B.
− ein Thema soll anschaulich werden;
− die Gruppe soll eine bestimmte Aufgabe lösen;
− die Teilnehmenden sollen für ein Problem verschiedene Lösungen erarbeiten;
− die Teilnehmenden sollen den Hintergrund, die verschiedenen Einflußgrößen einer auf das Thema bezogenen Situation herausfinden.

Grundarten von Fällen
− Ein Problem/eine Situation wird als »offener Fall« geschildert, d.h. ohne Lösung. Dafür müssen Lösungsmöglichkeiten gefunden werden.
− Ein Problem wird vorgestellt als »geschlossener Fall«, d.h. mit einer Lösung. Sie kann falsch oder richtig sein oder von beiden etwas enthalten. Der Fall wird analysiert und die Lösung beurteilt. (Evtl. auch: Vorgabe mehrerer Lösungen, aus denen die richtige auszuwählen ist.)
− Ein geschlossener Fall kann durch die Aufgabenstellung zum »offenen Fall« erweitert werden. Nach der Analyse kann z.B. die vorgegebene Lösung als unzureichend erkannt werden, und die Teilnehmer haben die Aufgabe, alternative Lösungen zu finden.

Fundorte für Fälle
Zunächst bieten sich veröffentlichte oder eigene Sammlungen von Fallbeispielen

an (aus Tageszeitung, Fernsehen, Literatur, eigenem Erleben). Meist muß die Leitung jedoch die Fallbeispiele selber erfinden bzw. vorgegebene Fälle im Blick auf Ziel und Fragestellung verändern.

Es ist wichtig, daß die Fallvorgabe klar aufgebaut, übersichtlich und kurz gehalten ist, für die Aufgabenstellung notwendige Informationen enthält und Identifikationsmöglichkeiten für die Teilnehmer anbietet. Die Aufgabe muß klar formuliert, in der vorgegebenen Zeit auch leistbar sein und sollte zur Verarbeitung reizen/einladen.

Fallbearbeitung

Die schriftlichen Fallvorgaben (inclusive Aufgabenstellung) werden im Plenum oder (bei unterschiedlichen Vorgaben) in den Arbeitsgruppen vorgelesen, Rückfragen geklärt und die Bearbeitungszeit abgesprochen.

Die Gruppen arbeiten (mit oder ohne Begleitung durch Teammitglieder) an ihren Lösungen, halten diese fest und bringen diese ggf. wieder in die Gesamtgruppe.

b) Rahmenbedingungen

(1) Teilnehmerzahl
    bis 30 (Gesamtgruppe).

(2) Zeit
    30 Minuten für die Fallbearbeitung, ca. 45 Minuten für das sich anschließende Plenum.

(3) Raum
    Wenn in mehreren Gruppen gearbeitet wird (entweder arbeitsgleich an einem Fall oder arbeitsteilig an verschiedenen Fällen oder verschiedenen Fragen), empfiehlt es sich, getrennte Arbeitsräume bereitzustellen.

(4) Material
    Schriftliche Fallvorgabe (als Erinnerungshilfe für die Teilnehmer wichtig), Papier zur Ergebnissicherung (evtl. Plakate oder Zettel, dazu Filzstifte).

3. Hinweise für die Leiterin/den Leiter

Wenn zu Beginn einer Fallarbeit die Teilnehmenden nach zusätzlichen Informationen fragen, ist Vorsicht geboten: Wenn es sich um eine fehlende (vielleicht auch vergessene) Einzelheit handelt, läßt sich diese nachreichen – vielleicht sogar aus dem augenblicklichen Einfall des Leiters oder eines Teilnehmers heraus (»Was könnten wir an dieser Stelle ergänzen, damit uns die Arbeit leichter fällt?«). Wenn aber die Fragen nicht aufhören und immer neue Ergänzungen verlangt werden, kann das durchaus ein Hinweis darauf sein, daß die konkrete, möglicherweise mühsame und ungewohnte Arbeit hinausgeschoben werden soll. Dann wäre eine Reaktion etwa in der Art sinnvoll: »Ein Fall ist im Vergleich zur Wirklichkeit immer einfacher und ›holzschnittartig‹. Ich bitte Sie, daß Sie sich nun einfach einmal auf diese Beschreibung einlassen, und wenn Sie im Gespräch merken, daß Ihnen noch etwas Entscheidendes fehlt, können Sie es ja aus Ihrer Phantasie ergänzen.«

4. Weiterarbeit

Wenn sich an die Fallarbeit in Arbeitsgruppen ein Plenum anschließt, können die Lösungen verglichen sowie die Gemeinsamkeiten und Unterschiede herausgearbeitet werden.

Einer Arbeitseinheit, in deren Mittelpunkt eine Fallarbeit steht, können vertiefende Informationen zum Thema folgen (Referat, Lektüre eines Literaturauszuges, Kurzfilm). Diese Weiterarbeit kommt jedoch eher für länger dauernde Veranstaltungsformen in Frage (z.B. Wochenendseminar). Handelt es sich hingegen um einen einzelnen Abschnitt im Rahmen einer Seminarreihe oder um ein einzelnes Treffen eines Gesprächskreises, kann die Fallarbeit durchaus abendfüllend sein.

3.3.2.3 Kommunikativ akzentuierte Methoden

Diskussion/Rundgespräch

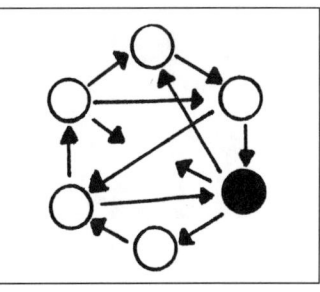

1. Lernziele

Gemeinsam eine Fragestellung, ein Thema erschließen; im wechselseitigen Reden und Zuhören einen Klärungsprozeß vorantreiben; ein Ergebnis gemeinsam herausarbeiten; andere Meinungen verstehen und respektieren.

2. Durchführung

a) Ablauf

Für die Vorbereitung und Durchführung eines Plenumsgesprächs (häufig auch als »Rundgespräch« oder »Diskussion« bezeichnet) empfiehlt sich die Beachtung folgender »Etappen eines Gesprächs«:

Start
Wenn die Diskussion/das Rundgespräch am Anfang einer Veranstaltung steht und die Teilnehmer sich evtl. noch nicht kennen, sind Begrüßung und Kennenlernen nötig (vgl. dazu die »Methoden zur Erleichterung von Anfang und Einstieg«). Es folgt (bzw.: es steht gleich am Anfang) eine Startfrage, die offen und für alle Teilnehmer wichtig ist. Diese Frage ist gut zu überlegen und vorzubereiten (vgl. 3.4: »Arbeitsaufträge und Ansagen«).

Entfaltung
Das Gespräch wird in einer ersten Phase frei geführt, so daß alle Teilnehmer die Möglichkeit haben, sich zu äußern.

Ordnung
Die Gesprächsbeiträge werden von der Gesprächsleitung geordnet, so daß an einzelnen Punkten weiterdiskutiert werden kann.

Klärung
Einzelne Punkte werden genauer erklärt.

Schluß
Am Schluß eines Gesprächs wird die Gesprächsleitung den Stand, evtl. auch das Ergebnis der Diskussion, zusammenfassen.

b) Rahmenbedingungen

(1) Teilnehmerzahl
Für ein intensives Gespräch sollte die Gruppe 8 bis 18 Personen zählen. Bei kleinen Gruppen (4 bis 6 Teilnehmer) fühlt sich der einzelne möglicherweise zu exponiert. Die Vielfalt der Beiträge läßt nach. Bei größeren Gruppen (über 18 Teilnehmer) kommen die Zurückhaltenden kaum zu Wort.

(2) Zeit
60 bis 90 Minuten; eine längere Dauer kann dazu führen, daß sich das Gespräch aufgrund der Erschöpfung der Teilnehmenden im Kreis dreht.

(3) Raum
Die Teilnehmenden sollen einander sehen und sich direkt ansprechen können (Viereck, Stuhlkreis). Der Gesprächsleiter/die Gesprächsleiterin braucht einen Platz mit gutem Sichtkontakt zu allen.

(4) Material
Falls darauf Wert gelegt wird, sollten Möglichkeiten zur Ergebnissicherung vorhanden sein (Tafel, Papierbahnen).

3. Hinweise für die Leiterin/den Leiter*

Die Leiterin integriert bei der Moderation eines Rundgespräches drei Perspektiven:
- sie behält die Entwicklung des Inhalts im Auge (das Thema, die Sache, das gemeinsame Vorhaben usw.);
- sie achtet auf die Teilnehmer bzw. auf die Gruppe;
- sie nimmt das Befinden der einzelnen wahr (und auch ihr eigenes).

Jede dieser Perspektiven ist gleich wichtig. Die Leiterin versucht, sie in Balance zu halten.

Im einzelnen können folgende Gesichtspunkte wichtig werden:

Gesprächsziel klären

Ist mir als Gesprächsleiter/in das Gesprächsziel klar? Besteht es in: Meinungsaustausch? Vermittlung von Informationen? Erarbeitung von Einsichten, Erkenntnissen? Klärung eines Problems und Beschlußfassung?

Gesprächsinhalt klären

Ist es mir und den Teilnehmenden klar, worüber wir sprechen wollen? Ist es der soeben gehörte Vortrag, ein Film, ein Text, ein Problem, eine Frage? Je klarer der Gesprächsgegenstand vorliegt, desto ergiebiger kann das Gespräch verlaufen. – Bei Problemdiskussionen kann viel Zeit vergehen, bis die Gruppe auf die zentrale Frage, auf den Kern des Problems, auf den eigentlichen Gesprächsgegenstand stößt. Manchmal besteht sogar das Ergebnis des Gesprächs darin, daß man nach vielen Umwegen zur Kernfrage vorgestoßen ist. Fragen stehen nicht nur am Anfang des Gesprächs, sondern gelegentlich auch an seinem Ende.

Gesprächsvoraussetzung klären

Sind Unterlagen, Zahlen, Materialien nötig? Sitzen unter den Teilnehmenden Fachleute, die die nötigen Informationen geben können? Oder bin ich als Gesprächsleiter/in genötigt und durch vorheriges Studium in der Lage, auch die Rolle des Sachverständigen zu übernehmen? Ist mir bewußt, daß ich dann zwei Rollen spiele und dabei durch den Wissensvorsprung leicht dominiere und dadurch das echte Gespräch gefährde?

---

* Im folgenden werden beide Begriffe wechselseitig verwendet, um die Gleichwertigkeit zu signalisieren.

Hinführung und Einstiegsfrage formulieren

Die Hinführung

- benennt das Thema/das Vorhaben (und zwar kurz, damit die Teilnehmenden nicht gleich zu Beginn durch eine lange »Einführung« passiv gemacht werden);
- stellt die Beziehung zwischen Thema und Teilnehmenden her;
- gibt eine Zielangabe für das folgende Gespräch;
- bereitet durch all dies die eigentliche Einstiegsfrage vor.

Die Einstiegsfrage

- ist eine aktivierende Zuspitzung;
- das »letzte Wort« des Leiters/der Leiterin, nach dem nun die Teilnehmenden das Wort haben;
- sie ist deshalb klar und kurz, d.h. eindeutig und überschaubar, offen (d.h. sie läuft nicht auf Ja/Nein-Antworten hinaus) und am Erfahrungsbereich der einzelnen bzw. der ganzen Gruppe ansetzend.

Eine Hilfe zur Anregung von Aktivität und Gesprächsbereitschaft liegt außerdem in der Formulierung einer weiterführenden Perspektive oder in der Bezeichnung von Gegensätzen (»polare Formulierung«).

Beispiele: »Was erwarte ich mir vom Kurs – für mich persönlich und für meine jetzige oder künftige Arbeit?« »Was nehme ich im Augenblick an mir wahr? Was hat mir besonders gut gefallen und was gar nicht?« (= als »Blitzlicht« am Schluß einer Arbeitseinheit). »Lernen von Erwachsenen: Was steht dem entgegen? Was kann es fördern?«

Das Gespräch gliedern

Wie kann ich das Gespräch in Teilschritte (= Teilziele) aufgliedern?

Die Moderation eines Gesprächs läßt sich neben der Formulierung von Hinführung und Einstiegsfrage insoweit vorbereiten, als das Ziel für das gesamte Gespräch festgelegt und nach Teilzielen (= Gesprächsetappen) gegliedert wird.

Beispiel: Das Ziel einer Gesprächsveranstaltung zum Thema »Macht Schule unsozial?« ist, notwendige Veränderungen im Schulalltag als Voraussetzung für soziales Lernen benennen zu können. Von diesem Ziel ausgehend, überlegt die Gesprächsleitung, in welche Etappen sie das Gespräch in der Gruppe gliedern muß, um dieses Ziel zu erreichen. Es könnte folgende mögliche Gesprächsstruktur entstehen:

(A)   1) Hinführung

      2) Einstiegsfrage zum Teilziel I »Erfahrungen mit Lernen von sozialem Verhalten an der Schule austauschen«

(B)   1) Zusammenfassung/Weiterführung
      2) Einstiegsfrage zum Teilziel II »Hindernisse für soziales Lernen in der
         Institution Schule erkennen«
(C)   1) Zusammenfassung/Weiterführung
      2) Einstiegsfrage zum Teilziel III (= Gesprächsziel) »Notwendige Verän-
         derungen im Schulalltag benennen«

Neben der Begleitung des Gesprächs ist die zielgerichtete Gesprächsmoderation im Prinzip eine Aneinanderreihung von Hinführungen (im Gesprächsverlauf »Zusammenfassung/Weiterführung«) und Einstiegsfragen. Es empfiehlt sich, diese Elemente auch in der Vorbereitung vorzuformulieren. Somit hat der Gesprächsleiter/die Gesprächsleiterin – für den Fall, daß sich Weiterführung oder Einstiegsfrage nicht sowieso aus dem Gesprächsverlauf ergeben – einen zielgerichteten Impuls bereit.

Das Thema sichern

Es ist wichtig, das Thema im Auge zu behalten, auch wenn der Gesprächsgang einmal Seitenwege einschlägt (oder gehen muß). Möglicherweise ist es nötig, dies den Teilnehmenden bewußt zu machen oder überhaupt aufs neue an das gemeinsame Thema zu erinnern.

Mit Fragen arbeiten

Fragen sind Impulsgeber – vor allem offene Fragen, die Raum geben, sich selber zu entfalten (z.B.: »Was löst das Stichwort ›Neue Medien‹ in uns aus?«). Zu vermeiden sind unechte Fragen (d.h. solche, deren Antwort der Leiter bereits kennt und nur noch »herauskitzeln« will) und geschlossene Fragen, auf die man nur mit Ja oder Nein antworten kann (s.o. zu »Einstiegsfrage«).

Fragen weitergeben

Immer wieder stellen Teilnehmer/innen Fragen an den Leiter. In den meisten Fällen ist es für den Fortgang des Gesprächs recht fruchtbar, wenn der Leiter nicht antwortet, sondern sich an die Teilnehmer wendet und sagt: »Wie antworten Sie auf diese Frage? Wie nehmen Sie zu dieser Frage Stellung?«. Die Regel des Weitergebens von Fragen ist für den Leiter auch eine Entlastung. Er darf ein Gespräch leiten ohne die bedrückende Erwartung, es würden ihm Fragen gestellt, die er nicht beantworten kann. Er muß sie gar nicht beantworten. Die Gruppe soll die Antworten gemeinsam suchen. Die Weitergabe der Fragen bewirkt lebendigere Gespräche.

Mit Impulsen arbeiten

Impulse sind Gesprächsbeiträge, die aus sich heraus anregend wirken; sie sollten aus dem Mit-Denken und Mit-Erleben des Leiters kommen, z.B.: »Ja, das ist in der Tat ein schwieriges Problem …« oder: »Da müssen wir gemeinsam weitersuchen …«.

Unterschiede gelten lassen
Unterschiedliche Meinungen oder gar Gegensätze gehören oft zur Sachstruktur eines Inhaltes. Dennoch kann es geschehen, daß einzelne oder der Leiter darauf mit einem gewissen Erschrecken reagieren: »Um Himmels willen, nur kein Streit …«. Das führt womöglich zu vorschnellen Glättungsversuchen. Es hilft mehr und bringt weiter, wenn Gegensätze deutlich gemacht und als Realität akzeptiert werden: zuerst einmal vom Leiter und dann vielleicht auch von den anderen Gesprächsteilnehmern. Wichtig ist, daß der Gesprächsleiter dafür sorgt, daß die hinter einer gegensätzlichen Meinung stehenden Erfahrungen oder Erkenntnisse ausgesprochen und angehört werden.

Die eigene Meinung zurückhalten
Der Gesprächsleiter tut gut daran, sich mit frühzeitigen Meinungsäußerungen oder mit »abschließenden Stellungnahmen« zurückzuhalten: auch wenn er idealerweise nur »einer unter anderen« ist, wiegt sein Wort einfach aufgrund seiner hervorgehobenen Rolle schwerer.

Eventuell mit Wortmeldungen arbeiten
Eine reibungslos laufende Diskussion – vor allem in einer Gruppe, die sich bereits kennt – kann ohne formelle Wortmeldung auskommen: Einer hört auf den anderen; eine Äußerung schließt sich an die andere an. Dieser Ablauf ist aber nicht immer gewährleistet. Vor allem dann, wenn mehrere gleichzeitig sprechen wollen, muß der Gesprächsleiter die Wortmeldungen für sich festhalten. Sie nacheinander aufzurufen (»abzuhaken«), ist jedoch oft unbefriedigend, weil die Teilnehmer/innen meist zu verschiedenen Themen sprechen möchten. Sinnvoller ist eine gewisse Ordnung nach inhaltlichen Schwerpunkten: »Das waren jetzt Äußerungen zu dem Thema… Ich habe mir noch Frau X, Herrn Y und Frau Z notiert. Möchten Sie ebenfalls hierzu etwas sagen oder geht es um etwas anderes?« Je nach Lage können einzelne Wortmeldungen solange zurückgestellt werden, bis ein bestimmtes Thema abgeschlossen ist.

Auf Zurückhaltende achten
Die Beteiligung am Gespräch bemißt sich keineswegs nur an der Häufigkeit, mit der sich jemand daran beteiligt. Es gibt auch intensives Zuhören mit starker innerer Anteilnahme. Dennoch sollte der Gesprächsleiter auf jene achten, die sich zu zaghaft melden oder sich nicht schnell genug einschalten. Äußere Anzeichen:

Jemand öffnet nur den Mund, hebt kurz die Hand, schüttelt den Kopf, nickt usw. Hier kann es durchaus sinnvoll sein, die Person direkt anzusprechen (»Ja, bitte Frau …«) oder die Reihenfolge der Wortmeldungen zu verlassen (»Herr X, Sie wollten jetzt schon ein paar Mal zum Sprechen ansetzen …«).

Nicht unterbrechen
Der Gesprächsleiter soll selber niemanden unterbrechen und darauf achten, daß jede(r) ausreden darf. Das bedarf manchmal einiger Durchsetzungskraft (»Bitte, lassen Sie Frau Y erst einmal zu Ende reden …«).

Pausen zulassen
Schweigen kann als unangenehm, peinlich empfunden werden. Wenn jedoch vorher eine Person etwas Gewichtiges gesagt hat, das zum Nachdenken, zum Nachsinnen führt, sind Schweigen und ein inneres Suchen fruchtbar. Ein Eingriff des Leiters würde als störend empfunden.
Für das Aushalten von Gesprächspausen empfiehlt sich folgende Faustregel: Wenn im Laufe der Pause ich als Gesprächsleiter einen Einfall habe, oder wenn ich meine, ich müßte die Pause unterbrechen, warte ich noch einige Sekunden; erfahrungsgemäß äußert sich dann meistens jemand aus der Gruppe, und das Gespräch geht von der Gruppe aus weiter.

Zusammenfassen
Durch Zusammenfassen wird den Gesprächsteilnehmern bewußt, was das Gespräch ergeben hat. Durch Zusammenfassen gibt der Leiter dem Gespräch Gestalt, Struktur, Klarheit.

Auf die Zeit achten
So ideal ein langes, ruhiges Gespräch über ein bestimmtes Problem auch wäre, die Praxis zwingt immer wieder in einen zeitlichen Rahmen. Auch zeigen sich allmählich Ermüdungserscheinungen bei den Teilnehmenden. Darum muß der Leiter gelegentlich einen Schlußpunkt setzen – und sei es mit Verweis auf die äußere Realität, d.h. die abgelaufene Zeit (oder das servierte Mittagessen in einer Tagungsstätte oder den mit dem Schlüsselbund klappernden Hausmeister). Dieser Schlußpunkt kann auch darin bestehen, die Ungelöstheit eines Problems deutlich zu markieren. Im übrigen kann der Hinweis auf die Begrenztheit der zur Verfügung stehenden Zeit eine Hilfe sein, sehr lang sprechende Personen um Kürze oder um Verständnis zu bitten, wenn andere in der Wortmeldung vorgezogen werden.
Zur Diskussion bzw. zum Rundgespräch im Anschluß an einen Vortrag/ein Referat vgl. unter »Vortrag/Referat« im Abschnitt 4. »Weiterarbeit«.

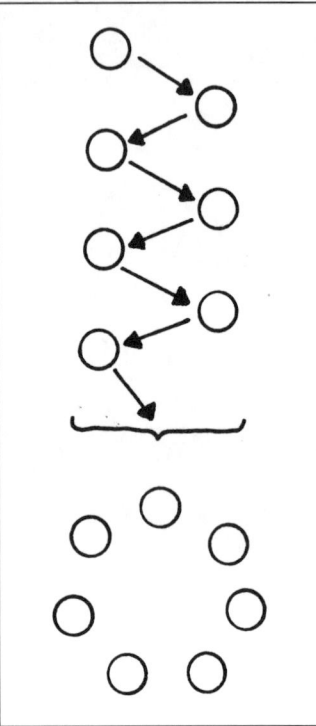

Pro und Kontra

1. Lernziele

In einem Thema enthaltene Aspekte erschließen; Konzentrations- und Formulierungsfähigkeit entwickeln; sich in andere Argumente hineinversetzen können.

2. Durchführung

a) Ablauf

Diese Methode kann vor allem bei Inhalten eingesetzt werden, die in sich spannungsreich oder konfliktgeladen sind, z.B. »Pro und Kontra Wehrdienstverweigerung«, »… Euthanasie«, »… Wehrdienst für Frauen« oder »Soll der Staat die Angebote der Erwachsenenbildung inhaltlich regeln?«

Die einzelnen Schritte der Methode:
(1) Deutliche Ansage des Themas (evtl. auch anschreiben).
(2) Die Gesamtgruppe in zwei Parteien teilen: eine »pro« und eine »kontra«.
(3) Jede Gruppe denkt sich eine kurze Zeit in ihre »Pro-« oder »Kontra-Sicht« des Themas ein.
(4) Anschließend nehmen die Mitglieder der beiden Gruppen abwechselnd aus je ihrer Sicht Stellung (d.h. ein Mitglied der »Pro-Partei«, eines der »Kontra-Partei«, eines der »Pro-Partei« usw.).
(5) In einer Auswertung (Diskussion/Rundgespräch) werden die Hauptgesichtspunkte des »Pro-« und »Kontra-Austausches« zusammengetragen.
Dabei sollte in einem ersten Schritt über die Reaktionen und Selbstwahrnehmungen der Teilnehmer/innen gesprochen werden (»Wie ging es mir, als ich mich mit Pro- oder Kontra-Sicht befassen mußte?«).

Variation zu Nr. (3)/(4):
Jede Gruppe nennt einen Sprecher bzw. eine Sprecherin. Sie eröffnen den Argumentationsaustausch. Dann schließen sich mit kurzen Äußerungen abwechselnd die Mitglieder der beiden Parteien an.

b) Rahmenbedingungen

(1) Teilnehmerzahl
   Damit sich wirklich alle Gruppenmitglieder äußern können, wenn sie dies wollen, sollte die Gesamtgruppe nicht mehr als 20 Personen umfassen. Wenn

es mehr sind, muß damit gerechnet werden, daß sich an dem Austausch der Argumente nur einige Mitglieder der beiden Parteien beteiligen.

(2) Zeit

Ca. 10 Minuten für die beiden Parteien, um sich in ihre Sicht des Problems hineinzudenken; 20 bis 40 Minuten für den eigentlichen Austausch der Argumente; ca. 30 Minuten für die Auswertung. Redezeit pro Person: max. 2 Minuten.

(3) / (4) Raum/Material

Variable Tische und Bestuhlung, damit sich rasch zwei Gruppen zusammensetzen können; mindestens ein weiterer Raum, damit in Phase (3) eine Gruppentrennung möglich ist. Für die Position des jeweiligen Sprechers ist ein Pult sinnvoll. (Das Heraustreten aus der eigenen »Partei« vor die Öffentlichkeit und der Gang zum Pult verstärkt den spielerischen Charakter und gibt der Argumentation mehr Prägnanz und Schärfe.)

3. Hinweise für die Leiterin/den Leiter

Die Einteilung in die Pro- und Kontra-Gruppe erfolgt durch ein Zufallsprinzip (z.B.: die Teilnehmer/innen ziehen Karten mit den Farben Rot und Gelb; rot = pro, gelb = kontra). Es geht gerade nicht darum, sich der Partei zuzuschlagen, die der eigenen Meinung entspricht, sondern sich in eine Argumentation einzufühlen – ganz gleich, ob sie der eigenen Einstellung entspricht oder nicht. Unversehens äußern Teilnehmende dann Meinungen, die sie – wenn sie ihre Partei wählen könnten – niemals aussprechen würden; sie können sich anschließend mit gutem Recht darauf zurückziehen, daß diese Äußerung gespielt war. Die Leitung achtet auf den Ablauf und unterstreicht die spielerische Seite z.B. durch eine Glocke als »Zeitsignal«.

Wenn sich nicht alle Mitglieder der beiden Gruppen am Austausch der Argumente beteiligen, sollte dies nicht erzwungen werden. In Phase (5) werden die Teilnehmenden gebeten, neue Plätze einzunehmen (Stuhlkreis), um sich von der vorherigen »Position« leichter freimachen zu können.

4. Weiterarbeit

Die Auswertung kann auch in ein Lehrgespräch übergehen.

Angefangene Sätze vollenden (Graffitti/Onkel-Otto-Zettel)

1. Lernziele

Verschiedene Aspekte eines Themas erkennen; eigene Ideen und Einfälle wahrnehmen und äußern können; neue und evtl. ungewohnte Ideen und Einfälle zur Kenntnis nehmen.

2. Durchführung

a) Ablauf

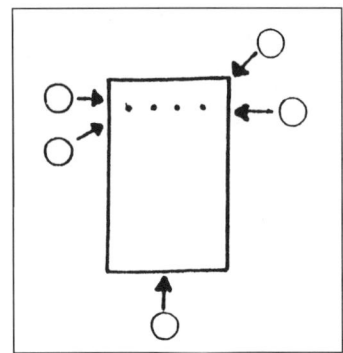

Variante A

Im Veranstaltungsraum hängen mehrere Plakate. Auf jedem Plakat ist ein Satz angefangen, z.B.:

Mich hat bisher gestört, daß …

Mir hat bisher gefallen, daß …

Bis zum Ende (des Seminars, des Arbeitstages) erhoffe ich mir, daß …

Ich könnte ab jetzt zum Ergebnis etwas beitragen, indem ich …

Solche angefangenen Sätze können auch inhaltsbezogen sein, z.B.:

Am Fernsehprogramm stört mich am meisten, daß …

Am Fernsehprogramm gefällt mir, daß …

Ich könnte mit dem Fernsehen besser umgehen, indem ich …

Die Teilnehmenden können umhergehen und auf jedes Plakat zu jedem angefangenen Satz ihre persönliche Fortsetzung dazu schreiben.

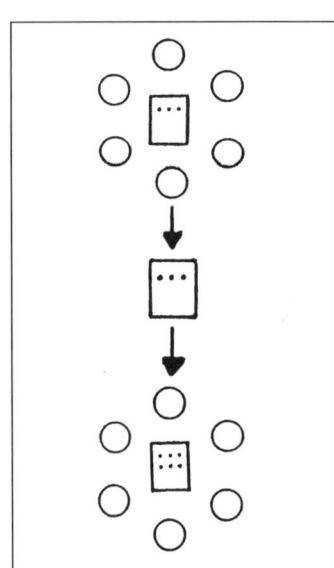

Variante B

Die Teilnehmenden bilden Kleingruppen (à 3 bis 7 Personen), und zwar so viele Kleingruppen, wie Plakate mit unterschiedlichen, angefangenen Sätzen vorhanden sind. Jede Gruppe überlegt zu ihrem angefangenen Satz eine gemeinsame Fortsetzung. Auf ein Zeichen hin gibt jede Gruppe ihr Plakat nach rechts weiter. Von links kommt ein neues Plakat mit einem neuen angefangenen Satz. Jede Gruppe überlegt nun wieder eine Ergänzung – usw., bis die Plakate durchgelaufen sind.

Achtung: Die Gruppen sollen nicht die Satzergänzungen ihrer Vorgängergruppen sehen; technisch wird dies erleichtert, indem der angefangene Satz am oberen Ende des Plakates steht, die Gruppen jedoch gebeten werden, ihre Satzergänzungen jeweils an den unteren Rand zu schreiben und dann die entsprechende Zeile nach hinten zu knicken. So bleibt der Ausgangssatz immer sichtbar und freier Raum zum Schreiben.

Variante C
Jede Person erhält für sich ein Arbeitsblatt und ergänzt die darauf geschriebenen, angefangenen Sätze, z.B.

In unserem Kurs gefällt mir, daß …

In unserem Kurs stört mich, daß …

Am liebsten würde ich in unserem Kurs dafür sorgen, daß …

Die anderen Mitglieder meines Kurses denken von mir vermutlich, daß ich …

b)   Rahmenbedingungen

(1) Teilnehmerzahl
     Für Variante A bis ca. 50, für Variante B bis ca. 30.
(2) Zeit
     Für Variante A ca. eine halbe bis eine dreiviertel Stunde, für Variante B ca.
     5 Minuten »Verweildauer« je einzelnes Plakat in einer Kleingruppe.
(3) Raum
     Für Variante A genügend freie Fläche, um die Plakate aufhängen und sich im
     Raum frei bewegen zu können. (Achtung: Die Plakate nicht zu eng hängen,
     weil sich die Leute sonst beim Schreiben gegenseitig behindern.) Für Varian-
     te B bewegliche Bestuhlung, um zwanglos Kleingruppen bilden zu können.
(4) Material
     Plakate, Filzstifte.

3.   Hinweise für die Leiterin/den Leiter

Die Variante A wird gelegentlich für die Anfangsphase von Veranstaltungen empfohlen. Die Ankommenden sollen dann Sätze ergänzen, die sich auf ihre Erwartungen beziehen (z.B.: »Ich hoffe, wir werden hier…«). Erfahrungsgemäß bleiben diese Plakate meist leer; der Hinweis, daß »man ja später noch etwas
hinschreiben kann«, findet dann wenig Widerhall. Der Grund liegt darin, daß die
Schwelle, sich auszudrücken und zu exponieren, für die einzelne Person in der
Anfangsphase noch zu hoch ist. Eher gelingt es, wenn die erwünschte Aktivität
angeregt und zugleich in einen überschaubaren Rahmen eingebunden wird, wie
dies bei der Variante B der Fall ist.

4.   Weiterarbeit

Die Plakate können Ausgangspunkt sein für
– Diskussion/Rundgespräch (»Was spricht mich besonders an – Was fällt mir

auf?«); Voraussetzung: genügend Zeit, um die einzelnen Plakate zur Kenntnis nehmen zu können.

– Arbeitsgruppen zu einzelnen Plakaten; so könnte sich in Fortsetzung des oben genannten Beispieles eine Gruppe mit den Einfällen zu »Am Fernsehprogramm stört mich am meisten, daß …« befassen, eine andere mit »Am Fernsehprogramm gefällt mir, daß …« usw. Allerdings sollte sich der Arbeitsauftrag für die Gruppen nicht darin erschöpfen, die gesammelten Einfälle zu systematisieren, sondern er sollte weiterführen, z.B.: »Was ergibt sich aus diesen Einfällen für unser ›Fernsehverhalten‹ in der Familie?«

– Gespräch in einer Arbeitsgruppe über die Ergebnisse der Einzelarbeit (in Variante C) in der Abfolge:
(1) gegenseitige Mitteilung der Einfälle zu den einzelnen Sätzen;
(2) Gespräch: »Was ist für mich neu – Was hat sich bestätigt? Welche Aufgabe ergibt sich daraus für unsere künftige Zusammenarbeit?«

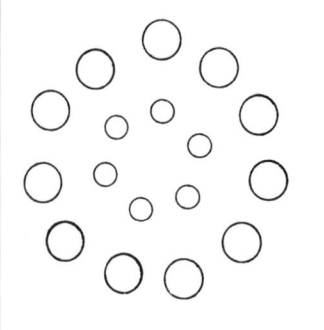

Innenkreis – Außenkreis (Aquarium)

1. Lernziele

Verschiedene Aspekte eines Themas erkennen; sich exponieren können; den Wechsel zwischen Sich-Artikulieren und Zuhören einüben.

2. Durchführung

a) Ablauf

In ihrer Grundstruktur besteht die Methode Innenkreis – Außenkreis darin, daß eine kleine Gruppe sozusagen stellvertretend für eine Großgruppe (also z.B. 7 Personen von insgesamt 32 Personen) ein Thema erörtert, Ergebnisse austauscht, eine Entscheidung trifft. Dabei sitzt die Kleingruppe in der Mitte des Raumes (kleiner Stuhlkreis). Die übrige Großgruppe sitzt außen herum (großer Stuhlkreis, notfalls Tischviereck) und hört dem Gespräch im Innenkreis schweigend zu.

Variante A
Der Innenkreis ist »geschlossen«, d.h., er besteht aus einer festen Zahl von Personen. Sie sprechen solange miteinander, bis sie ihre Aufgabe bewältigt bzw. ihre Zeitvorgabe ausgeschöpft haben.
Beispiel: Eine Großgruppe von 32 Teilnehmern sieht den Film »Weekend« (12 Minuten). Anschließend wird zu jeder der vier Hauptpersonen des Films (Ehe-

frau, Ehemann, Sohn, Großvater) eine Gruppe gebildet; Aufgabe z.B.: »Bitte versetzen Sie sich in die Situation der Frau und suchen Sie Gründe für ihr Verhalten. Dies fällt Ihnen leichter, wenn Sie nicht über die Frau sprechen, sondern in ihre Rolle schlüpfen und per ›ich‹ sprechen.« Nach 20 Minuten entsendet jede Gruppe einen Vertreter in den Innenkreis; Arbeitsanweisung: »Sie sitzen nun als Familie beisammen mit Ehefrau, Ehemann, Sohn und Großvater. Teilen Sie sich die Gründe Ihres Verhaltens mit und wie Sie gegenseitig darauf reagieren.« Anweisung an den zuhörenden Außenkreis: »Beobachten Sie das Gespräch im Innenkreis: Können Sie aus den Beiträgen der Gesprächsteilnehmer Probleme ›Altsein in unserer Gesellschaft‹ ableiten?« Nach ca. 20 Minuten Gespräch im Innenkreis werden die Beobachtungen des Außenkreises geäußert und auf einer Plakatwand in Stichworten notiert.

(Zum Kurzfilm »Weekend«: Eine Familie aus Ehefrau, Ehemann, Sohn und Großvater erlebt einen Sonntagmorgen. Alle vier starten zu einer Fahrt ins Grüne, wo sie eine Zeitlang bleiben. Vor der Rückfahrt wird der Großvater im Grünen zurückgelassen. Schlußbild: Viele Autos fahren zurück in die Stadt, und in der Landschaft stehen verstreut Stühle mit alten Leuten.)

Variante B
Der Innenkreis ist »offen«, d.h. ein Stuhl bleibt leer. Wer aus dem Außenkreis Lust hat, sich an der Diskussion des Innenkreises zu beteiligen, kann hineingehen, seinen Beitrag sagen und dann wieder in den Außenkreis zurückkehren.
Beispiel: In dem oben genannten Beispiel könnte ein Platz frei bleiben für einen »Besucher« (eine »Besucherin«) der Familie, die in das Gespräch mit ihrer Meinung gewissermaßen »hineinplatzen« darf.

b)   Rahmenbedingungen

(1)   Teilnehmerzahl
      Im Innenkreis nicht mehr als 7, im Außenkreis max. 40 (um zu gewährleisten, daß das Gespräch im Innenkreis noch wahrgenommen werden kann).
(2)   Zeit
      Das Gespräch im Innenkreis sollte eher knapp bemessen sein (ca. 15 bis 20 Minuten), damit es sich nicht »hindehnt«.
(3) / (4) Raum/Material
      Variable Stühle und Tische, um den Innen- und Außenkreis bilden zu können.

3. Hinweise für die Leiterin/den Leiter

Manchmal fällt es dem Innenkreis schwer, sich unter den Blicken der anderen auf das gegebene Thema einzulassen (Heiterkeit, Kichern, Deklamieren usw.) oder die Aufgabe überhaupt richtig wahrzunehmen. Das kann vor allem dann geschehen, wenn zwischen Aufgabenstellung und endgültiger Zusammensetzung des Innenkreises einige Zeit verstreicht. Deshalb sollte der Leiter/die Leiterin, wenn der Innenkreis gebildet ist, sich dazusetzen, die Themen- oder Aufgabenstellung nochmals deutlich sagen und sich dann mitsamt seinem Stuhl zurückziehen (oder den Stuhl im Sinne der Variante B stehen lassen); hierbei empfehlen sich ggf. identifikationsunterstützende Formulierungen (z.B. in dem oben umrissenen Fall ein Ansprechen der einzelnen Mitglieder des Innenkreises: »Sie sind die Frau«, »Sie sind der Ehemann« usw.; »Sie sitzen jetzt zusammen und tauschen sich aus: Was führt zu meinem Verhalten?«).

Gelegentlich tritt das Problem auf, daß die Mitglieder des Innenkreises für die außen Sitzenden zu leise sprechen; die Zwischenrufe »… lauter!« bzw. eine ähnliche Intervention der Leitung stören das lebendige Gespräch im Innenkreis. Es empfiehlt sich, bereits vor Beginn die Personen im Außenkreis auf diese Schwierigkeiten aufmerksam zu machen und sie zu bitten, nahe heranzurücken (bzw. dies später zu tun, falls die Lautstärke nachlassen sollte).

4. Weiterarbeit

Vgl. das oben skizzierte Beispiel: Der Außenkreis beobachtet das Gespräch im Innenkreis im Hinblick auf geäußerte Argumente, evtl. auch Verhaltensweisen, Gesprächsstrategien usw.; anschließend Weiterführung als Rundgespräch anhand der gesammelten Beobachtungen. Oder: Bei geeignetem Thema wird das Gespräch im Innenkreis abgebrochen und von der Gesamtgruppe weitergeführt (»Wir haben jetzt … gehört: Was meinen wir dazu?«).

3.3.2.4 Gestalterisch akzentuierte Methoden

Arbeit mit Fotos/Bildern

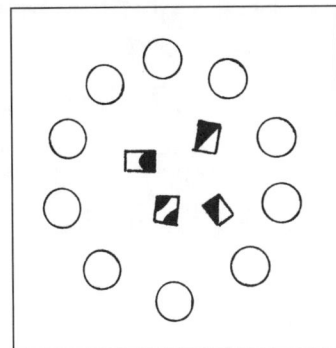

1. Lernziele

Einfällen Raum geben; assoziatives und schöpferisches Denken entwickeln; eigene Erfahrungen und Einfälle mitteilen können; die Anschaulichkeit von abstrakten Themen entdecken.

2. Durchführung

a) Ablauf

Das Grundprinzip dieser Methode besteht darin, daß eine Veranschaulichung geboten wird, und zwar meist als Einstiegshilfe für ein Gespräch. Möglich ist die Arbeit mit Fotos/Bildern auch, um einen Inhalt genauer zu erschließen und einzelne Aspekte seiner Sachstruktur herauszuarbeiten. Die folgenden Varianten zeigen einige Grundformen des Ablaufs. Je nach Inhalt und Teilnehmergruppe sind Veränderungen möglich und sinnvoll.

Variante A
»Bilder auswählen«
Auf dem Fußboden werden Fotos/Bilder gut sichtbar ausgelegt. Arbeitsanweisung: »Bitte suchen Sie aus den ausliegenden Bildern 1 bis 2 aus, die …
— Sie besonders ansprechen« oder
— ausdrücken, was Ihnen im Moment unter den Nägeln brennt« oder
— ausdrücken, was Sie in dieser Gruppe gern besprechen möchten« oder
— unser Thema ›…‹ verdeutlichen.«

Variante B
»Sich zu vorgegebenen Bilden äußern«
Es wird ein Bild
— allen gezeigt oder
— jeweils einer Arbeitsgruppe oder jedem/jeder gegeben mit der Bitte, die Einfälle dazu zu äußern (»Was löst dieses Bild in mir aus – Was fällt mir dazu ein?«) bzw. – im Falle einer Gruppenarbeit – auf einem Plakat festzuhalten. Diese schriftlichen Äußerungen können ebenfalls durch eine offene Frage wie z.B. »Was löst dieses Bild in mir aus …?« angeregt werden. Es ist auch mög-

153

lich, zwei kontrastierende Bilder vorzugeben (besonders bei Inhalten, die durch innere Gegensätze gekennzeichnet sind, z.B. arm – reich, Krieg – Frieden, »Dritte Welt und wir«, »Angst und Hoffnung« usw.).

Neben den offenen Fragen können auch stärker strukturierte Vorgaben gewählt werden.

Beispiel: 5 Gruppen erhalten jeweils ein anderes Bild, das auf die Mitte eines Plakates aufgeklebt ist: Kleinkind – Schulkind – junge(r) Erwachsene(r) – Mann oder Frau um die 40 – alter Herr oder alte Dame.

Aufgabe: Versuchen Sie sich in diese Person hineinzuversetzen – Wie erlebt sie sich selbst? Wie erlebt sie die Welt? Notieren Sie Ihre Einfälle möglichst in Ich-Form auf dem Plakat rund um das Bild.«

Variante C

»Zu Bildern Geschichten erfinden«

Hier kommt es darauf an, die Einfälle weiter auszuweiten. Die Szene, die das Bild zeigt, wird aufgenommen und mit einer Frage verbunden, die sich auf »Vorgeschichte« oder »Konsequenzen« bezieht, z.B.: »Die junge Frau auf dem Bild erzählt: Wie ist es dazu gekommen …« Oder: »Was wird dem Mann in dem Haus widerfahren?« Es können auch mehrere Bilder zu einer Geschichte zusammengefügt und durch Text ergänzt werden. So können die 5 Fotos des zuvor genannten Beispieles (Kleinkind/Schulkind usw.) zu einem »Lebensweg« verbunden werden unter der Überschrift: »Der Lebensweg der Anita G. – Die wichtigsten Veränderungen und Umbrüche.«

Variante D

»Comics erfinden«

Hier werden – ganz ähnlich wie bei Variante C – Bilder ergänzt. Dabei kann es sich sowohl um Fotos als auch um einfache Zeichnungen handeln, die mit Sprechblasen versehen sind; Aufgabe: »Bitte versetzen Sie sich in die einzelnen Figuren hinein: Was geht in ihnen jeweils vor?« Oder: »Was reden sie miteinander?« Dazu als weiterer Auftrag: »Tragen Sie die vermuteten Gedanken (bzw.: die vermuteten Äußerungen) in die ›Einfallsblasen‹ (bzw. – in die ›Sprechblasen‹) ein. Verwenden Sie dabei möglichst direkte Ausdrücke.«

b)   Rahmenbedingungen

(1) Teilnehmerzahl
      In der Gesamtgruppe bis zu 30 Personen.
(2) Zeit
      Die Dauer der Einzel- oder Kleingruppenarbeit an Bildern bemißt sich je
      nach Bilderzahl und Umfang der Aufgabenstellung (5 bis 45 Minuten).
(3) Raum
      Wenn Bilder zur Auswahl ausgelegt werden, sollte genügend Platz zum Aus-
      breiten vorhanden sein (großer Stuhlkreis, freie Bodenfläche). Gegebenen-
      falls sollte den Teilnehmenden empfohlen werden, die Schuhe auszuziehen,
      damit sie beim Umhergehen und Betrachten auch mal auf ein Bild treten
      können. Die Bilder aufzuhängen, empfiehlt sich weniger, weil dann die Mög-
      lichkeit entfällt, ein Bild zum näheren Betrachten in die Hand zu nehmen
      (oder sich damit z.B. zur Einzelarbeit zurückzuziehen).
(4) Material
      Es gibt verschiedene Foto- bzw. Bildsammlungen (vgl. Literaturverzeichnis).
      Diese Sammlungen sind jedoch meist thematisch begrenzt und außerdem
      nicht gerade billig. Deshalb empfiehlt es sich, eine eigene Sammlung von
      Fotos anzulegen. Dafür eignen sich besonders großformatige Fotos aus Ta-
      geszeitungen, Illustrierten, Fotomagazinen oder anspruchsvolleren Zeit-
      schriften (z.B. »Radius«). Diese Fotos sollten auf festes Papier bzw. auf Kar-
      ton (Format DIN A4) aufgeklebt und möglichst mit einer Klarsichtfolie
      überzogen werden (bessere Haltbarkeit). Die Aufbewahrung geschieht in
      Kartons oder Mappen (Hängetaschen in einem Ständer). Für die Ordnung
      können (müssen aber nicht!) Themenbereiche vergeben und die Bilder
      durchnumeriert werden (z.B.: 1 = Familie, 1.1 = Bild Nr. 1 im Themenbe-
      reich 1); parallel dazu bekommt jedes Bild eine kleine Karteikarte mit Num-
      mer und Kurzbeschreibung, so daß bei der Veranstaltungsplanung die pas-
      senden Bilder rasch ausgewählt und zusammengestellt werden können.
Der Aufbau einer solchen Bildkartei braucht erfahrungsgemäß Jahre. Im übrigen
ist dies auch ein lohnendes Vorhaben für eine kontinuierlich arbeitende Gruppe
(z.B. Frauengesprächskreis) unter der Aufgabenstellung: »Jeder bringt Bilder aus
Tageszeitungen, Illustrierten usw. mit, die ihm aufgefallen sind oder ihn beeindruckt haben.« Daraus können sich weitere Gesprächsthemen entwickeln.

3.   Hinweise für die Leiterin/den Leiter
Siehe zuvor unter Material.

4. Weiterarbeit

Bei Variante A »Bilder auswählen«: Zweier- bis Vierergruppen, in denen die gefundenen Bilder vorgestellt werden. Die darin enthaltenen Themen werden formuliert und schriftlich festgehalten. Dabei werden die einzelnen Beiträge nicht diskutiert oder bewertet! Die Ergebnisse werden sichtbar im Plenum aufgehängt, und es folgt die Themenauswahl oder ein Rundgespräch über die festgehaltenen Schwerpunkte eines vorhandenen Themas.

Bei den Varianten B bis D: Rundgespräch der Gesamtgruppe mit einer weiterführenden Fragestellung, z.B.: »Welche Konsequenzen ergeben sich aus unseren Überlegungen in den Gruppen?«

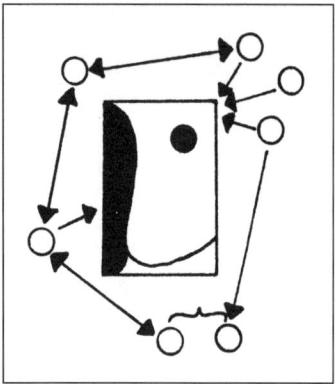

Ein Thema bildlich gestalten

1. Lernziele

In bezug auf die Gruppe und den einzelnen:
– Einfälle entdecken und wahrnehmen, die im bloß sprachlichen Austausch nicht zum Vorschein kämen;
– schöpferische Gestaltungskräfte freisetzen;
– Kopf, Herz und Hand (Denken, Fühlen und Tun) miteinander verbinden;
in bezug auf das Thema/den Inhalt:
– ein Sachthema auf lebendige, erlebnismäßige Weise erschließen.

2. Durchführung

a) Ablauf

Es werden Gruppen gebildet (möglichst nicht mehr als 5 Teilnehmer pro Gruppe). Arbeitsauftrag: »Das Thema lautet: … Bitte lassen Sie sich dazu Bilder, Szenen oder Symbole einfallen und versuchen Sie, einiges davon auf dem Plakat festzuhalten. Bitte benutzen Sie gemeinsam dieses große Blatt.«

b) Rahmenbedingungen

(1) Teilnehmerzahl
Plenum (Gesamtgruppe der Teilnehmer): bis 35 Personen.
(2) Zeit
Ca. 25 Minuten fürs Malen.

(3) Raum

Tische (wenigstens am Rand aufgestellt für diejenigen, die sich ungern auf dem Boden niederlassen).

(4) Material

Große Papierbögen in Plakatformat (möglichst Abfallplakate verwenden, jedoch darauf achten, daß die bedruckte Seite nicht allzustark auf die weiße Seite »durchschlägt«).

Verschiedenfarbige Filzstifte, Wachsmalkreiden (möglichst darauf achten, daß eine Kleingruppe Malutensilien von nur einer Sorte hat, also z.B. nur Wachsmalkreiden, weil die Leuchtkraft z.B. von Wachsmalkreiden und Filzstiften sehr unterschiedlich sein kann und Probleme für die Erkennbarkeit der Bilder auftreten können, wenn auf ein und derselben Fläche die Farben unterschiedlich kräftig verteilt sind).

Fingerfarben sind für diese Methode nicht geeignet (sie eignen sich eher für flächiges Malen, für die Gestaltung von großen Flächen, für den Ausdruck von Bewegung, Gefühl usw.).

3. Hinweise für die Leiterin/den Leiter

Sie/er muß mit ablehnenden Reaktionen rechnen (»Ich kann nicht malen ...«). Es hilft, solche Ablehnung für sich gefühlsmäßig zu akzeptieren und aus dieser Haltung heraus freundlich einzuladen, es einmal in der kleinen Gruppe zu probieren (»zumal es nicht auf perfekte Bilder ankommt«/»weder Picasso noch Rembrandt«).

4. Weiterarbeit

Die Bilder werden nach dem Malen im Plenum aufgehängt und gemeinsam betrachtet.

Achtung: Das Plenumsgespräch sollte nicht mit Berichten der Gruppen begonnen werden; die Gruppen sollen also nicht sofort erläutern, was sie sich gedacht haben, was sie ausdrücken wollten usw. Viel fruchtbarer und lebendiger ist es, bei den Reaktionen der Zuschauer anzufangen, also etwa so: »Was fällt mir auf, was spricht mich besonders an, was interessiert mich?«

Im Laufe des Gesprächs können dann diejenigen einbezogen werden, die das Bild anfertigten, z.B.: »Und was sagen nun Sie dazu? Was wollten Sie ausdrücken?« Wenn das Gespräch zu lange bei einem Bild bleibt, muß der Leiter auch die anderen »Werke« ins Gespräch bringen (»Aber wir haben ja auch noch andere Bilder«).

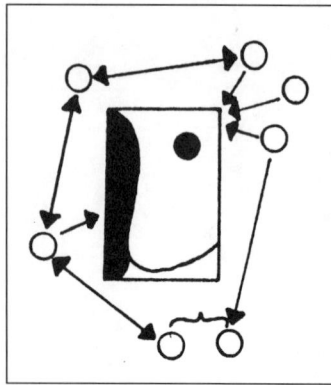

Collage

1. Lernziele

In bezug auf die Gruppe und den einzelnen:
- Einfälle entdecken und wahrnehmen, die im bloß sprachlichen Austausch nicht zum Vorschein kämen;
- schöpferische Gestaltungskräfte freisetzen;
- »Kopf, Herz und Hand« (Denken, Fühlen und Tun) miteinander verbinden;

in bezug auf das Thema/den Inhalt:
- ein Sachthema auf lebendige, erlebnismäßige Weise erschließen.

2. Durchführung

a) Ablauf

Es werden Gruppen gebildet (möglichst nicht mehr als 5 Teilnehmer pro Gruppe). Arbeitsauftrag: »Das Thema lautet: … Bitte suchen Sie in diesen Zeitschriften (Zeitungen, Katalogen, Prospekten, Plakaten …) Bilder oder Textzeilen, die dazu in irgendeiner Form passen. Versuchen Sie, daraus ein gemeinsames Bild zu gestalten. Bitte lassen Sie sich von dem Material einfach anregen …«

b) Rahmenbedingungen

(1) Teilnehmerzahl
Plenum (Gesamtgruppe der Teilnehmer): bis 35 Personen.
(2) Zeit
Ca. 60 Minuten (evtl. auch mehr) für die Anfertigung der Collage. Die Teilnehmer sollen genügend Zeit haben, die Materialien durchzusehen und mit Gestaltungselementen zu experimentieren.
(3) Raum
Tische mit genügendem Abstand.
(4) Material
Zeitschriften, Zeitungen, Kataloge, Prospekte, Plakate usw., Scheren (mind. 2 pro Arbeitsgruppe), Klebstoff, Plakate zum Aufkleben der Collagen.

3. Hinweise für die Leiterin/den Leiter

Collagen setzen erfahrungsgemäß viel Phantasie und auch humorvolle Einfälle frei. Die Methode kann im Vergleich zu »Ein Thema bildlich gestalten« vor allem dann gewählt werden, wenn genügend Zeit zur Verfügung steht und die Gestaltungsaufgabe selber ein gewisses Gewicht hat.

4. Weiterarbeit

Die Collagen werden im Plenum aufgehängt und gemeinsam betrachtet.
Achtung: Das Plenumsgespräch sollte nicht mit Berichten der Gruppen begonnen werden; die Gruppen sollen also nicht sofort erläutern, was sie sich gedacht haben, was sie ausdrücken wollten usw. Viel fruchtbarer und lebendiger ist es, bei den Reaktionen der Zuschauer anzufangen, also etwa so: »Was fällt mir auf, was spricht mich besonders an, was interessiert mich?«
Im Laufe des Gesprächs können dann diejenigen einbezogen werden, die die Collage anfertigten, z.B.: »Und was sagen nun Sie dazu? Was wollten Sie ausdrücken?«
Wenn das Gespräch zu lange bei einer Collage bleibt, muß der Leiter auch die anderen »Werke« ins Gespräch bringen (»Aber wir haben ja auch noch andere Arbeiten«).

Texte schreiben

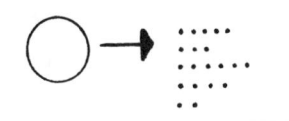

1. Lernziele

Eigene gestalterische Fähigkeiten erproben und erfahren; den eigenen Gedanken und Empfindungen nachspüren, sie präzise ausdrücken und dadurch wahrnehmen; persönlich vertiefte Einsichten zum Thema der Gruppe beitragen.

2. Durchführung

a) Ablauf

Schreiben braucht einen »Auslöser«. Am einfachsten läßt sich die Aufforderung zum Schreiben mit einem Klein-Medium verbinden, das die Aufgabe inhaltlich anspricht: ein Cartoon, der einen Dialog auslöst; ein Dia, das sich für eine Meditation eignet – in der Form eines Tagebucheintrags oder eines (reimlosen!) Gedichtes.
Jede Person schreibt für sich ihren eigenen Text. Nur so kann sich der einzelne selbst ausdrücken, kann er seine Sprache finden. Nach der Schreibphase bittet der Leiter/die Leiterin, die Texte vorzulesen. Kein Vorlesezwang!

b)   Rahmenbedingungen

(1)   Teilnehmerzahl
Bei 15 bis 20 Teilnehmern ist die Arbeit in der Gesamtgruppe möglich. Sind es mehr, können Gruppen eingerichtet werden.

(2)   Zeit
Gesamtzeit etwa 2 Stunden. Die Zeit fürs Schreiben hängt von der Aufgabenstellung ab. Sie kann 15 Minuten, aber auch bis zu einer Stunde in Anspruch nehmen.

(3)   Raum
Aufgelockerte Sitzordnung ist erforderlich, damit alle ihren Freiraum zum Schreiben haben. Bei Tagungen kann das Schreiben in die Einzelzimmer verlegt werden. Die Zeitgestaltung wird dadurch individueller.

(4)   Material
Auslösendes Medium (evtl. Vorführgerät), Papier und Schreibzeug.

3.   Hinweise für die Leiterin/den Leiter

Das Schreibziel bzw. der Verwendungszusammenhang sind genau zu bestimmen: Soll meditiert werden, sollen innere Bilder freigesetzt werden, wird die Auseinandersetzung mit einer Provokation angestrebt usw.?

Möglichst eine bekannte und geeignete literarische Kurzform vorgeben: Tagebucheintrag, Brief, Zwiegespräch, Märchen, Traum, Gedicht.

Der Zeitrahmen für das Schreiben muß variabel sein. Für die Teilnehmenden darf kein Zeitdruck entstehen, aber auch keine Überlänge. Während des Schreibens den realen Zeitbedarf abschätzen!

Viele fühlen sich zunächst von der Aufgabe zu schreiben überfordert. Diese Sperre läßt sich durch Behutsamkeit abbauen. Deutlich muß sein, daß es nicht um einen Wettbewerb oder um einen Schulaufsatz geht und daß jede(r) entscheiden kann, ob er bzw. sie das Geschriebene im Plenum oder in der Gruppe vorliest. Wenn diese Freiheit besteht, beteiligen sich die allermeisten mit ihrem Text auch im Plenum.

4.   Weiterarbeit

Das eigene Schreiben ist meist Vorarbeit für ein Gespräch im Plenum; es kann aber auch gelegentlich zur persönlichen Vertiefung einer vorausgegangenen Information oder Plenumsarbeit dienen.

3.3.2.5 Meditativ akzentuierte Methoden

Metapher-Meditation

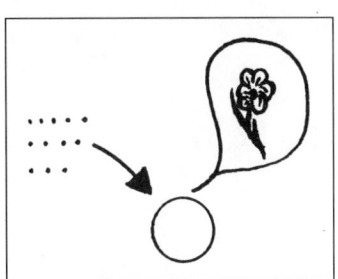

1. Lernziele

Zugang zu einem Thema finden; neue Sichtweisen eines Inhaltes/eines Themas entdecken; eigene Einfälle wahrnehmen und artikulieren können.

2. Durchführung

a) Ablauf

Das Grundprinzip der Metapher-Meditation besteht darin, daß ein vorgegebener Begriff durch bildhafte Vergleiche umschrieben wird (»ein Konflikt ist wie ein Gewitter, das die Luft reinigt«). Diese Umschreibungen sollen möglichst nicht »konstruiert«, sondern aus dem spontanen Einfall heraus geäußert werden. Auf diese Weise kommen verborgene Hintergründe und auch verschiedene Sicht- und Erlebnisweisen zum Ausdruck.

Vorgehensweise: Das zu umschreibende Wort wird genannt und evtl. zusätzlich für alle sichtbar aufgeschrieben (z.B.: »Kindheit ist wie ...«, »Familie ist wie ...«, »Italienisch ist wie ...«). Nun werden die umschreibenden Einfälle vom einzelnen in die entstehende Stille hinein ausgesprochen.

Je nachdem, wie die Weiterarbeit geplant ist, kann es nötig sein, beim bloßen Aussprechen der bildhaften Vergleiche die Äußerungen mitzuschreiben (auf eine Plakatwand, eine Tafel oder mit Hilfe eines Tageslichtschreibers/Overhead-Projektors).

Die Metapher-Meditation ist auch in Arbeitsgruppen durchführbar. Der zu umschreibende Begriff wird in diesem Fall an das obere Ende eines Plakates geschrieben, und die Gruppenmitglieder ergänzen jeweils selber oder durch Zuruf den angefangenen Satz (z.B. »jung sein ist wie ...«).

b) Rahmenbedingungen

(1) Teilnehmerzahl
Die Methode braucht eine gewisse atmosphärische »Dichte«, d.h. den Eindruck von Gemeinsamkeit und Zusammenhalt der Gesamtgruppe; das legt eine Obergrenze von ca. 30 Teilnehmern nahe.

(2) Zeit

Ca. 15 bis 20 Minuten.

(3) Raum

Keine besonderen Anforderungen; gegebenenfalls Möglichkeit zum Aufschreiben der geäußerten bildhaften Vergleiche.

(4) Material

Plakat, Tafel, Tageslichtschreiber/Overhead-Projektor mit zugehörigem Schreibmaterial.

3. Hinweise für die Leiterin/den Leiter

In dem Fall, daß die Äußerungen frei in den Raum gesprochen werden, kann die Leitung manchmal den Eindruck bekommen, daß viel Zeit bis zur ersten Äußerung verstreicht. Es empfiehlt sich, daß sie gerade dann noch einige Atemzüge lang wartet, bevor er einen eigenen Einfall ausspricht. Wenn ein Leitungsteam arbeitet, sollte es jedem Teammitglied selber überlassen bleiben, wann es einen Einfall sagt; es ist nur darauf zu achten, daß die Teammitglieder sich nicht mehrfach hintereinander äußern – das könnte die Teilnehmer entmutigen.

4. Weiterarbeit

An die Metapher-Meditation (deren Einfälle evtl. für alle sichtbar festgehalten worden sind) kann sich ein Rundgespräch anschließen unter der Leitfrage: »Was machen unsere Einfälle uns deutlich?« oder »Was hat sich uns durch unsere Einfälle eröffnet?«

Phantasie-Reise

1. Lernziele

Zugang zu einer Aufgabenstellung oder zu einem Thema finden; neue Sichtweisen eines Inhaltes/eines Themas entdecken; die eigene Vorstellungskraft und Kreativität entdecken und üben.

2. Durchführung

a)   Ablauf

Diese Methode spricht tiefere Erlebnisbereiche an. Durch eine gesprochene Anleitung wird gewissermaßen ein »Raum« eröffnet, den der Teilnehmer mit seinen inneren Bildern ausfüllt, wobei die Gestalt dieser inneren Bilder von der eigenen Befindlichkeit, der lebensgeschichtlichen und aktuellen Erfahrung, den tiefer liegenden Bedürfnissen und Interessen, gegebenenfalls auch von unbewußten Regungen geprägt wird.

Es folgt als Beispiel eine ausformulierte Anleitung zur Themenfindung in einer Gruppe. Sie kann zunächst im Team mit ein, zwei Bekannten ausprobiert und anschließend in der Gruppe durchgeführt werden. Bei den Punkten (...) soll eine kleine Pause sein, damit die Phantasie der Teilnehmer folgen kann:

»Ich möchte mit Ihnen eine kleine Reise machen, die uns helfen soll, auf wichtige Themen für unsere gemeinsame Arbeit zu kommen. Es ist eine Reise mit Hilfe Ihrer eigenen Phantasie. Bitte setzen Sie sich so bequem hin, daß Sie einige Zeit in dieser Stellung bleiben können. Achten Sie darauf, daß Ihr Atem frei fließen kann, daß weder Brustraum noch Bauch eingeengt sind. Ich werde Sie gleich bitten, die Augen zu schließen. Das soll Ihnen helfen, vor Ihrem inneren Auge Ihre eigenen Bilder entstehen zu lassen...

Bitte schließen Sie jetzt die Augen und stellen Sie sich vor, es ist ein schöner, warmer Sommertag... ein Tag, der Ihnen ganz alleine gehört... Sie sind hinausgefahren, um eine kleine Wanderung zu machen... Sie gehen jetzt auf einem kleinen Weg, der durch grüne, blühende Wiesen führt... Sie hören die Vögel und riechen den Duft der Blumen und Gräser... Der Weg führt jetzt in einen lichten Buchenwald... und Sie gehen und freuen sich an Ihrem Tag... Nach einiger Zeit macht der Weg eine Biegung, und Sie sehen auf einer Waldlichtung ein freundliches, kleines Holzhaus liegen... Sie kommen näher und treten durch die offene Tür in eine Diele... Dort steht eine Holzbank... Sie setzen sich und ruhen sich etwas aus... Jetzt sehen Sie, daß an der gegenüberliegenden Wand ein Bild hängt... Sie sehen es sich näher an... Sie erkennen das Bild... Sie prägen sich das Bild ein... Plötzlich sehen Sie, wie das Bild verschwindet... und ein neues Bild taucht auf... es hat mit Fragen, Themen, Problemen zu tun, die Sie seit einiger Zeit beschäftigen... Dieses Bild verschwindet nicht mehr, es bleibt stehen... und Sie verabschieden sich von ihm... und achten darauf, mit was für einem Gefühl Sie das tun... Plötzlich hören Sie Stimmen... Sie entdecken, daß hinter der Tür, die von der Diele weiterführt, Menschen sein müssen... Sie nähern sich der Tür und schauen vorsichtig durchs Schlüsselloch... Sie sehen eine Gruppe, die im

Kreis sitzt und miteinander redet… Sie können hören, was Sie reden… Es ist ein Thema, was Sie brennend interessiert… Sie hören ein Weilchen zu… Jetzt stehen die Leute auf und fangen an, etwas zu tun, etwas, das Ihnen auch sehr Spaß machen würde… Sie öffnen die Tür, die Leute freuen sich, daß Sie kommen, als hätten sie auf Sie gewartet… und Sie machen einfach mit… Nach einiger Zeit haben Sie genug davon und machen sich wieder auf den Weg… Doch bevor Sie gehen, schenkt Ihnen noch jemand etwas zum Abschied und zur Erinnerung… Sie betrachten das Geschenk genau… stecken es ein… sagen Leb wohl und machen sich auf den Weg zurück durch den Wald… die blühenden Wiesen… und kommen langsam hierher in den Raum… Ihr Geschenk haben Sie mit… Sie öffnen die Augen und nehmen Kontakt auf zum Raum und zu den anderen hier.«

b) Rahmenbedingungen

(1) Teilnehmerzahl
Max. 24 Personen.
(2) Zeit
Ca. 15 Minuten für die »Reise« und für die Weiterarbeit (s.u.) mindestens 30 Minuten.
(3) / (4) Raum/Material
Stuhlkreis; möglichst Stühle, die ein entspanntes und in sich ruhendes Sitzen ermöglichen (keine Sessel, sondern eher »harte« Stühle mit steiler Lehne).

3. Hinweise für die Leiterin/den Leiter

Die »Phantasie-Reise« ist ein »projektives Verfahren«, d.h. die Person überträgt (= projiziert) auf angebotene Vorstellungsinhalte (Weg/Haus/Bild usw.) ihre innere Befindlichkeit und Erfahrungen. Insofern kann diese Methode für viele Inhalte eingesetzt werden – gerade auch für solche, die die Beziehung zu anderen Menschen betreffen. Allerdings setzt sie einige Erfahrung in der Anleitung (Auswahl der Vorstellungsinhalte, Sprechweise, Auswertung) voraus, die man am besten durch eigenes Teilnehmen (bei Fortbildungsveranstaltungen usw.) gewinnt. Bei der Auswertung sind tiefergehende Deutungen durch die Leitung zu vermeiden.

4. Weiterarbeit

Zu obigem Beispiel: Jede(r) hat Gelegenheit zu erzählen, was er/sie auf seiner Reise erlebt hat, d.h. die Teile, die er bzw. sie erzählen will (!), die anderen hören aufmerksam zu.

Hilfsfragen können sein:
Was haben Sie für Bilder gesehen?
Was war das Thema der Gruppe?
Was hat die Gruppe getan, und wie war das, als Sie dazustießen?
Wie sieht Ihr Geschenk aus, und was bedeutet es für Sie?
Ziel ist es, gemeinsam herauszufinden, welche für den Erzähler wichtigen Themen deutlich werden und wie diese in Worte gefaßt heißen.

Variation (mit mehr Schutz des eigenen Erlebens!):
Jedes Gruppenmitglied geht seine Reise noch einmal durch nach ihm wichtig gewordenen Themen, formuliert diese auf einem Blatt und stellt sie dann den anderen vor. Diese Themen werden mitgeschrieben. Wenn alle, die sich äußern wollen, an der Reihe waren, kann in einem nächsten Schritt aus den so gesammelten Themen eine Auswahl getroffen werden.

3.3.2.6 Spielerisch akzentuierte Methoden

Pantomime und Lebendes Bild

1. Lernziel

Den Kern eines Problems (das Zentrum eines Inhaltes, den Höhepunkt einer Entwicklung) erfassen und darstellen können.

2. Durchführung

a) Ablauf

Die Teilnehmenden werden gebeten, sich über ein Thema auszutauschen. Weitere Aufgabenstellung: »Bitte stellen Sie Ihr Ergebnis durch eine Pantomime, also ein Spiel ohne Worte, dar.« Oder: »Bitte stellen Sie Ihr Ergebnis durch ein ›lebendes Bild‹ dar, d.h. gruppieren Sie sich gemeinsam zu einer Art ›Foto‹ oder ›Denkmal‹, mit dem Sie das Wesentliche Ihres Gespräches zum Ausdruck bringen.«

b) Rahmenbedingungen

(1) Teilnehmerzahl
Bis zu 30 Personen in der Gesamtgruppe und bis zu 7 Personen in den Kleingruppen.

(2) Zeit
Bis zu 30 Minuten für die Gruppen; für die anschließende Auswertung (s.u.)
je nach Bedarf mindestens 30 Minuten oder mehr.

(3) / (4) Raum/Material
Freie Darstellungsfläche in der Mitte des Raumes; möglichst Stuhlkreis.

3. Hinweise für die Leiterin/den Leiter

Ein »lebendes Bild« ist erfahrungsgemäß eine gute Möglichkeit, um ins Zentrum
von Fragestellungen vorzustoßen. Die Gruppen können ihre Pantomimen bzw.
lebenden Bilder hintereinander (ohne zwischengeschaltete Diskussion) darbieten
(wegen der Chancengleichheit für alle Ergebnisse und um nicht durch zwischen-
zeitliche Diskussionen die Spontaneität zu nehmen), oder es gibt kurze Zeit für
Zuschauerreaktionen (»Was sehen wir …?«).

4. Weiterarbeit

Im Anschluß an die Pantomimen bzw. lebenden Bilder Rundgespräch: »Was hat
sich uns eröffnet – Was ist deutlich geworden in bezug auf unser Thema?«

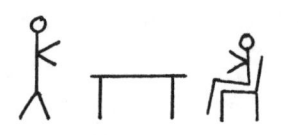

Rollenspiel

1. Lernziele

Inhalte erlebnisorientiert erschließen; Informationen und Erfahrungen durch Reden und Spielen darstellen können; sich in eine Situation und Rolle einfühlen
können; sich mitteilen können; bislang unbekannte Anteile der eigenen Person
bzw. bisher nicht geübte Verhaltensweisen entdecken und »ausspielen«; »Probe-
handeln« üben.

2. Durchführung

a) Ablauf

Situation: Rollen:	geschlossen	offen
definiert (a) oder (b)	I	III
undefiniert	II	IV

(a) = Rollendefinition allen bekannt
(b) = Rollendefinition z.T. verdeckt

Beispiel für Variante I (a)
(Rollen definiert/allen bekannt, Situation geschlossen)
Die Teilnehmer erhalten die genaue Darstellung eines Problems bzw. einer Situation mit exakten Rollenangaben, z.B.: »Die Familie Petersmann sitzt am Sonntag beim Mittagessen zusammen: Der Ehemann, 45 Jahre, Angestellter bei …; die Ehefrau, 43 Jahre, seit 15 Jahren Hausfrau, vorher Chemielaborantin; Tochter Erna, 17 Jahre, Anwaltsgehilfin; Sohn Fritz, 13 Jahre, Hauptschüler. Die vier können sich über die Gestaltung des Sonntagnachmittags nicht einigen (hier evtl. Einfügung von Hauptwünschen oder -argumenten jedes Familienmitgliedes). Die Auseinandersetzung endet – wie schon so oft an den vergangenen Sonntagen – in allgemeiner Gereiztheit und ohne gemeinsamen Entschluß.«

Beispiel für Variante I (b)
(Rollen definiert/nicht allen bekannt, Situation geschlossen)
Situation wie zuvor, jedoch mit Zusatzinformation (die den anderen nicht bekannt ist), für Erna, z.B.: »Erna hat, ohne daß es die Familie weiß, sich vorgenommen, an diesem Nachmittag mit ihrem Freund eine kleine Radtour zu machen.«

Beispiel für Variante III (a)
(Rollen definiert/allen bekannt, Situation offen)
»Der Personaldirektor ist mit seinem neuen Assistenten unzufrieden. Sein Stellvertreter hat deshalb einen neuen Posten für den Assistenten in der Zentralen Materialbeschaffung gefunden. Dem Personaldirektor ist es unangenehm, die Versetzung mitzuteilen; er hat daher seinen Stellvertreter gebeten, dies zu tun. Er

will aber dabeisein, sozusagen als ›Autorität im Hintergrund‹. Als der Assistent hört, daß er zu einer Besprechung ins Büro des Personaldirektors kommen soll, schwant ihm nichts Gutes.«

Beispiel für Variante II
(Rollen undefiniert, Situation geschlossen)
»Zwei junge Leute werden von den Vermietern einer 2-Zimmer-Wohnung abgelehnt. Konkretisieren Sie, um was für Personen es sich handeln könnte und welche Ablehnungsgründe maßgeblich sind.«

Beispiel für Variante IV
(Rollen undefiniert, Situation offen)
Die Teilnehmer/-innen erhalten ein Thema, das zunächst nicht nach Rollen strukturiert ist, z.B. »Worüber entsteht in der Familie am ehesten Streit?« Sie sammeln hierzu Ideen und setzen diese in eine Spielszene um.
Die Wahl der Variante ist abhängig vom Ziel. Grundsätzlich gilt: je mehr Offenheit, desto größer die Dynamik.
Die Leitung kann den Fall erzählen und Teilnehmer bitten, sofort in das Spiel einzutreten; Voraussetzung: gegenseitige Bekanntschaft, gelockerte Atmosphäre, Kenntnis der Methode »Rollenspiel«, Spielbereitschaft. Diese Vorbedingungen für ein Spiel aus dem Stand sind selten erfüllt. Deshalb empfiehlt es sich, die Rollenvorgabe und Problemdarstellung aufzuschreiben und den Teilnehmern zu geben; sie können sich dann einzeln, besser aber in Kleingruppen mit der Situation befassen, sich hineinfühlen und anschließend das Spiel wagen (ggf. kann eine Gruppe ausgelost werden, um den Entscheidungsprozeß, »wer spielt« abzukürzen).

b)   Rahmenbedingungen

(1)   Teilnehmerzahl
Bis zu 30 Personen in der Gesamtgruppe und bis zu 7 Personen in den Kleingruppen.
(2)   Zeit
Für das eigentliche Rollenspiel max. 12 Minuten; für die Vorbereitung in Varianten I und III ca. 10 Minuten, bei Varianten II und IV 30 bis 45 Minuten.
(3) / (4)   Raum/Material
Freie Spielfläche in der Mitte des Raumes; »Requisiten« nach vorgegebener Situation.

3.   Hinweise für die Leiterin/den Leiter

Die Zeitvorgaben zur Vorbereitung sollten möglichst kurz sein, um die Entwicklung umfangreicher »theoretischer« Lösungskonzepte und Spielpläne zu vermeiden. Ebenso wichtig ist es, das Spiel eher frühzeitig abzubrechen (also z.B. am Höhepunkt, bei einer besonders schlagkräftigen Argumentation usw.), damit der zündende Funke für die spätere Auswertung (s.u.) erhalten bleibt; keinesfalls eine Situation so lange ausspielen lassen, bis den Spielern nichts mehr einfällt! Dann fällt erfahrungsgemäß auch im Auswertungsgespräch keinem mehr etwas ein.

Die Entscheidung »wer spielt – wer spielt nicht«, braucht manchmal etwas Zeit; dabei ist auf Signale des zögernden Wollens (unruhiges Sitzen, halbes Aufstehen und wieder setzen usw.) zu achten, um diese Teilnehmer/innen rechtzeitig ermutigen zu können.

Generell gilt: Rollenspiele setzen gegenseitige Bekanntschaft und ein gewisses Vertrauensklima in der Gruppe voraus; deshalb sollten sie nicht am Anfang einer Veranstaltung und keinesfalls in einer neu (und womöglich nur einmal) zusammentretenden Gruppe eingesetzt werden. Die so verursachten Frustrationen können die an sich ertragreiche Methode nachhaltig in Mißkredit bringen, und das wäre schade.

4.   Weiterarbeit

An das Spiel schließt sich eine Auswertung an. Sie beginnt immer mit einer Äußerungsmöglichkeit für die Spieler/innen: »Wie ist es mir mit meiner Rolle (bzw.: … im Spiel) ergangen?« Hier muß gerade dann die Möglichkeit der nachträglichen Distanzierung gegeben sein, wenn sich jemand weit – vielleicht sogar für sich selber überraschend weit und ungewohnt – exponiert hat. Erst dann folgen die Eindrücke des Publikums: «Was haben wir gesehen? Was hat das Spiel in uns ausgelöst?» Die nicht Spielenden, also die Zuschauer/innen des Rollenspiels, können auch Beobachtungsaufgaben bekommen, z.B. im Blick auf die verhandelten Themen, Argumentationsweisen usw. Erfahrungsgemäß kann dies jedoch das ganzheitliche Miterleben eher behindern.

Manchmal werden in der Auswertung andere oder neue Lösungen erörtert. In diesem Fall kann sich ein neues Rollenspiel anschließen (»Laßt uns doch diese Lösung einmal spielen … Wer ist jetzt der Ehemann, die Ehefrau, die Tochter, der Sohn …?«).

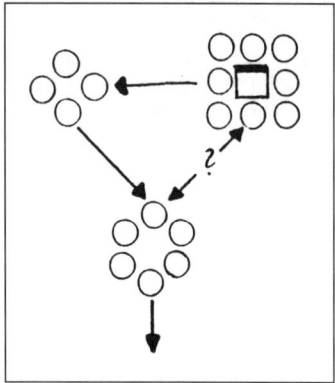

Planspiel

1. Lernziele

Kenntnisse über größere Zusammenhänge und Wechselwirkungsvorgänge gewinnen; Wirklichkeit und Entscheidungsvorgänge durchschauen können; eigene Entscheidungs- und Planungsstrategien entwickeln; die Erfassung wichtiger Komponenten eines Entscheidungsfeldes üben; Entscheidungsfähigkeit üben.

2. Durchführung

a) Ablauf

Ein Planspiel besteht aus
(1) einem Modell, das den Spielrahmen festlegt;
     dieses Modell ist an die Wirklichkeit angelehnt, vereinfacht sie aber (Simulation), und bestimmte Faktoren werden von vornherein im Sinne einer Ausgangssituation festgelegt;
(2) dem eigentlichen Spielverlauf;
     hier erkennen die Teilnehmenden die Regeln des Modells für die Spieldauer als ihre Wirklichkeit an;
     sie identifizieren sich mit bestimmten Rollen;
     sie treffen Entscheidungen;
     diese Entscheidungen werden in das Modell eingebracht, das sich deshalb im Spielverlauf ändern kann.

Beispiel für ein Modell:
Die Textilfirma »Top-Dress« in X-Dorf will einen erheblichen Teil ihrer Fertigung in ein Entwicklungsland verlagern. Der Kirchenvorstand wird sich mit dem Vorhaben beschäftigen müssen. Ihm liegt ein Antrag vor, dagegen öffentlich Stellung zu nehmen. Neben dem Kirchenvorstand beschäftigen sich mit dem Vorgang vier weitere Gruppen, die jeweils gesonderte Situationsbeschreibungen erhalten:
– das Direktorium von »Top-Dress« (Erarbeitung von Argumenten und Begründung für die Entscheidung der Firma);
– eine entwicklungspolitisch engagierte Gruppe junger Erwachsener (Erarbeitung von Argumenten gegen die Entscheidung der Firma);
– eine Frauengesprächsgruppe mit einigen Arbeiterinnen aus der Firma (Suche nach einer eigenen Position);
– der Stadtrat (Auseinandersetzung über kommunal- und binnenwirtschaftliche Konsequenzen des Vorhabens der Firma).

Der Spielverlauf kann vorstrukturiert sein (z.B.: der Kirchenvorstand führt eine Anhörung mit Vertretern der vier Gruppen durch und trifft dann eine Entscheidung) oder zunächst offen bleiben (mit der Möglichkeit der Kommunikation zwischen den Gruppen, schriftlich oder durch »Abgesandte«).

b) Rahmenbedingungen

(1) Teilnehmerzahl
Die Gesamtgruppe muß so überschaubar sein, daß hier noch ein Rundgespräch stattfinden kann (d.h. max. 24 Personen).
(2) Zeit
Einfachere Planspiele dauern zwei bis drei Stunden; meistens wird jedoch ein halber oder ganzer Tag gebraucht, wenn die Möglichkeiten des Planspiels wirklich ausgeschöpft werden sollen.
(3) Raum
Mehrere Gruppenräume und ein großer Arbeitsraum für die Gesamtgruppe.
(4) Material
Informationsunterlagen für die verschiedenen Gruppen, ggf. Zusatzmaterial (Statistiken, Textauszüge); Schreibmaschinen oder zumindest Schreibmaterial für die Niederlegung von »Briefen«, »Anträgen«, »Statements« usw.

3. Hinweise für die Leiterin/den Leiter

Die Vorbereitung und Durchführung eines Planspiels setzt Erfahrung mit dieser Methode und Sachkenntnis in bezug auf den bearbeiteten Inhalt voraus.

4. Weiterarbeit

Auswertung als Rundgespräch:
(1) Äußerungen zum Spiel (»Wie ist es mir ergangen – Was habe ich erlebt?«).
(2) Erarbeitung allgemeiner Konsequenzen in bezug auf den Inhalt.
(3) Konsequenzen für das Handeln des einzelnen oder einer Gruppe.

3.3.3 »Festhalten und vergewissern«
Methoden zur Ergebnissicherung und -vermittlung

Die Arbeit an Inhalten soll zu Erkenntnissen führen. Sie soll Aussagen und Feststellungen möglich machen, Einblick in Sachverhalte gewähren, Perspektiven eröffnen. Sie ist auf Ergebnisse ausgerichtet, und diese immer wieder deutlich zu machen und mit ihnen weiter zu arbeiten, ist eine wichtige methodische Aufgabe in Veranstaltungen der Erwachsenenbildung.

Ergebnissicherung hat also eine doppelte Funktion: Sie zeigt dem einzelnen, was er erarbeitet hat, und sie schafft Grundlagen für die nächsten Arbeitsschritte.

Sie ist somit ein wichtiger Beitrag zur Bestätigung bzw. Verstärkung des individuellen und des gemeinsamen Lernens und zur organischen Entwicklung von aufeinander aufbauenden Erkenntnissen.

Auch hierfür sind methodische Hilfen möglich. Das Veranstaltungsbeispiel greift eine davon heraus. Anschließend wird überblicksweise nochmals »Ergebnissicherung« sowie eine spezielle, auf Gruppen ausgerichtete Methode umrissen.

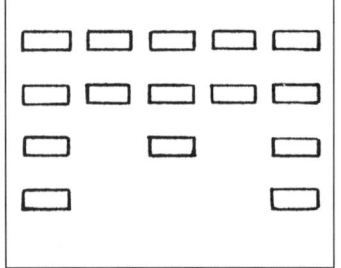

Zettelwand

Ein Fallbeispiel mit Beschreibung der Methode

In dem einleitenden Abend zu der Reihe »Vom Baby zum Schulkind« hat sich die Kursleiterin entschlossen, nach »Partnerinterview und Partnervorstellung« eine Kleingruppenarbeit anzuschließen, die bereits zu einer intensiveren Beschäftigung mit dem Inhalt führen soll. Die Gruppen werden gebeten, sich über die Frage auszutauschen: »Vom Baby zum Schulkind – Was sind nach unserer Erfahrung oder nach unserer Einschätzung die wichtigsten Stationen auf diesem Weg?«

Die Leiterin geht davon aus, daß die Teilnehmenden aufgrund ihrer Erfahrung oder mit Hilfe von Vermutungen Ereignisse benennen, die den Lebenslauf eines Kindes bestimmen (z.B. erste Worte, krabbeln, sich aufrichten, sauber werden, Kindergarten usw.). Damit werden wichtige entwicklungspsychologische oder pädagogische Fragen bereits direkt angeschnitten oder aber vorbereitet.

Die Ergebnisse müssen also festgehalten werden, damit alle den Ertrag ihres Austausches sehen und Ansatzpunkte für die weitere Arbeit erkennen. Gerade um des weiterführenden Aspektes willen sucht die Leiterin nach einer Form der Ergebnissicherung, die über bloße Gruppenberichte hinaus eine anschauliche, verdichtende Zusammenfassung leistet. Sie entschließt sich deshalb, die sog. »Zettelwand« einzusetzen. Diese einfache Grundform der Moderationsmethode hat als

1. Lernziele

Die Teilnehmenden sollen
- durchgängige Linien oder Schwerpunkte eines Themas erkennen;
- den Zusammenhang des eigenen Arbeitsergebnisses mit den Ergebnissen anderer Teilnehmer (bzw. Gruppen) wahrnehmen.

2. Durchführung

a) Ablauf

Die Anwesenden erhalten zusätzlich zum inhaltsorientierten Arbeitsauftrag noch einen Hinweis, wie die Ergebnissicherung geschehen soll:
»Bitte halten Sie einige Stichworte aus Ihrem Gespräch fest. Notieren Sie jeweils ein einzelnes Stichwort auf einen Zettel.« (Muster zeigen: Schreibmaschinen- oder Abfallpapier DIN A4, quer durchgeschnitten, möglichst groß mit einem Muster-Stichwort beschriftet.) »Zettel und Filzstifte gebe ich den Gruppen anschließend.«
Nach dieser Phase sollen die Kleingruppen in der folgenden Plenumsrunde ihre Zettel aufhängen. Die Kursleiterin vergegenwärtigt sich bei ihren Vorüberlegungen die Grundform der Methode: Eine Gruppe beginnt. Ein Gruppenmitglied liest jeden einzelnen Zettel nochmals vor (und erläutert ihn kurz, falls das Stichwort nicht aus sich heraus verständlich ist). Die Leiterin nimmt den Zettel ab und hängt ihn mit Tesa-Krepp an die Wand. Inhaltlich zusammengehörige Zettel kommen untereinander. Wenn ein Stichwort ein neues Thema anspricht, wird es auf der Waagerechten daneben gehängt. Dann folgt die nächste Gruppe. Ihre Zettel werden in derselben Weise aufgehängt, dabei aber sofort ähnliche Stichworte unter die schon vorhandenen angefügt. Nun kommt die nächste Gruppe – usw., bis alle Gruppen ihre Stichwort-Zettel eingebracht haben.
So entstehen »Spalten« oder »Zettel-Haufen« mit inhaltlich verwandten Stichworten. Bereits auf diese Weise werden durch die Häufung einzelner Zettel inhaltliche Schwerpunkte und vergleichbare Einschätzungen deutlich.
Die Leiterin fügt noch ein weiteres Element ein, um das innere »Weg-Motiv« des Themas »Vom Baby zum Schulkind« herauszuarbeiten. Sie befestigt zwei Zettel

an der Wand: links einen mit der Aufschrift »Geburt«, rechts einen mit dem Wort »Schuleintritt«; sie verbindet diese beiden Markierungen mit einer langen Tesa-Krepp-Linie, die – mit einigen sanften Bögen – von links unten nach rechts oben leicht ansteigt. Die Stichwort-Zettel, die von den Gruppensprechern vorgelesen werden, klebt sie entlang dieser Linie an, wobei sie beim Hinhängen bereits eine ungefähre zeitliche Einordnung (zwischen 0 und 6 Jahre) vornimmt.

b)   Rahmenbedingungen

(1) Teilnehmerzahl
     Bei dieser Methode sollte die einzelne Arbeitsgruppe nicht mehr als sieben und die Gesamtgruppe nicht mehr als 35 Teilnehmer umfassen.
(2) Zeit
     Für das Erläutern und Aufhängen der Zettel sind 20 bis 40 Minuten anzusetzen.
(3) Raum
     Es wird genügend freie Wandfläche benötigt. (In dem Veranstaltungsbeispiel hat die Kursleiterin deshalb bei der Vorbereitung des Raumes einige Bilder abgenommen.) Um die Wand nicht zu beschädigen, verwendet sie Tesa-Krepp (keine Zellophan-Klebestreifen!). Obwohl Tesa-Krepp erfahrungsgemäß die Wandfarbe nicht abzieht, probiert sie es sicherheitshalber vorher aus.
(4) Material
     Genügend Zettel (Format s.o. unter a)) und kräftig schreibende Filzstifte liegen bereit.

3.   Hinweise für die Leiterin/den Leiter

Die Kursleiterin weiß, daß es bei dieser Methode einige kritische Punkte gibt: In den Kleingruppen kann ein gewisser Leistungsdruck entstehen, möglichst viele Stichworte zu notieren. Sie ergänzt deshalb ihre Ansage durch den Hinweis: »Es kommt nicht darauf an, möglichst viele Zettel zu schreiben, sondern nur die Stichworte festzuhalten, die Ihnen gemeinsam wichtig sind.«
Beim Ankleben der Zettel kann es geschehen, daß die Gruppenvertreter/innen (oder die Arbeitsgruppen, die noch berichten werden) Stichworte aussortieren, die bereits aufgehängt worden sind (»das hängt ja schon da«). Da gerade auch die Häufung gleichartiger Stichworte ein wichtiges Ergebnis darstellt (z.B. als Hinweis auf ein zentrales Problem oder auf eine verbreitete Einschätzung unter den Teilnehmern), wird die Leiterin in diesem Fall darum bitten, auch solche Stichworte einzubringen und zu benennen, die schon sichtbar sind.

Beim Aufhängen der Zettel kann eine Diskussion darüber entstehen, »was wohin gehört«. Dieser Versuch einer systematisch-perfekten Ordnung hat den Nachteil, daß er die noch verhältnismäßig konkreten Stichworte in immer allgemeinere Oberbegriffe auflöst – ganz abgesehen davon, daß er sehr schnell zu Frustrationen führt. Sollte eine solche Situation auftreten, wird die Leiterin darauf achten, daß zunächst nur grobe Einteilungen getroffen werden. Stichworte, die sich nicht auf Anhieb zuordnen lassen, werden gesondert aufgehängt – auch auf das (kleine) Risiko hin, daß manche Zettel-Spalten Doppelungen enthalten.

Ein wichtiger Faktor beim Entstehen einer Zettelwand ist die Technik: Raumauf-teilung an der Wand, Ankleben der Zettel (die Zettel nicht aneinander-, sondern jeden für sich hinkleben!), Hantieren mit Klebestreiben und Papier. Das sind viele Tätigkeiten auf einmal, und deshalb ist es wichtig, daß der Leiter bzw. die Leiterin im Hintergrund mithilft, besonders bei Teilnehmern, die diese Methode zum er-sten Mal erleben.

Im übrigen lohnt es sich, nach Variationen zu suchen, mit deren Hilfe sich die veranschaulichende Wirkung der Zettelwand noch steigern läßt. In dem hier dar-gestellten Veranstaltungsbeispiel erreicht die Kursleiterin dies durch eine inhalts-nahe Anordnung der Stichwort-Zettel (als »Stationen« auf einer Entwicklungs- bzw. Lebens-Linie zwischen 0 und 6 Jahren). In anderen Fällen können die zu beschriftenden Zettel selber eine Form bekommen, die geeignet ist, Einfälle an-zuregen und ein Thema symbolhaft zu verdeutlichen. So lautet z.B. während eines Seminars zur Mitarbeiterfortbildung im Rahmen einer Zwischenbilanz der Ar-beitsauftrag, sich zu überlegen: »Wo drückt mich noch der Schuh?« Die Einfälle sollen jeweils auf einzelne Zettel geschrieben werden, die als ein Schuh gezeich-net und ausgeschnitten sind (Größe etwa im Rahmen von DIN A4):

In anderen Fällen könnte man an Blumen, Wölkchen o.ä. denken.
Es macht zwar Mühe, die schlichten rechteckigen Zettel durch solche Gestaltun-gen zu ersetzen – aber die einfallsanregende Wirkung lohnt den Aufwand.

4. Weiterarbeit

An die Zettelwand können sich weiterführende Arbeitsgänge anschließen, z.B.
– ein Rundgespräch (»Welche Schwerpunkte fallen uns auf?« oder »Was fehlt, was muß noch ergänzt werden?« oder »Was sagt das Ergebnis über …?«),
– ein Kurzreferat (ein Referent kommentiert die einzelnen Schwerpunkte nochmals aus seiner Sicht, indem er unterstreicht, ergänzt, vertieft),
– Interessengruppen zu einzelnen inhaltlichen Schwerpunkten.
Im Fall der hier geschilderten Veranstaltung schließt die Leiterin an die Zusammenstellung der Zettelwand ein Kurzreferat an, in dem sie die einzelnen Stationen auf dem Weg »Vom Baby zum Schulkind« nochmals benennt und dabei jeweils auf die besonderen Herausforderungen und die gemeinsamen Entwicklungschancen für Eltern und Familie eingeht.

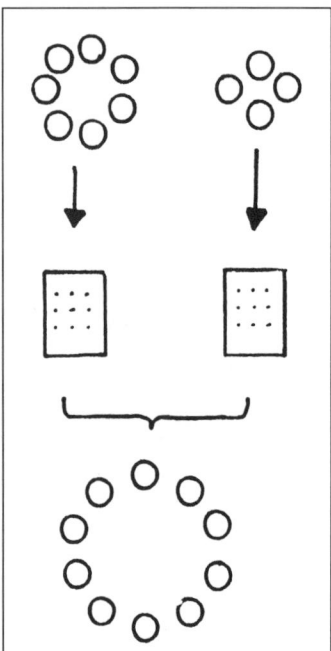

Ergebnissicherung

1. Lernziele

Eigene Einfälle und Arbeitsergebnisse festhalten können; eigenes Arbeitsergebnis als bedeutsam für die Entwicklung eines Gesamtergebnisses erkennen.

2. Durchführung

a) Ablauf

Bevor die Teilnehmenden in Gruppen auseinandergehen oder mit Einzelarbeit beginnen, wird neben dem Arbeitsauftrag auch die Form der beabsichtigten Ergebnissicherung präzise angegeben. Je nach beabsichtigtem Ziel und/oder Weiterarbeit mit den Ergebnissen sind folgende Formen denkbar und anzusagen:
– Jemand hält das Gruppenergebnis schriftlich fest.
– Jede(r) schreibt wichtige Stichworte auf Einzelzettel (vgl. Fallbeispiel).
– Jede(r) schreibt den eigenen Beitrag auf ein gemeinsames Plakat (Wandzeitung).
Dabei gibt es folgende Möglichkeiten der schriftlichen Fixierung:
– ein oder mehrere ausformulierte(r) Satz/Sätze (Ergebnisse/Regeln),
– jeweils ein Stichwort (Sammlung),
– wörtliches Festhalten einzelner Aussagen (Protokoll).
Bei allem sind Mischformen denkbar.

b) Rahmenbedingungen

(1) Teilnehmerzahl
Die Größe der Gesamtgruppe bemißt sich danach, ob die gesicherten Ergebnisse noch in eine gemeinsame Verarbeitung durch alle Teilnehmer eingebracht werden sollen; in diesem Fall liegt die Obergrenze bei ca. 35 Personen.

(2) Zeit
Für die Ergebnissicherung muß eigens Zeit vorgesehen werden, und zwar je nach Umfang der Aufgabenstellung 10 bis 30 Minuten.

(3) Raum
Die Ergebnissicherung kann – sofern die Aufgabe begrenzt ist – im Arbeitsraum der Gesamtgruppe vorgenommen werden; bei einem länger dauernden Arbeitsgang empfiehlt sich ggf. die Einbeziehung von getrennten Gruppenräumen.

(4) Material
Benötigt werden als Schreibgrund alte Plakate (Rückseite), Tapetenrollen, Rollenabriß oder anderes großflächiges, hellgrundiges Papier. Zum Beschreiben eignen sich am besten dicke Filzstifte. Dabei ist zu beachten, daß dicke Filzstifte eventuell durch dünnes Papier durchschreiben! Zur Aufhängung der Plakate empfiehlt sich Tesa-Krepp.

3. Hinweise für die Leiterin/den Leiter

Bei Plakaten zur Ergebnissicherung empfiehlt es sich, die vorgegebene Fragestellung/Thema vorher obenhin zu schreiben.

Zu beachten ist, daß Schreibungewohnte unter Umständen Scheu vor schriftlicher Ergebnissicherung haben. Eventuell könnte die Leitung das Schreiben selbst übernehmen, oder sie bittet einen Teilnehmer/eine Teilnehmerin darum. Manche haben auch Schwierigkeiten, eigene Beiträge aufzuschreiben, da sie diese für »nicht so wichtig« halten. Hier sollte eine deutliche Ermutigung durch den Gruppenleiter geschehen. – Es ist günstig, darauf hinzuweisen, daß in möglichst großen und deutlichen Buchstaben geschrieben wird.

Da bei unstrukturierten Gruppenberichten im Plenum leicht Langeweile entsteht (weil bei Gruppenarbeit das Zentrum des Geschehens in der Gruppe selbst liegt, also für Außenstehende nur begrenzt nachvollziehbar ist, und weil außerdem mehrere Berichte hintereinander ermüden), empfiehlt es sich, eine Ergebnissicherung in Form von »Verdichtungen«/»Zuspitzungen« anzuregen, die einerseits die Materialfülle vermindern und mit denen sich andererseits anregend weiterarbeiten läßt, z.B.: »Formulieren Sie Ihr Ergebnis in Form von drei Thesen« oder »…

drei goldenen Regeln« oder »Erfinden Sie vor dem Hintergrund Ihrer Überlegungen eine Schlagzeile für ein Boulevardblatt« usw.

4. Weiterarbeit

Die Plakate oder Einzelzettel werden für alle sichtbar im Plenum aufgehängt, entweder vor einem folgenden Plenumsgespräch oder während in mündlichen Gruppenberichten o.ä. darauf Bezug genommen wird.

Die Plakate mit den gesicherten Gruppenergebnissen können entweder von den Teilnehmern nur zur Kenntnis genommen werden, ohne daß ein ausführliches Gespräch folgt (evtl. Möglichkeit zu Rückfragen geben), oder sie dienen in einem Plenumsgespräch als Diskussionsgrundlage, werden erläutert, ergänzt, geordnet.
Die Plakate können während eines ganzen Seminars zur Erinnerung, Ergänzung, Veränderung, Rückbeziehung hängenbleiben.

Mix-Gruppen

1. Lernziele

Eigene Arbeitsergebnisse artikulieren und anderen im direkten Austausch mitteilen können; die Arbeitsergebnisse anderer kennenlernen.

2. Durchführung

a) Ablauf

Gruppen bearbeiten eine Fragestellung. Im anschließenden Plenum werden neue Gruppen gebildet; in diesen neuen Gruppen soll jede vorangegangene Arbeitsgruppe durch mindestens einen Teilnehmer vertreten sein. Die Anzahl dieser »Gemischten Gruppen« richtet sich nach der Arbeitsgruppe mit der kleinsten Teilnehmerzahl.
Beispiel: Es gibt fünf Arbeitsgruppen, davon eine mit fünf, zwei mit sechs und zwei mit sieben Mitgliedern. Für den Austausch werden nun fünf »Gemischte Gruppen« gebildet, weil dann aus der kleinsten Arbeitsgruppe jeweils ein Mitglied in einer »Gemischten Gruppe« sein kann. Die anderen Arbeitsgruppen sind in einigen »Gemischten Gruppen« durch zwei Personen vertreten. Fragestellung für die »Mix-Gruppen«: »Was war mir in meiner Arbeitsgruppe wichtig – Was haben wir herausgearbeitet?«

b) Rahmenbedingungen

(1) Teilnehmerzahl
Bis zu 40 Personen in der Gesamtgruppe; für die »Gemischten Gruppen« s.o.
in 2.1.

(2) Zeit
Mindestens 30 Minuten in den »Mix-Gruppen«, damit wirklich ein Austausch zustande kommt.

(3) / (4) Raum/Material
Bewegliche Bestuhlung, um die »Gemischten Gruppen« zwanglos bilden zu können.

3. Hinweise für die Leiterin/den Leiter

Die Struktur der Methode ist verhältnismäßig einfach und klar. Dennoch gelingt es nicht immer, sie auf Anhieb verständlich zu machen. Deshalb empfiehlt sich der Einsatz von Orientierungshilfen; am ehesten eignet sich hierfür die Vergabe je einer Farbe pro Arbeitsgruppe (eine Arbeitsgruppe hat einen roten Punkt auf ihrer Arbeitsanweisung, eine einen blauen usw.); für die »Mix-Gruppen« lautet dann die Anweisung: »Bitte achten Sie darauf, daß in der Gemischten Gruppe jede Farbe mindestens einmal und nicht mehr als … mal vertreten ist.«

3.3.4 »Zusammenkommen, zusammen bleiben« Methoden zur Entwicklung von Beteiligung und Gruppenzusammenhang

Die besondere Herausforderung der Kurse und Seminare, Arbeits- und Gesprächskreise in der Erwachsenenbildung liegt darin, daß die hier beteiligten Menschen Zugang finden nicht nur zum Inhalt, sondern auch zueinander; daß sie Kontakt aufbauen und ihren Lernweg zumindest eine Strecke gemeinsam gehen können. Auch hierfür gibt es helfende Verfahren.
Allerdings ist eine Einschränkung zu machen: Sofern die zwischenmenschlichen Beziehungen in einer Gruppe, die hier auftretenden Störungen, aber auch die Entwicklungsmöglichkeiten Inhalt des Lernens sind, gibt es Methoden, die sich ausschließlich darauf ausrichten und entsprechende Hilfen zur Wahrnehmung und

zum gegenseitigen Austausch geben. Wer sich dafür interessiert, sei auf spezielle Methodensammlungen verwiesen (vgl. eine Auswahl im Literaturverzeichnis). Dieses Buch will Methoden darstellen, die beides verbinden: Arbeit am Inhalt und Aufbau von Beziehung. Insofern fördern die meisten Methoden, die in dem Abschnitt 3.3.2 (»Etwas lernen und erfahren«) dargestellt worden sind, auch den gegenseitigen Kontakt und das Zusammenwirken in einer Gruppe – und dies nicht trotz, sondern innerhalb der jeweiligen inhaltlichen Orientierung. So kamen in dem mehrfach ausgewerteten Veranstaltungsbeispiel Methoden vor, die bei aller Zentrierung auf ein Thema, eine Fragestellung, eine Sache stets auch einen Beziehungsaspekt hatten; vgl. das Zufallsprinzip bei der Zweiergruppenbildung zu Beginn der Veranstaltung (Abschn. 3.3.1) oder die Übergänge von der Klein- in die Großgruppe (Abschn. 3.3.1 und 3.3.3). Diese Methoden werden nun nochmals in Übersicht dargestellt, ergänzt durch zwei Verfahrensweisen, mit deren Hilfe der aktuelle, innere und äußere »Ort« des einzelnen und der ganzen Gruppe bewußt wahrgenommen werden kann.

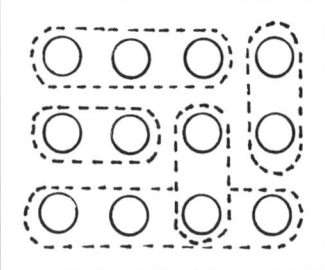

Gruppenbildung (Zufalls- und Wahlgruppen)

1. Lernziele

Andere in einem überschaubaren Rahmen kennenlernen; Ängste abbauen; »in Bewegung« kommen; Kontakt aufnehmen; arbeitsfähige Gruppen bilden.

2. Durchführung

a) Ablauf

Bildung von Zweiergruppen durch Zufall (»Zufallsgruppen«):

Geburtstagsgruppen:
Die Anwesenden werden gebeten, auf einen kleinen Zettel (oder ihr Namenskärtchen) Tag und Monat ihrer Geburt zu schreiben. Sie finden jemand für die 2er-Gruppe, indem sie aufstehen, herumgehen und die Geburtsdaten vergleichen. Partner/in ist, wer mit seinem Geburtsdatum dem eigenen am nächsten kommt.

Puzzlegruppen:
Bei z.B. 20 Personen werden 10 Postkarten in je zwei Teile zerschnitten. Diese Teile werden entweder vorher versteckt an den Stühlen befestigt oder jede(r) zieht

ein Teil aus einem Körbchen. Aufgabe für die Gruppenbildung ist es, die Postkarten jeweils richtig wieder zusammenzusetzen.

Blumengruppen (Bonbon, Blätter, Farbpunkte etc.):
Am Eingang werden Blumen verteilt. Dabei ist jede Blumensorte zweimal vertreten. Leute mit gleicher Blume bilden eine Gruppe.

Sprichwortgruppen:
Statt Postkarten werden hier bekannte Sprichwörter (oder Liedanfänge) aufgeschrieben und in je zwei Teile zerschnitten. Sie sollen wieder richtig zusammengesetzt werden.

Bändergruppen:
Es werden verschieden lange Bänder (oder Wollfäden) so geschnitten, daß immer zwei dieser Bänder gleich lang sind. Jede(r) zieht eines dieser Bänder und findet seinen Partner dadurch, daß er/sie das Band so lange mit denen der anderen vergleicht, bis er/sie das gleichlange gefunden hat.
Nach dieser ersten Kleinstaufgabe der Gruppenbildung kann die so gefundene Zweiergruppe mit einer größeren gemeinsamen Aufgabe beginnen (vgl. Kleingruppenarbeit).

Bildung größerer Gruppen durch Zufall (»Zufallsgruppen«):
Auch die Bildung größerer Gruppen kann mit einigen der oben genannten Techniken auf eine lockere und bewegte Art bewerkstelligt werden.
So lassen sich z.B. Postkarten oder größere Plakate als Puzzle auseinanderschneiden, und zwar in so viele Teile, wie die Gruppen Mitglieder haben sollen.
Die erste gemeinsame Aufgabe (aus den einzelnen Puzzleteilen, die jeder Teilnehmer zieht, das Ganze wieder zusammenzusetzen) ist ein kleines Stück Kooperation und ebnet den Weg, in der Gruppe zusammenzuarbeiten.

b)   Rahmenbedingungen

(1) Teilnehmerzahl
     Größe der Gesamtgruppe (Plenum): 10 bis 70 Personen.
(2) Zeit
     Die Gruppenbildung kann 3 bis 10 Minuten in Anspruch nehmen.
(3) Raum
     Vor allem bei Zufallsgruppen muß darauf geachtet werden, daß genügend »Bewegungsraum« vorhanden ist (Stuhlkreis mit freiem Raum in der Mitte als eine Art »Marktplatz«).

(4) Material

Je nach Wahl: Kärtchen und Filzer; zerschnittene Postkarten; Blumen, Blätter, Farbpunkte; zerschnittene Sprichwortkarten; geschnittene Bänder; Plakate als Puzzle; Plakate zum Notieren der Gruppenthemen.

3. Hinweise für die Leiterin/den Leiter

Die Zufallsgruppenbildung hat den Vorteil, daß sich die Teilnehmer zunächst nicht selbst für ein Gruppenthema oder für/gegen bestimmte Mitglieder der Gesamtgruppe entscheiden müssen. Verwendet man im Verlauf der Einstiegsphase in einer Veranstaltung mehrere solcher Zufallsgruppenbildungen, so erreicht man auf spielerische Weise einen hohen Bekanntheitsgrad und kann dann zur Bildung von Wahlgruppen übergehen.

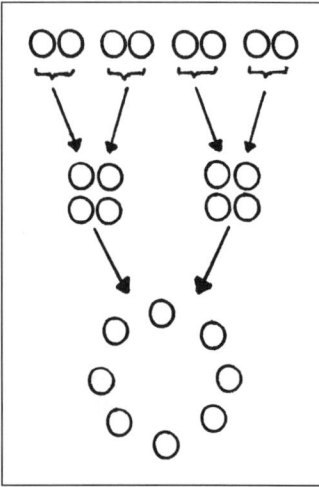

Wachsende Gruppe

1. Lernziele

Andere Personen kennenlernen; Zugang zu einem Thema finden.

2. Durchführung

a) Ablauf

(1) Zweier- oder Dreiergruppen unterhalten sich über ein gegebenes Thema.
(2) Je zwei Zweier- oder Dreiergruppen tun sich zu einer Vierer- bzw. Sechsergruppe zusammen und bearbeiten ein neues Thema, das das vorausgegangene sachlich weiterführt.
(3) Von den Vierergruppen (oder Sechsergruppen) ist der Übergang ins Plenum möglich.

b) Rahmenbedingungen

(1) Teilnehmerzahl
  – von Zweier- zu Vierergruppen: Teilnehmerzahl sollte möglichst durch 4 teilbar sein;
  – von Dreier- zu Sechsergruppen: Teilnehmerzahl sollte möglichst durch 6 teilbar sein.

Wenn diese Voraussetzung nicht gegeben ist, kann eine größere Gruppe auch eine abweichende Zusammensetzung haben, z.B.: 18 Tn. = 9 Zweiergruppen = 3 Vierer- und eine Sechsergruppe.

(2) Zeit

Gesprächsdauer für die Zweier-/Dreiergruppen: 10 bis 15 Minuten; für die Vierer-/Sechsergruppen: 20 bis 30 Minuten.

(3) / (4) Raum/Material

Die Stühle sollten sich leicht bewegen lassen, damit die kleinen Gruppen rasch zusammenrücken und sich im nächsten Schritt mit einer anderen Gruppe verbinden können.

3. Hinweise für die Leiterin/den Leiter

Eine deutliche, klare Ansage ist eine wichtige Strukturierungshilfe für dieses Vorgehen. Die erste Gruppenfindung kann durch ein Zufallsprinzip erleichtert werden.

4. Weiterarbeit

Die »wachsende Gruppe« ist gut geeignet, um ein Plenum aufzubauen, d.h. die Anwesenden als Gesamtgruppe zusammenwachsen zu lassen. Deshalb empfiehlt sich eine Arbeitsform, mit der die Gruppenergebnisse vor allen sichtbar werden (Zettelwand, Plakate, Bilder). Nach einem Austausch darüber im Plenum kann dieses erste Gesamtergebnis zunächst einmal stehengelassen werden und ein Neueinsatz erfolgen (z.B. mit neuer Gruppenarbeit oder mit einem Referat).

Alternative:

Das gleiche Verfahren läßt sich mit Farbpunkten (gleiche Farben gehören zusammen), Märchenfiguren (Figuren aus je einem Märchen gehören zusammen), Bändern u.a. anwenden.

Bildung von Wahlgruppen:

Diese bilden sich am leichtesten, wenn im Plenum entsprechende Orte (z.B. die vier Ecken des Raumes; eventuell mit Angabe der maximalen Gruppengröße) als Treffpunkt der jeweiligen Gruppe angeboten werden. Bei Gruppen zu verschiedenen Themen liegen diese, am besten auf ein Plakat geschrieben, als Sammelpunkt am Boden.

Teilnehmende und Team bekommen so schnell einen Überblick über Größe und Zusammensetzung der Untergruppen. Die Verteilung der Gruppenräume ist dann der nächste Schritt.

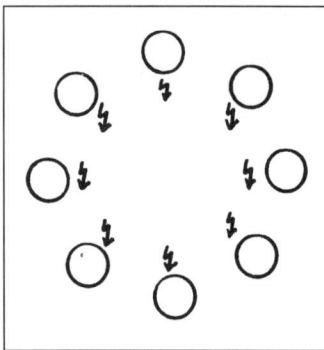

Blitzlicht

1. Lernziel

Vorhandene Gefühle, Wünsche, Erwartungen, Ideen, Themenvorschläge, Störungen usw. bei sich selber wahrnehmen und ausdrücken.

2. Durchführung

a) Ablauf

Leitung und Teilnehmende nehmen reihum mit einem oder zwei Sätzen zu einer einzelnen Frage Stellung. Es soll nicht nachgefragt, kritisiert oder kommentiert werden. Die Einzeläußerungen sollen wirklich kurz sein (wie ein Blitzlicht) und die subjektive und persönliche Sicht des Teilnehmers betreffen. Auf diese Weise erhält jede(r) einen offenen Einblick in die augenblickliche Befindlichkeit aller (auch die Schweiger – und nicht nur die Dominanten reden). Ein Blitzlicht kann beliebig oft vorgeschlagen werden, insbesondere vor und nach bestimmten Abschnitten oder wenn Unlust, Desinteresse oder Aggression zu spüren sind. Bewährte Themen für das Blitzlicht sind z.B.: »Was nehme ich im Augenblick an mir wahr (innerlich, äußerlich)?«, »Was erwarte ich von der heutigen Sitzung?«, »Wie habe ich die eben vergangene Sitzung erlebt, und wie fühle ich mich jetzt?«, »Was hat mich heute geärgert, was hat mich gefreut?«

b) Rahmenbedingungen

(1) Teilnehmerzahl
Max. 24 Personen.
(2) Zeit
Pro Teilnehmer zwischen 30 und 60 Sekunden. Es genügt ein einziger Satz!

3. Hinweise für die Leiterin/den Leiter

Die Kurzform soll wirklich eingehalten werden. Deshalb empfiehlt es sich, an die Regel zu erinnern, wenn eine Diskussion entsteht, Nachfragen aufkommen usw.

4. Weiterarbeit

Oft kann ein Blitzlicht für sich stehen. Manchmal muß sich die Weiterarbeit verändern (wenn z.B. wichtige Fragestellungen oder bislang unbekannte Empfindungen, Wahrnehmungen usw. deutlich geworden sind).

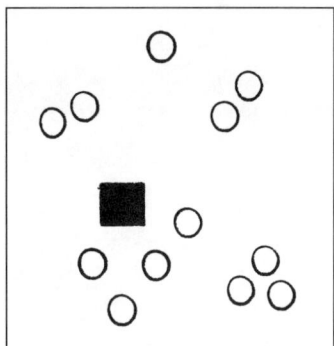

Motorinspektion

1. Lernziele

Den augenblicklichen Zustand einer Gruppe erfassen können; die eigene Beziehung zur verhandelten Sache und zu den anderen Teilnehmern erkennen.

2. Durchführung

a) Ablauf

Ansage: »Ich lege hier in die Mitte des Raumes dieses Buch (oder: Taschentuch, Blatt Papier usw.). Das stellt unser gemeinsames Thema dar. Bitte suchen Sie nun einen Platz im Raum, der zwei Dinge zugleich ausdrückt: Ihre augenblickliche Nähe oder Ferne zum Thema – und Ihre Nähe oder Ferne zu anderen Personen. Ich weiß, das ist schwer, aber probieren Sie es einmal … Sprechen Sie dabei nicht, sondern konzentrieren Sie sich nur auf sich.« Nach einiger Zeit pendeln sich die Standorte erfahrungsgemäß ein. Dann sollte nochmals ein neuer Impuls gesetzt werden: »Bitte überprüfen Sie bei sich selber: Bin ich zufrieden mit meinem Standort oder möchte ich ihn lieber verändern oder neu suchen?« Wenn sich auch diese Bewegung »ausgependelt« hat, erfolgt die Aufforderung: »Bitte schauen Sie sich um, nehmen Sie dieses Bild in sich auf.«

b) Rahmenbedingungen

(1) Teilnehmerzahl
Max. 20 Personen.
(2) Zeit
Ca. 10 bis 15 Minuten.
(3) / (4) Raum/Material
Freier Raum, um sich ungehindert bewegen zu können (Stuhlkreis, der für dieses Vorgehen aufgelöst wird).

3. Hinweise für die Leiterin/den Leiter

Häufig wird gegen die Aufgabe zunächst protestiert: »Das geht nicht.« Geben Sie dann zu erkennen, daß es wirklich schwierig ist, daß aber im Leben der Gruppe ja immer beide Dinge zugleich geschehen und daß diese Methode hilft, dies etwas genauer wahrzunehmen. Bitten Sie dann darum, den Versuch zu machen. Zwischendurch kann es nötig sein, an die Regel »nicht sprechen« zu erinnern.

4. Weiterarbeit

Rundgespräch: »Wie ist es mir gegangen, was ist mir aufgefallen – an mir und an anderen?« Weiterführung: »Was wurde deutlich über die Arbeitssituation in unserer Gruppe?«

3.3.5 »Zurückschauen und weitergehen« Methoden für Auswertung und Nacharbeit

In der Schlußphase einer jeden Veranstaltung stehen alle wie auf einer Schwelle: hinter ihnen der Kurs, das Seminar, die einzelnen Treffen eines Gesprächskreises; vor ihnen ihr Zuhause, die Arbeit, vielleicht auch die Praxis, auf die hin gelernt worden ist. Drinnen: die Veranstaltung. Draußen: der Alltag. Der Unterschied wird um so deutlicher gespürt, je intensiver und befriedigender die Arbeit und die zwischenmenschlichen Kontakte waren.
Die Trennung, die sich mit der Schwellensituation verbindet, ist für den einzelnen und für die ganze Gruppe ähnlich schwierig wie die Anfangsphase. Der Abschied kann mehr oder weniger starke Gefühlsreaktionen hervorrufen, z.B. Trauer oder Einsamkeitsempfinden. Solche Gefühle sind ungewohnt, schmerzlich oder »peinlich«. Sie werden – um die innere Balance nicht zu verlieren – gern zurückgedrängt, abgewehrt.
Ein Mittel der Abwehr kann darin bestehen, das bisherige Zusammensein eher negativ zu sehen: »Eigentlich hat das alles nicht viel gebracht« – und was nicht viel brachte, von dem kann man sich leichter trennen.
Oder es werden alte Auseinandersetzungen wieder aufgenommen: »Das war übrigens unmöglich, wie Sie Frau M. behandelt haben«, und dieses Bekannte (der Konflikt von früher) ist leichter auszuhalten als das unbekannte Neue jenseits der Trennung.
Oder es wird ein Wiedersehen vereinbart: »Könnten wir nicht weitermachen, wo wir jetzt aufgehört haben?« – und der Abschied wird ganz überflüssig.
Der Leiter/die Leiterin muß zunächst einmal wahrnehmen, inwiefern er/sie die eben skizzierten Reaktionen bei sich selbst spürt, um die Teilnehmer/innen verstehen und in ihrer Befindlichkeit akzeptieren zu können. Darüber hinaus kommt es darauf an, die Auswertung zu erleichtern, d.h. Methoden der Auswertung und Nacharbeit anzubieten, mit deren Hilfe es möglich ist, auch die schmerzlichen

und unangenehmen Seiten der Trennung und Ablösung auszudrücken und gemeinsam zu verarbeiten.

Welche Möglichkeiten es hierzu gibt, soll (nun zum letzten Mal) ein Fallbeispiel aufzeigen, gefolgt von einigen weiteren methodischen Hinweisen.

Bilanz-Frage

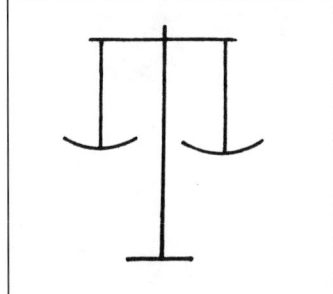

Fallbeispiel mit Beschreibung der Methode

Der Elternkurs »Vom Baby zum Schulkind« geht zu Ende. Der letzte Abend in dieser Reihe war ursprünglich unter dem Titel ausgeschrieben: »Wie wichtig sind die Spielkameraden für unsere Kinder?« Im Abend zuvor war die Kursleiterin mit den Teilnehmern so verblieben, daß sie dieses Thema in konzentrierter Form mit Hilfe einer Fallarbeit behandelt und etwa 45 Minuten für den gemeinsamen Rückblick auf die gesamte Veranstaltung verwendet.

Nachdem im Kurs der gegenseitige Austausch zu einer selbstverständlichen und gern geübten Arbeitsform geworden ist, entschließt sich die Leiterin zu einer offenen, unstrukturierten Nacharbeit in Form eines Rundgesprächs.

1.   Lernziele

Die Teilnehmer/innen sollen
– Arbeitsergebnisse erinnern und bezeichnen,
– persönlichen (Lern-)Ertrag wahrnehmen,
– Konsequenzen erkennen und
– Kritik sach- und personbezogen ausdrücken können.

2.   Durchführung

a)   Ablauf

Aus der Erfahrung heraus, daß jede Veranstaltung sowohl ansprechende als auch schwierige Elemente enthält und daß von beidem Wirkungen ausgehen können, formuliert die Kursleiterin für das abschließende Rundgespräch eine Fragestellung, die den Rückblick in die Polarität »positiv – negativ« faßt und damit zugleich den Blick nach vorn verbindet: »Was hat mir dieser Kurs gegeben, was hat mir daran eingeleuchtet? Was war mir schwierig oder mühsam? Was geht mit mir mit – als Ergebnis, als Frage, als Impuls?«

b) Rahmenbedingungen

(1) Teilnehmerzahl
Die Methode ist bei höchstens 24 Personen sinnvoll einsetzbar (und auch hier ist zu erwarten, daß nicht alle ausführlich genug zu Wort kommen können.)
(2) Zeit
Die vorgesehenen 45 Minuten sind die Mindestzeit, die für eine solche Form der Auswertung und Nacharbeit anzusetzen ist.

3. Hinweise für die Leiterin/den Leiter

Im Laufe des Rundgesprächs gilt die Aufmerksamkeit längere Zeit dem fünften Kursabend, der unter dem Thema »Angst« stand. Hier hatte die Leiterin ein Rollenspiel eingesetzt, bei dem einige Personen auf lebensgeschichtliche Hintergründe von eigenen Ängsten gestoßen waren; darüber wollten sie nun weiterreden.

Um die Auswertung nicht auf einen einzigen Teil der Veranstaltungsreihe zu beschränken, erinnert die Leiterin nach einiger Zeit an die übrigen Treffen: »Wir hatten ja noch mehr Abende. Was hat da eingeleuchtet – was war da schwierig oder mühsam?« Das heißt: In einer methodisch derart offen angesetzten Nacharbeit muß die Leitung immer wieder darauf achten, daß die einzelnen Bestandteile (einer Reihe, eines Wochenendseminars usw.) einigermaßen gleichgewichtig zum Zuge kommen – dies gerade um der Teilnehmer/innen willen, die in einer Veranstaltung (zumal im Laufe einer längeren) unterschiedliche Eindrücke und Anregungen gewinnen und auch an verschiedenen Stellen Kritik ansetzen. Solche inneren Differenzierungen bewußt zu machen, ist eine wichtige Aufgabe von Auswertungsgesprächen. Deshalb empfiehlt es sich, daß die Leitung Zustimmung oder Kritik, Festellung von Ertrag oder von Defiziten nicht vorschnell auf sich bezieht, sondern gerade auch nach pointierten Äußerungen immer wieder die gesamte Gruppe einbezieht – etwa: »Und wie haben es die anderen erlebt? Geht es Ihnen ähnlich oder anders?«

4. Weiterarbeit

Nach abschließendem Rundgespräch sieht sich die Kursleiterin in ihrem gesprächsorientierten Grundansatz bestätigt. Nachdenklich hat sie gemacht, daß sie anscheinend die Eindrücke, die durch das Rollenspiel zum Thema »Angst« entstanden waren, nicht ausführlich genug nachgearbeitet hatte. »Mehr Zeit für Auswertung – auch zwischendurch«: Das ist die erste Konsequenz, die sie für ihre künftigen Planungen zieht.

Auswertung, Nacharbeit

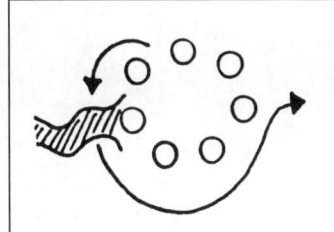

1. Lernziele

Arbeitsergebnisse artikulieren und mitteilen können; persönlichen (Lern-)Fortschritt feststellen können; eigene Reaktionen im Arbeitsprozeß in Beziehung setzen können zu anderen Gegebenheiten (Teilnehmer, Leitung, Methoden); Kritik sach- und personenbezogen artikulieren können.

2. Durchführung

a) Ablauf

Der Auftrag zur Nacharbeit und Auswertung ist sinnvoll
– nach Abschluß einer thematischen Einheit/eines Bausteins,
– zum Ende eines längeren gemeinsamen Lernprozesses.

Variante A
Die unstrukturierte Nacharbeit kann mit einem »Blitzlicht« beginnen. Notwendig sind präzise Einstiegsfragen, die (gegebenenfalls auf einem Plakat notiert) für alle sichtbar sind. Fragestellungen können z.B. sein:
– Womit bin ich zufrieden?
– Gibt es etwas, was mich enttäuscht hat?
– Habe ich Erfahrungen gemacht, die meine zukünftige Arbeit (mein Leben) beeinflussen?

Variante B
Die Nacharbeit kann strukturiert erfolgen: Die Gruppenmitglieder erhalten ein Arbeitsblatt mit gezielten Fragen zum Kursverlauf in bezug auf Thema, eigene Person, Methoden usw. Beispiel: Auf einem Arbeitsblatt sind alle Methoden aufgelistet, die in einem Fortbildungsseminar für Mitarbeiter/innen eingesetzt worden sind; für jede Methode gibt es drei Spalten zum Ausfüllen: »Was hat diese Methode bei mir positiv ausgelöst/Was hat mir daran eingeleuchtet?« »Was hat diese Methode bei mir negativ ausgelöst/Was hat mich daran gestört?« »Was würde ich bei einer Übertragung in meine Praxis ändern?« Jede Person soll sich zuerst allein mit den Fragen auseinandersetzen und schriftlich alle Gedanken festhalten. Zeitdauer nach Umfang des Fragenkatalogs 15 bis 30 Minuten.
Nach Ablauf der Einzelarbeit bilden sich Kleingruppen à 2 oder 3 Personen, die die Einzelergebnisse untereinander austauschen und vergleichen. Beim Vergleich kommt es darauf an festzuhalten, in welchen Fragen Übereinstimmung herrscht,

wo Abweichungen vorliegen (»Welchen Gesamteindruck habe ich, welche meine Partner?«). Zeit: 20 bis 30 Minuten (Wenn ein Arbeitsblatt gleich in Partnerarbeit besprochen wird, sind hierfür ca. 60 Minuten nötig.)

Zum abschließenden Austausch treffen sich alle im Plenum. Mit der Fragestellung: »Was ist Ihnen besonders aufgefallen beim Vergleich Ihrer Ergebnisse?« kann das Plenumsgespräch eingeleitet werden. Der Leiter/die Leiterin notiert die Ergebnisse des Rundgesprächs. Hierbei beachtet er/sie besonders Fragen, die noch offen erscheinen und geklärt werden müssen.

Variante C

Eine Verbindung zwischen strukturierter und unstrukturierter Nacharbeit stellen Vorgehensweisen her, bei denen mit Hilfe eines Arbeitsblattes ein Rahmen angeboten wird, der Einfälle anregt.

Beispiele:
(1) »Bilanz-Waage«
(2) »Was geht mir durch den Kopf, wenn ich von dieser Veranstaltung heimgehe?«
(Zu beiden siehe die folgenden Muster für Arbeitsblätter.)

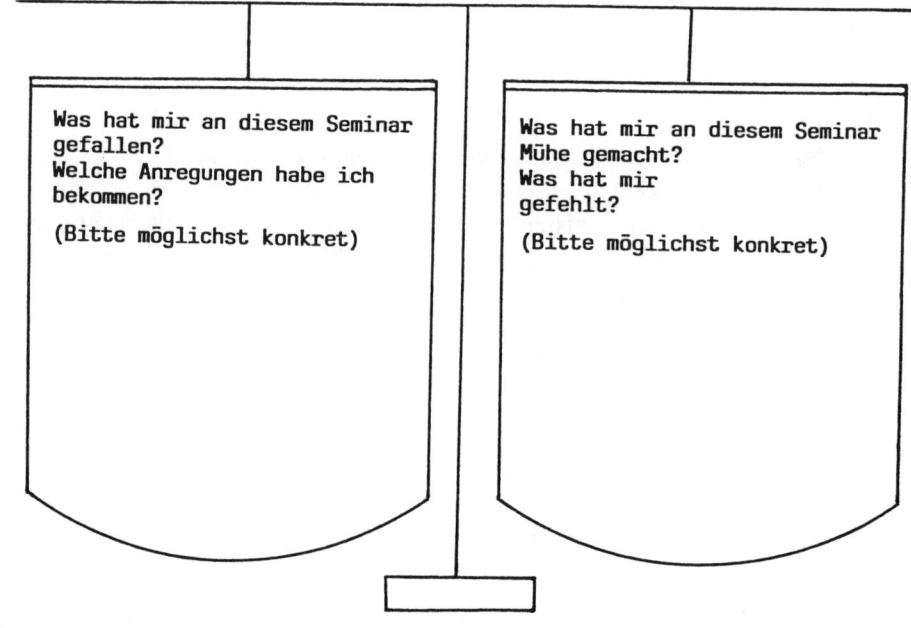

Was hat mir an diesem Seminar gefallen?
Welche Anregungen habe ich bekommen?

(Bitte möglichst konkret)

Was hat mir an diesem Seminar Mühe gemacht?
Was hat mir gefehlt?

(Bitte möglichst konkret)

"Was geht mir durch den Kopf, wenn ich von dieser Veranstaltung heimgehe?"
Bitte tragen Sie Ihre Einfälle in die "Denkblasen" ein - in wörtlicher Rede ...

Auf die Einzelarbeit (15 bis 20 Minuten) kann eine Arbeit in Kleingruppen à 2 bis 3 Personen zum Vergleich der Einfälle folgen (s.o. unter Variante A); es ist aber auch ein unmittelbarer Übergang in die Gesamtgruppe möglich, wobei es sich empfiehlt, an der »Oberfläche« der Reaktion anzusetzen: »Was hat diese Nacharbeit bei mir ausgelöst?«

b) Rahmenbedingungen

(1) Teilnehmerzahl
Für die Variante A und C höchstens 35 Personen in der Gesamtgruppe; für die Variante B ca. 24.
(2) Zeit
Vgl. die Angaben unter 2.1.
(3) / (4) Raum/Material
Bewegliche Bestuhlung, Stuhlkreis, Arbeitsblätter, Papier, Schreibzeug.

3.   Hinweise für die Leiterin/den Leiter

Zur Nacharbeit sollte genügend Zeit vorgesehen werden. Wenn die Auswertung eher beendet ist, als erwartet wird, sollte dies angesprochen und die Zeit ausdrücklich als Möglichkeit begriffen werden, die Veranstaltung in Ruhe zu beenden: die Koffer zu packen, auf einzelne zuzugehen, sich zu verabschieden usw.

Manchmal kommen in der Auswertung bzw. Nacharbeit Fragen auf, die am Schluß einer Veranstaltung nicht mehr bewältigt werden können; auch hier empfiehlt es sich, dies deutlich anzusprechen.

4. Weiterarbeit

Ergebnisse aus der Nacharbeit der Gruppe dienen der Kontrolle der Arbeit. Sie fließen ein in die Gesamtauswertung der Leitung.

3.4 Arbeitsaufträge und Ansagen

Arbeitsaufträge und Ansagen sollen
- der einzelnen Person oder einer Gruppe zielorientierte Arbeit ermöglichen;
- Sicherheit und eine klare Orientierung vermitteln im Blick auf das, was in der folgenden Arbeitseinheit getan werden soll.

Das hat Konsequenzen für die Formulierung.

Arbeitsauftrag und Ansage sollen in der Formulierung
- einfach sein,
- übersichtlich sein,
- möglichst an der Situation des einzelnen bzw. der Gruppe anknüpfen (Hilfsmittel: Ich- oder Wir-Form).

Beispiele: »Wo komme ich her – was interessiert mich am Thema dieses Seminars?« (Für ein Zweiergespräch zur gegenseitigen Vorstellung). »Was bedeuten unsere Einsichten über das Lernen von Erwachsenen für uns als Mitarbeiter?« (Nach einem vorausgegangenen thematischen Gespräch).

Eine Hilfe zur Anregung von Aktivität und Gesprächsbereitschaft liegt auch in der Formulierung einer weiterführenden Perspektive oder in der Bezeichnung von Gegensätzen (»polare Formulierung«).
Beispiele: »Was erwarte ich mir vom Kurs – für mich persönlich und für meine jetzige oder künftige Arbeit?« (Als Einzelarbeit zu Beginn eines Seminars). »Was nehme ich im Augenblick an mir wahr? Was hat mir besonders gut gefallen und was gar nicht?« (»Blitzlicht« am Schluß einer Arbeitseinheit).

Es lohnt sich, bei der Vorbereitung einer Veranstaltung für die Formulierung eines Arbeitsauftrages oder einer Ansage längere Zeit zu verwenden und so lange zu probieren, bis der Wortlaut »stimmt«, d.h. auf Anhieb verständlich und zugleich aktivierend ist. Unklare, mehrdeutige Arbeitsaufträge/Ansagen verursachen Verwirrung und Unlust. Wer erinnert sich nicht an Situationen wie diese – womöglich aus eigener Erfahrung:

Der Leiter sagt etwas an, ohne daß völlig klar wird, was er meint. Er spürt eine gewisse Verständnislosigkeit. Also wiederholt er die Ansage, aber in anderer Formulierung. Die Verständnislosigkeit wächst. Es folgt eine dritte Ansage, wieder leicht verändert. Die Anwesenden – alle gutwillig – machen sich an die Arbeit, kommen aber nicht recht voran. Bei der Nacharbeit dieser Situation stößt man rasch auf das Problem der Ansage. Weitere Überlegungen führen schließlich zu der Erkenntnis, daß viele Schritte vorher schon das Lernziel nicht geklärt war – der Leiter also gar nicht sagen konnte, was er eigentlich wollte.

Hier (und überhaupt) hilft es, sich zu vergewissern, ob Arbeitsaufträge verstanden worden sind; zu diesem Zweck sollte die Möglichkeit der Rückfrage gegeben werden.

Bei einer Folge von Ansagen ist als Ablauf zu beachten:

– An erster Stelle stehen Ansagen, die das »Was« der Arbeit betreffen (= die inhaltliche Fragestellung, die inhaltliche Aufgabe usw.);
– erst dann kommt die Ansage, die »Bewegung« hervorruft (z.B. etwas aufschreiben, etwas malen, Kleingruppen bilden, Austeilen von Arbeitsmaterial usw.).

Begründung: In dem Augenblick, wo Bewegung »angesagt« wird, ist die Aufmerksamkeit des einzelnen nicht mehr frei für das, was er oder sie tun soll; die inhaltliche Fragestellung kann also leicht untergehen. Außerdem müßte bei einer inhaltlichen Ansage nach der Ansage zur Gruppenbildung der schon begonnene Bewegungsvorgang (sich innerlich auf andere einstellen, nach Gruppenmitgliedern Ausschau halten, eventuell schon mit dem Nachbarn reden usw.) gewaltsam wieder unterbrochen werden.

Um zu vermeiden, daß bei der eben genannten Reihenfolge im Laufe des Bewegungsvorganges die inhaltliche Ansage vergessen wird, empfiehlt es sich, letztere anzuschreiben (oder schon bei der Vorbereitung auf ein Plakat aufzuschreiben und nach der Ansage aufzuhängen).

Eine schriftliche Formulierung und Verteilung des Arbeitsauftrages ist vor allem dann sinnvoll, wenn sich Gruppen für eine längere Zeit zurückziehen; sie können sich dann zwischenzeitlich wieder an den Arbeitsauftrag erinnern.

Eventuell kann bei der Vorbereitung der Arbeitsauftrag jeweils an den Kopf mehrerer Plakaten geschrieben werden; jede einzelne Gruppe bekommt dann solch ein Plakat und notiert unter dem Arbeitsauftrag ihre Einfälle bzw. Ergebnisse.

Besondere Aufmerksamkeit verdient schließlich die Anschlußfrage als Möglichkeit zur Überleitung vom Referat zu einem (Gruppen-)Gespräch (vgl. bei »Vortrag/Referat«).

4. Struktur und Freiheit

In der Praxis findet sich neben allem Interesse auch Skepsis gegenüber den Methoden. Manche argumentieren theoriebezogen und sagen, man könne Erwachsene nicht einfach zu etwas zwingen oder sie herumkommandieren. Andere beziehen auch ihre Gefühle ein und teilen mit, daß es ihnen einfach schwer fällt, eine Methode einzubringen, denn das heißt im entscheidenden Augenblick: die Stimme erheben und andere zu etwas auffordern, und diese Vorstellung ist vielen unangenehm.

Nun, das geht wohl vielen Kursleiterinnen und Kursleitern so – vor allem, wenn eine Veranstaltung neu beginnt und die Menschen, die daran teilnehmen, noch nicht bekannt sind. In solchen Situationen kann die Erfahrung helfen, daß Methoden nicht festlegen, sondern etwas ermöglichen. Sie sind gewissermaßen das Gefäß, das der Teilnehmer/die Teilnehmerin mit den Früchten eigener Einfälle, eigener Arbeit füllen kann. Diese Früchte können durchaus anders aussehen und einen anderen Geschmack haben, als die Leitung bei ihrer Planung dachte.

Das heißt: Methoden wollen nicht die inhaltlichen Ergebnisse vorwegnehmen, sondern den Teilnehmenden ermöglichen, zu eigenen Ergebnissen zu kommen. Sie bieten zugleich Entlastung an, weil sie nicht auch noch dafür sorgen müssen, wie sie zu diesen Ergebnissen kommen.

Von diesem Ansatz aus kann, wer Leitungsfunktion hat, es durchaus riskieren, Methoden einzubringen. Er oder sie braucht auch nicht zu sagen: »Ich schlage vor«, wenn er etwas wirklich möchte, sondern kann sagen: »Ich bitte Sie, dies und jenes zu tun«.

Und wenn es nicht getan wird, ist es die Freiheit der Leitung zu hören, was dagegen spricht, sich auch in Auseinandersetzung zu begeben oder gemeinsam mit den Teilnehmenden nach etwas Neuem zu suchen – so wie die Teilnehmenden frei sind zu folgen oder zu widersprechen.

In diesem Sinne: *Wer durch Methoden Struktur setzt, ermöglicht Freiheit.*

Literaturhinweise

Die mit einem (*) versehenen Titel werden für die Praxis besonders empfohlen.

Antons, Klaus: Praxis der Gruppendynamik – Übungen und Techniken. Göttingen 1976/4. Aufl. (Verlag für Psychologie Dr. C.J. Hogrefe)

Aschenbrenner-Egger, Klothilde, u.a. (Hrsg.): Praxis und Methode des Sozialtherapeutischen Rollenspiels in der Sozialarbeit und Sozialpädagogik. Freiburg 1987 (Lambertus-Verlag)

Bachmair, Sabine, u.a.: Beraten will gelernt sein – Ein Übungsbuch für Anfänger und Fortgeschrittene. München 1989/4. Aufl. (Psychologie Verlags-Union)

Ballstaedt, Steffen-Peter: Lerntexte und Teilnehmerunterlagen. Mit den Augen lernen. Band 2. Weinheim und Basel 1994/2. Aufl. (Beltz Verlag)

Bosshardt, Walter: Gesprächsführung praktisch – Anregungen zur Methodik in der Gruppenarbeit. Basel 1978/3. Aufl. (Reinhardt)

Broich, Josef: Rollenspiele mit Erwachsenen. Köln 1991/3. Aufl. (Maternus)

Brühwiler, Herbert: Methoden der ganzheitlichen Jugend- und Erwachsenenbildung. Opladen 1992 (Leske und Budrich)

Dierichs, Joachim u.a.: Workbook – Ein Methoden-Angebot als Anleitung zum aktiven Gestalten von Lern- und Arbeitsprozessen in Gruppen. Hamburg 1990/4. Aufl. (Windmühle Verlag)

Dera, Klaus (Hrsg.): Lernen für die Praxis – Medien, Techniken, Methoden. Weinheim und Basel 1984 (Beltz Verlag)

Döring, Klaus W.: Lehren in der Weiterbildung – Ein Dozentenleitfaden. Weinheim 1990/3. Aufl. (Deutscher Studien Verlag)

Domke, Horst: Erziehungsmethoden – Aspekte und Formen des Methodischen in der Erziehung. Pädagogik – Eine Einführung, Bd. 2. Donauwörth 1991/6. Aufl. (Auer Verlag)

Echtler, Thomas und Töller, Jochen: Leiten will gelernt sein – Ein Handbuch für Mitarbeiter in der kirchlichen Erwachsenenbildung. München 1987 (Pfeiffer Verlag)

Emeis, Dieter und Schmitt, Karl Heinz: Kleine Methodik der Erwachsenenbildung in der Kirche – Anregungen und Merkblätter für Veranstalter, Referenten, Gesprächsleiter und Gruppen. Freiburg-Basel-Wien 1974 (Herder) (Auch für nicht-kirchliche EB verwendbar!)

Erl, Willi: Methoden moderner Jugendarbeit, 1.: Vom Activing zum Zwischenspiel. Tübingen 1981/8. Aufl.; 2.: Von Abfallkunst bis Zettelkasten. Tübingen 1979/2. Aufl. (Katzmann-Verlag)

Fatzer, Gerhard: Ganzheitliches Lernen – Humanistische Pädagogik und Organisationsentwicklung. Paderborn 1987 (Verlag Jungfermann)

Fritz, Jürgen: Mainzer Spielkartei. Mainz o.J. (Matthias-Grünewald-Verlag)

Frommer, Helmut: Lernen, Wissen, Bildung – Ein integrierendes Lernkonzept für die Erwachsenenbildung. Schriften der Pädagogischen Arbeitsstelle für Erwachsenenbildung in Baden-Württemberg, Bd. 16. Villingen-Schwenningen 1991 (Neckar-Verlag)

Geißler, Karlheinz A.: Anfangssituationen – Was man tun und besser lassen sollte. Weinheim und Basel 1994/6. Aufl. (Beltz Verlag)

Geißler, Karlheinz A.: Schlußsituationen – Die Suche nach dem guten Ende. Weinheim und Basel 1994/2. Aufl. (Beltz Verlag)

Gerl, Herbert: Methoden in der Erwachsenenbildung. In: Hans-Dietrich Raapke und Wolfgang Schulenberg (Hrsg.). Didaktik der Erwachsenenbildung. Handbuch der Erwachsenenbildung. Bd. 7. S. 43–53. Stuttgart-Berlin-Köln-Mainz 1985

Goecke-Seischab, Margarete-Luise: Miteinander kreativ sein – Bildnerisches Gestalten in kirchlichen Kinder-, Jugend- und Erwachsenengruppen. Lahr und Freiburg 1988 (Verlag Ernst Kaufmann und Christophorus-Verlag)

Griesbeck, Josef: Jeder Anfang ist ein Spiel. München 1989 (Don Bosco Verlag)

Grom, Bernhard: Methoden für Religionsunterricht, Jugendarbeit und Erwachsenenbildung. Düsseldorf-Göttingen 1987. 8. Aufl. (Patmos Verlag/Vandenhoeck & Ruprecht) (Nur z.T. sachorientierte Methoden enthaltend und nur bedingt für die Erwachsenenbildung verwendbar.)

Das Gruppengespräch – 34 Methodikblätter für Gruppenleiter. Gelnhausen-Berlin-Stein/Freib. 1978 (Burckhardthaus-Laetare Verlag/Christophorus-Verlag)

Gudjons, Herbert: Spielbuch Interaktionserziehung – 185 Spiele und Übungen zum Gruppentraining in Schule, Jugendarbeit und Erwachsenenbildung. Bad Heilbrunn 1990/4. Aufl. (Verlag Julius Klinkhardt).

Haug, Egbert, u.a.: Arbeitsblätter für Erwachsene – Gesprächsgruppen in der Kirche. Gelnhausen-Berlin-Stein/Freiburg 1977 (Burckhardthaus-Laetare Verlag/Christophorus-Verlag)

Hinte, Wolfgang und Karas, Fritz: Studienbuch Gruppen- und Gemeindegruppenarbeit – Eine Einführung für Ausbildung und Praxis. Neuwied/Frankfurt am Main 1989 (Luchterhand Verlag)

Hoberg, Gerrit: Training und Unterricht – Anregungen für die Vorbereitung und Durchführung von Unterricht und Seminaren. Stuttgart 1991/2. Aufl. (Klett)

*Jost, Gerhard: Zum Umgang mit Dias – Merkmale und Möglichkeiten. Gelnhausen-Berlin-Stein/Freiburg 1979 (Burckhardthaus-Laetare Verlag/Cristophorus-Verlag)

Jost, Gerhard: Zum Umgang mit Fotos. Gelnhausen-Berlin-Stein/Freiburg 1977, 2. Aufl. (Burckhardthaus-Laetare Verlag/Christophorus-Verlag)

Jüchter, Heinz Theodor, u.a.: Pädagogische Planung von Weiterbildungskursen – Materialien zur Praxis der Kursentwicklung und Entwürfe für Curricula der Weiterbildung. Grafenau 1978 (Lexika Verlag) (Kurssysteme für: Soziologie, Philosophie, Elternpädagogik, Kreativität, Chemie, Deutsch, Englisch, Französisch, u.a.)

Karas, Fritz: Grundprogramm Gruppenarbeit – Arbeits- und Aktionshilfen für Bürgergruppen. Wuppertal 1980 (Jugenddienst-Verlag)

Kirchner, Eva Maria: Teilnehmeraktivierende Methoden in der Erwachsenenbildung – Ausgewählte Gesichtspunkte zu ihrer Beurteilung. Diplom-Arbeit Universität Augsburg 1993 (unveröff. Mskr.)

*Kittelberger, Rainer, und Freisleben, Immo: Lernen mit Video und Film. Mit den Augen lernen. Band 5. Weinheim und Basel 1994/2. Aufl. (Beltz Verlag)

*Klebert, Karin, u.a.: Kurzmoderation – Anwendung der Moderationsmethode in Betrieb, Schule, Hochschule, Kirche, Politik, Sozialbereich und Familie bei Besprechungen und Präsentationen. Hamburg 1987/2. Aufl. (Windmühle Verlag)

Klebert, Karin, u.a.: Moderationsmethode – Gestaltung der Meinungs- und Willensbildung in Gruppen, die miteinander lernen und leben, arbeiten und spielen. Hamburg 1989/4. Aufl. (Windmühle Verlag)

*Knippenkötter, Anneliese u.a.: Arbeiten mit Gruppen. Düsseldorf 1983/3. Aufl. (Klens-Verlag)

Knoll, Jörg: Gruppentherapie und pädagogische Praxis – Ansätze, Arbeitsformen und Konsequenzen für die Arbeit mit Gruppen in Schule und Erwachsenenbildung. Bad Heilbrunn 1977 (Julius Klinkhardt)

*Knoll, Jörg: Kleingruppenmethoden – Effektive Gruppenarbeit in Kursen, Seminaren, Trainings und Tagungen. Weinheim und Basel 1993 (Beltz Verlag)

Knoll, Jörg, in Verbindung mit Gerhard Hofmeister und Anne-Elisabeth von Poeppinghausen-Hendrich (Hrsg.): Am Alltag lernen – 22mal Erwachsenenbildung. Bad Heilbrunn 1983 (Julius Klinkhardt)

Langer, Günter: Darsteller ohne Bühne – Anleitung zum Rollenspiel im Unterricht. Zug 1989 (Klett + Balmer Co.)

Langner-Geißler, Traute, und Lipp, Ulrich: Pinwand, Flipchart und Tafel. Mit den Augen lernen. Band 3. Weinheim und Basel 1994/2. Aufl. (Beltz Verlag)

Luckas, Helga: Die Methodenreflexion in Schule und Erwachsenenbildung. Bad Heilbrunn 1994 (Klinkhardt Verlag)

Mischke, Wolfgang u.a.: Methoden und Medien. NQ-Nebenberufliche Qualifikationen. Heft 3. Weinheim und Basel 1983/2. Aufl. (Beltz)

Müller, Kurt R. (Hrsg.): Kurs- und Seminargestaltung – Ein Handbuch für Mitarbeiter/-innen im Bereich von Training und Kursleitung. Weinheim und Basel 1994/5. Aufl. (Beltz Verlag)

Müller, Peter: Methoden in der kirchlichen Erwachsenenbildung. München 1982 (Kösel-Verlag)

Müller, Peter: Praxis der Erwachsenenbildung in der Gemeinde: Situationen, Ziele, Planung, Organisation. München 1986 (Kösel-Verlag)

Niggemann, Wilhelm: Praxis der Erwachsenenbildung. Freiburg 1979/3. Aufl. (Herder-Verlag).

Pfeiffer, J. William und Jones, John E.: Arbeitsmaterial zur Gruppendynamik, Bd. 1 und 2. Gelnhausen-Berlin-Stein/Freiburg-Nürnberg 1974 und 1976 (Burckhardthaus-Laetare Verlag/Christophorus-Verlag).

Rabenstein, Rainer: Lernen kann auch Spaß machen – 108 Methoden zum Einstieg, zur Aktivierung bei Müdigkeit und Unlust und zur Auswertung der gemeinsamen Arbeit. Darmstadt 1980 (Arbeitsstelle für Erwachsenenbildung der Evangelischen Kirche in Hessen und Nassau, Paulusplatz 1, 6100 Darmstadt)

Röschmann, Doris: 111x Spaß am Abend – Heitere Spiele zur Auflockerung von Teilnehmern in Seminaren, Kursen und Freizeiten. Hamburg 1994/2. Aufl. (Windmühle Verlag)

Ruddies, Günther H.: Erfolgreiche Erwachsenenbildung – Praxis, Reflexion, Ratgeber. Schriften der Pädagogischen Arbeitsstelle für Erwachsenenbildung in Baden-Württemberg, Bd. 15. Villingen-Schwenningen 1991 (Neckar-Verlag)

Ruddies, Günther H., und Willi, Eugen: Denkzeichen – Denken sichtbar machen. München 1985 (Lexika-Verlag)

Schoeneich, Dieter: Wie macht man eine Tagung? Lernziele – Planung – Durchführung. München 1975 (J. Pfeiffer)

Schrader, Einhard und Biehe, Joachim: Auswählen, Verdichten, Gestalten – Ein Lernprogramm zur optimalen Gestaltung von Informationen. Essen 1984 (Windmühle Verlag)

Schrader, Einhard, u.a.: Optische Sprache – Vom Text zum Bild, von der Information zur Präsentation. Hamburg 1991 (Windmühle Verlag)

Schwäbisch, Lutz und Siems, Martin: Anleitung zum sozialen Lernen für Paare, Gruppen und Erzieher – Kommunikations- und Verhaltenstraining. Hamburg 1991 (Rowohlt)

Schwalbacher Spielekartei. Mainz o.J. (Matthias Grünewald-Verlag)

Seifert, Josef W., und Pattay, Silvia: Visualisieren, Präsentieren, Moderieren. Lehren und Lernen, Gabal Band 6. Speyer 1989 (Gabal Verlag)

Sikora, Joachim: Handbuch der Kreativ-Methoden. Heidelberg 1976 (Quelle & Meyer)

Spiele in der Erwachsenenbildung. Arbeitshilfen für die Erwachsenenbildung, Nr. 10. Stuttgart/Inzingkofen 1981 (Pädagogische Arbeitsstelle für Erwachsenenbildung in Baden-Württemberg, Panoramastr. 19, 7000 Stuttgart 1)

Steiner Spielkartei – Elemente zur Entfaltung von Kreativität, Spiel und schöpferischer Arbeit in Gruppen (mit Spielekartei). Von Wolfram Jokisch. Münster 1987 (Ökotopia Spielevertrieb und Verlag)

Trebing, Ferdinand-Christian: Bilder sprechen lassen – Fotosammlung für Unterricht und Jugendarbeit. Hammersbach 1982 (Verlag Wort im Bild)

Vopel, Klaus W.: Anfangsphase – Experimente für Lern- und Arbeitsgruppen, 2 Bände. Hamburg 1984 (Isko-Press)

Vopel, Klaus W.: Anwärmspiele. Hamburg 1990/3. Aufl. (Isko-Press)

Vopel, Klaus W.: Handbuch für Gruppenleiter – Zur Theorie und Praxis der Interaktionsspiele. Hamburg 1988/5. Aufl. (Isko-Press)

Vopel, Klaus W.: Interaktionsspiele, 6 Bände. Hamburg 1989–1991 (Isko-Press)

Wack, Otto Georg: Lustwandeln im Hinterkopf – Ein Hand- und Fußbuch kreativer Problemlösung nicht nur in der Weiterbildung. Soest 1990 (Soester Verlagskontor, Jakobistr. 46, 4770 Soest)

Wahl, Diethelm, u.a.: Erwachsenenbildung konkret – Mehrphasiges Dozententraining. Eine neue Form erwachsenendidaktischer Ausbildung von Referenten und Dozenten. Weinheim 1991 (Deutscher Studien Verlag)

Weber, Hermann, und Röschmann, Doris: Arbeitskatalog der Übungen und Spiele. Hamburg o.J. (Windmühle Verlag)

Weidenmann, Bernd: Lernen mit Bildmedien. Mit den Augen lernen. Band 1. Weinheim und Basel 1994/2. Aufl. (Beltz Verlag)

Weisbach, Christian-Rainer: Professionelle Gesprächsführung – Ein praxisnahes Lese- und Übungsbuch. München 1991 (Verlag C.H. Beck)

Weiser, Carol und Thomas: Mit-Gefühl-Spiele(n) – Übungen für Partner. Gelnhausen-Berlin-Stein/Freiburg 1975 (Burckhardthaus-Laetare Verlag/Christophorus-Verlag)

*Will, Hermann: Overheadprojektor und Folien. Mit den Augen lernen, Band 4. Weinheim und Basel 1994/2. Aufl. (Beltz Verlag)

Woesler, Dietmar M.: Spiele, Feste, Gruppenprogramme. Frankfurt 1992 (Fischer Taschenbuch Verlag)

Zdenek, Marilee: Die Entdeckung des rechten Gehirns – Der kreative Prozeß. Berlin 1988 (Synchron-Verlag)

Alphabetisches Methodenverzeichnis

(Die Seiten, auf denen die jeweilige Methode ausführlicher dargestellt ist, sind hervorgehoben.)

W BELTZ WEITERBILDUNG

Jörg Knoll	Kurt R. Müller	Karlheinz A. Geißler	Karlheinz A. Geißler
Kleingruppenmethoden	**Kurs- und Seminargestaltung**	**Anfangssituationen**	**Schlußsituationen**

Jörg Knoll

Kleingruppenmethoden

Effektive Gruppenarbeit in Kursen, Seminaren, Trainings und Tagungen. 144 Seiten. Broschiert. ISBN 3-407-36309-5

Eine Anleitung zur optimalen Vorbereitung von Gruppenarbeit in Kursen, Seminaren, Trainings und Tagungen. Die einzelnen Gestaltungshilfen werden mit zahlreichen Anwendungsbeispielen verbunden und so die praktische Umsetzung erleichtert.

Aus dem Inhalt:
Einsatzbereiche von Gruppenarbeit (Eröffnung, Vertiefung, Abschluß von Arbeitsphasen); Entwicklung und Formulierung von Arbeitsaufträgen; Varianten und Techniken; Übergänge von Gruppenarbeit zum Plenum.

Kurt R. Müller

Kurs- und Seminargestaltung

Ein Handbuch für Mitarbeiter/-innen im Bereich von Training und Kursleitung. 252 Seiten. Broschiert. ISBN 3-407-36602-7

Ein Handbuch für Kurs und Seminarleiter, das Probleme der Seminararbeit aufgreift und Handlungsempfehlungen anbietet. Praktische Erfahrungen werden dabei mit wissenschaftlichen Erkenntnissen verknüpft.

Aus dem Inhalt:
Autoritätskonflikte; Dozentenängste; Kursabbrecher; Kurstransparenz; Lernverweigerungen; Medien; Motivationen; Schwierige Teilnehmer; Zeitgestaltung.

Karlheinz A. Geißler

Anfangssituationen

Was man tun und besser lassen sollte. 176 Seiten. Broschiert. ISBN 3-407-36303-0

Die spannendste Situation ist immer der Anfang, oft aber auch die schwierigste. Dieses Buch gibt konkrete Hinweise, wie Anfänge in Kursen und Seminaren gestaltet werden können, wie der Einstieg gelingt und was Kursleiterinnen und Kursleiter besser vermeiden sollten.

Aus dem Inhalt:
Die Soziodynamik von Anfangssituationen; die Angst des Dozenten vor und in Anfangssituationen; Redner und Schweiger; ist es sinnvoll, das Kennenlernen spielerisch zu gestalten? Regeln zur Orientierung der Teilnehmer; Beispiele von Anfangssituationen.

Karlheinz A. Geißler

Schlußsituationen

Die Suche nach dem guten Ende. 156 Seiten. Broschiert. ISBN 3-407-36304-4

Eine Gruppe trennt sich, die Teilnehmer nehmen Abschied und für die gelernten Inhalte müssen Übergänge geschaffen werden. Dieses Buch gibt konkrete Hinweise zur Gestaltung von Übergängen und Schlußsituationen in Kursen und Seminaren. Es wird aber kein Rezept vorgelegt. Vielmehr soll angeregt werden, darüber nachzudenken, was man macht, wenn man zum Schluß kommt.

Aus dem Inhalt:
Die Auflösung der Zusammenarbeit; Rituale der Trennung; Prüfungen: Das Macht-volle Ende; Das Finale verlangt nach Gestaltung; Auswertung in Schlußsituationen; Transfer: Übergänge gestalten.

Preisänderungen vorbehalten

Beltz Verlag · Postfach 10 01 54 · 69441 Weinheim

B_285